中文论坛

湖北大学文学院
《中文论坛》编辑委员会 编

2017年第2辑 总第6辑

FORUM OF
CHINESE LANGUAGE AND LITERATURE
(Volume 6)

社会科学文献出版社
SOCIAL SCIENCES ACADEMIC PRESS (CHINA)

《中文论坛》编辑委员会

主任委员：刘川鄂
主　　编：聂运伟
副 主 编：黄晓华
编委会委员(按姓氏拼音排序)：
　　　　　杜朝晖　郭康松　何新文　黄晓华
　　　　　梁艳萍　林久贵　刘川鄂　聂运伟
　　　　　石　锓　宋克夫　王光和　熊海英
　　　　　周新民　周赛华　朱伟明
本辑执行编辑：石若凡

卷首语

本辑要目有三。

其一,"沙湖论坛"的四篇文章,共同的主题是学术的传承。6月10日,为纪念首部"湖北大学社会科学知名教授文丛"——《郁源文集》的出版,湖北大学举办了"《郁源文集》暨'感应美学'学术研讨会"。在会上,扬州大学姚文放教授、湘潭大学季水河教授、武汉大学陈望衡教授、湖北大学邹贤敏教授、华中师范大学张玉能教授,还有郁源先生的诸多弟子共同追忆了郁源先生挚爱学术、潜心研究的一生,并从中国当代美学发展的角度对郁源先生的"感应美学"进行了多层面的探讨。张玉能先生写的《融汇古今中外的感应美学》一文,对郁源先生的学术生涯及"感应美学"做出了全面的评述:"郁源教授正是在批判继承西方美学思想和文论思想的前提下,从中国传统美学思想的'感应'观出发,以马克思主义实践论美学为指导建构了新时期的'感应美学'独特的'打通中西马'的中国特色当代美学体系。这种创新精神、务实精神、融汇古今中外的学术精神,值得我们永远学习和传承。"

读《郁源文集》,扑面而来的是徜徉典籍、穷经皓首的一介读书人的本色。编者曾有幸听到郁源先生和胡经之先生说过,他们共同的老师——杨晦先生给他们最大的影响就是一生痴迷学术。据说,"文化大革命"时期开批斗会批判杨晦是修正主义时,他用德文版、英文版、俄文版和中文版的马恩全集与红卫兵辩论,称自己所言符合德文版原意,并未"修正",相反,是俄文版"修正"了马恩的原意,转译俄文版的中文版自然是"修正"的"修正"了。读书人以读书为乐,以学术为社会正心明道,实为学术传承之真谛,亦是当下学界之要务。章子仲先生曾就读于四川大学,先后师承诸多大师。其耄耋之年写下的《追怀与思念》(本辑刊用二则),对学术传承不无忧虑:"陈寅恪、吴宓、钱锺书是我心目中的'继往圣之绝学'的传人,他们与流行的学派当然不是一回事。他们的博古道今的学识,我怕会面临断层的危险。他们绝不同流合污的品德,我不知道要到哪里去追寻。"《思想何以贫困?》一文则展现了"追寻"的勇气和反思的趣向。索解章子仲先生、邹贤敏先生所忧虑的学术精神的"断层"之由来,历史自会有公断。编者不悲观,纯正的学术精神,终会薪火相传。如钱穆在《学术与风气》中说:"康有为、章太炎、梁启超、刘师培、王国维诸人,岂不是我们这一时代之大师!但实由前一时代所培植。我们这一代人,若无此数人,将会更感黯淡,更无光彩。"

《读〈梵语入门〉》的作者倪胜先生是郁源先生的关门弟子,主要研究方向为德国古典哲学、西方当代戏剧、佛学等,已出版《〈判断力批判〉体系探微》《早期德语文献戏剧的阐释与研究》等著作。谈康德美学,还和老师在一个学科里耕耘;说德语文献戏剧,研究方式已然逸出老师的套路。至于佛学之探索,按现在的学科思维看,倪胜先生似乎走入了旁门左道,可观《读〈梵语入门〉》一文,作者对季羡林先生的译文字斟句酌地把玩、赏析、献疑的执着,分明又是对郁源先生学而不厌、痴迷学术的精神的最好承继,亦是纯正学术精神后继有人的证明。

"沙湖论坛"愿为这样的学术传承鸣锣开道!

其二,"五四研究"栏目刊载的三篇文章,虽命意、写法各具特点,却共同呼唤着百年前新文化运动的浩然之气。许祖华先生的《五四新文化中的科学信念》,从现代知识学的层面论述五四高扬的科学观念,认为:"它不仅历史地成为新文化的重要内容,而且也成为新文化在构建过程中的重要原则与方法。正是基于科学所提供的原则与方法,新文化运动的先驱们有效地引进了外来的各种文化,较为全面和深入地批判了中国固有文化的弊端。"王丽先生的《文化学视域中的五四新文学观》,认为五四新文学观具有阐释文学的文化学特征,并由此形成了自己关于文学的文化学理论。"在这种理论中,文学的民族化理论,又是内容最为丰富、特色最为鲜明、意义也最为重要的理论,当然也是我们最应该关注的关于文学的理论。"李松、舒萌之先生撰写的《英语世界五四运动研究的追踪与反思——纪念五四运动100周年(一)》,是一篇耗费作者大量心血的文章。年初,李松先生向编者辞行,说要去美国杜克大学访学一年,聊及访学期间的研究计划时,编者建议:能否系统收集、整理一下关于五四研究的英语文献。之所以提此建议，一是在梳理五四研究史的过程中，发现国内学术界近几十年来实际上和海外的五四研究有诸多交流，且深受影响。鉴于学界对海外五四研究的相关文献缺少系统的整理和介绍，故希望李松先生予以关注。二是想在《中文论坛》的"五四研究"栏目里拓展新的言说空间。几个月的时间里，李松先生全身心地投入工作之中，他对学术的执着追求和刻苦精神，在朋友圈里是颇为有名的。编者常在微信里向身处异乡的李松先生致意问候，交流研究的进展，当然也想早日得到他的大作。期待已久的文章终于寄来了，李松先生并给编者写了好几封邮件，特转录一段如下：

> 这几个月的焦虑终于可以暂时缓释了。谢谢您给了我这么好的选题，我是深入去翻译、阅读才发现这个领域大有可为。如果是十年前，我会把这个作为博士论文选题。原来跟您说2.5万字，现在文章不知不觉写长了。我的想法是，希望尽可能做得深入细致一点，否则这个选题浪费了。大部分时间都花在查找资料和翻译上。后来我找了一位朋友帮忙翻译，如果不是外援，这么短时间还是无法完成。目前大多数这类文章对于研究成果都是点到为止，我基本上是从原始资料出发，做了摘要或者关键段落的翻译，而且都是用引号直接引用。对于他人已有的介绍和研究，本文不再重复。总之，我希望能够成为文献性的导引，同时有自己的理解和思考。

编者以为，李松先生的这段话已把文章的由来、经过和预期的学术意义，交代清楚了。"五四研究"栏目应该向李松先生鞠躬致敬。我们努力的目标：为五四研究"添砖加瓦"。

其三，去年秋天，上海社会科学院文学研究所的研究员陈占彪先生以主持人的身份，邀请上海文学界的几位名流，围绕当下文学生产的新变进行了笔谈。《市场逻辑和信息技术下的文学生产》便是这次笔谈的结晶。此文的要点如下。(1) 传统的文学生产场域已经发生了变化，新的文学生产场域已经形成。"文学工作室"和"网络文学"是当代中国两种重要的新文学生产方式。(2) 相信通过这些身居新文学生产的"一线"的各方代表人物的"现身说法"，一方面能为当代文学研究提供一些新鲜材料；另一方面为习惯于"在研究室里进行文本研究"的研究者提供另一种研究思路。编者认为，这两点看法是值得关注的，因为作者们——或是长期进行文学、文化理论研究的知名教授，或是资深的文学期刊总编，或是新的文学生产样式的操盘手——以多重身份聚焦于一个已经无法回避的话题：文学之变。他们不再纠缠"变"的合理性、合法性，讨论的是怎么"变"，"变"的市场逻辑规定，"变"的信息技术的支撑结构等。面对新变迭出的文学生产与消费，传统理论的言说是否捉襟见肘，该走下历史舞台，新的言说能否洞悉新变的前世今生，引领时尚？也许，一切才是开始。方兴未艾的文学新变，远未揭开扑朔迷离的面纱，其美学的底蕴何在？不管是身居新文学生产的"一线"的"现身说法"，还是"在研究室里进行文本研究"的理论探寻，终究是要回答这个问题的。

本辑余下栏目及文章，由于篇幅原因不再一一评说，但许多文章，均是编者一年前约下的，约稿、催稿、定稿的过程，记录下编者与作者间的友谊，也是编者向各位撰稿人学习的过程。还有几位作者，不仅为《中文论坛》撰稿，还为编者的工作给予了诸多帮助，如主持《市场逻辑和信息技术下的文学生产》笔谈的陈占彪先生、撰写《〈新编汪中集·大戴礼记正误〉点校商兑》的彭忠德先生、撰写《论姜兆锡〈尔雅注疏参义〉的学术贡献》的杜朝晖先生、撰写《从变从义：儒家文化关键词的意义建构方式》的张金梅先生等，在此，编者向各位致以诚挚的谢意。

又及，何洪峰先生在自己《英语借词语素化及其演变》一文排版定稿后，致函编者："稿件呈上后，再读，觉得一是有一处例证不合适；二是有一个现象可以写一下，故又作了点小修改。不知可否修改？"编者收到这封邮件的时候，已是夜半时分，内心的感动不言而喻。洪峰先生是编者的老朋友，年过花甲，仍在为文章的一词一句反复推敲……此情此景，作为《中文论坛》的编者，看到了学术的意义，感到了学术的力量。

编　者

2017年6月

目录 CONTENTS

2017 年
第 2 辑总第 6 辑

沙湖论坛

融汇古今中外的感应美学 …………………………………… 张玉能 / 3
追怀与思念（二则） …………………………………………… 章子仲 / 11
思想何以贫困？
　——与邹老师书 ………………………………………… 聂运伟 / 16
读《梵语入门》 ………………………………………………… 倪　胜 / 29

中国诗学研究

从变从义：儒家文化关键词的意义建构方式 ……………… 张金梅 / 37
从敦煌曲子词与金代道教词词体看词的产生 ……… 左洪涛　霍佳梅 / 54
清代诗话视域下的《诗经》之"情" ……………… 何海燕　刘　波 / 73
"楚些"与《红楼梦》 ………………………………………… 李春光 / 86
于繁盛之时注目
　——新世纪 15 年古代赋学研究学术图景 …………… 彭安湘 / 102

五四研究

英语世界五四运动研究的追踪与反思（一）
　——纪念五四运动 100 周年 ……………………… 李　松　舒萌之 / 119
五四新文化中的科学信念 …………………………………… 许祖华 / 151
文化学视域中的五四新文学观 ……………………………… 王　丽 / 164

市场逻辑和信息技术下的文学生产

主持人语	陈占彪 / 177
文学的"第三种道路"	朱大可 / 180
IP 是一个商业概念	蔡 骏 / 184
文学能变成一个生产？	程永新 / 187
翼书网的运作机制	葛红兵 / 190
文学网站的付费实践	田志国 / 194
我的网络写作历程	夜清歌 / 198

古籍整理研究

论姜兆锡《尔雅注疏参义》的学术贡献	杜朝晖 肖 云 / 205
浅论《尔雅》及其注文的正名观	
——以《释地》为视角	夏金波 温显贵 / 215
《新编汪中集·大戴礼记正误》点校商兑	彭忠德 / 227

语言学研究

英语借词语素化及其演变	何洪峰 / 241
《响答集》音系与江淮官话	周赛华 / 259
当代民谣话语	
——现代犬儒主义文本	曾祥喜 / 275
浅析黄伯荣、廖序东版《现代汉语》中使用的	
"成分"一词	马晓娟 / 288

CONTENTS

Shahu Lake Forum

Inductive Aesthetics with the Fusion through Generations and
   Geographies   *Zhang Yuneng* / 3

Reminiscence and Recall of My Respected Teachers (Two Passages)
                                                                          Zhang Zizhong / 11

Why Thought is Getting Impoverished?
   ——A Letter to Prof. Zou   *Nie Yunwei* / 16

Review on *An Introduction to Sanskrit*   *Ni Sheng* / 29

Study on Chinese Poetics

Toward Righteousness Based Creative Interpretation: Constructing
   Meaning of Some Keywords in Confucian Culture   *Zhang Jinmei* / 37

On the Production of Ci Based on Dunhuang Quzici and Taoist
   Ci in Jin Dynasty   *Zuo Hongtao*, *Huo Jiamei* / 54

The Affection in *The Book of Songs* in the Context of Qing
   Dynasty Poetry   *He Haiyan*, *Liu Bo* / 73

"Chuxie" and *A Dream of Red Mansions*   *Li Chunguang* / 86

Catching Eyes at Prosperous Time: The Academic Picture of Ancient Fu
   Study for the Beginning 15 Years of the 21th Century   *Peng Anxiang* / 102

Study on May 4th Period

A Retrospective Pursuit of May Fourth Movement in the World of English
  (Part One): To Commemorate the 100th Anniversary of May Fourth
  　　　　　　　　　　　　　　　　　　　　　Li Song, Shu Mengzhi / 119
The Scientific Belief in the May 4th New Culture　　　　*Xu Zuhua* / 151
From the Perspective of Cultural Studies: The New Literature
  View in the May 4th Period　　　　　　　　　　　　　　*Wang Li* / 164

Literary Production in the Context of Market Logic and Information Technology

Comments of the Presenter　　　　　　　　　　　*Chen Zhanbiao* / 177
The "Third Way" of Literature　　　　　　　　　　　　*Zhu Dake* / 180
IP: A Business Concept　　　　　　　　　　　　　　　　*Cai Jun* / 184
Can Literature be Production?　　　　　　　　　　*Cheng Yongxin* / 187
The Operating Mechanism of Bookis Website　　　　*Ge Hongbing* / 190
Practice on Paying for Literature Websites　　　　　*Tian Zhiguo* / 194
My Experience of the Network Writing　　　　　　　*Ye Qingge* / 198

Study on Collation of Ancient Books

On the Academic Contributions of Jiang Zhaoxi's *Erya Zhushu Canyi*
  　　　　　　　　　　　　　　　　　　　　　　Du Zhaohui, Xiao Yun / 205
The Idea of "Rectification of Names" in *Erya* and its Annotations:
  A Study of *Shidi*: Explaining Geography　　*Xia Jinbo, Wen Xiangui* / 215
Revision and Discussion on *New Edition of Wang Zhong's Collective
  Works: Judgment on the Rites by Da Dai*　　　　*Peng Zhongde* / 227

Study on Linguistics

Study on Morphemicalization and its Evolution of English Loanwords

He Hongfeng / 241

The Phonetic System of *Xiang Da Ji* and Jianghuai Mandarin

Zhou Saihua / 259

Modern Text with a Cynic Feature: Critical Discourse Analysis on
   Chinese Contemporary Folk Music *Zeng Xiangxi* / 275

Research on *chengfen* (成分) used in *Mandarin Chinese* Edited by
   Huang Borong and Liao Xudong *Ma Xiaojuan* / 288

沙湖论坛
Shahu Lake Forum

融汇古今中外的感应美学

张玉能[*]

郁源先生（1937—2012）是湖北大学文学院著名的教授。他1965年硕士研究生毕业于北京大学，就职于对外文化联络委员会。1974年调入湖北大学开始了他的教学和学术生涯，主要从事古代文论与古典美学领域研究，先后为本科生和研究生开设"文学概论""马列文论""美学""文艺理论专题""《文心雕龙》导读""古代文论""明清小说与戏曲理论""中国古典美学""明清文艺思潮""比较诗学与比较文学"等课程，培养了许多优秀的汉语言文学的人才，为湖北大学文学院，湖北省的汉语言文学事业，中国的文艺理论、古代文论、马克思主义文论、中西比较文论等，做出了不可磨灭的贡献。在几十年学术生涯中，他挥洒辛勤的汗水，先后出版了学术专著13部、发表学术论文100余篇。今天《郁源文集》的出版，不仅是郁源先生的学术成就的展示，也是我们对他最好的追忆和怀念。

郁源教授的《感应美学》已经出版了16年，产生了广泛的影响，他所建构的"感应美学"代表了他的学术研究的最高境界，永远值得我们学习和传播。《感应美学》刚刚出版的时候，我就和我的开门弟子、南京大学博士生曾耀农（现任湖南商学院中文系系主任）合写了一篇评论文章《方法独特　嫁接自然——评〈感应美学〉》[《湖北大学学报》（哲学社会科学版）2001年第4期，第114—115页]。在这篇文章中，我们指出，思想解放带来了学术解放，美学也出现了前所未有的繁荣。在中国当代美学界，许多美学家从不同的角度，运用不同的方法来研究美学，已经出现了"认识论美学""反映论美学""实践论美学"等各种不同派别，互相补

---

[*] 张玉能（1943—），华中师范大学文学院教授。电子邮箱：yuneng@126.com。

充，共同促进美学学科的发展。由郁源教授等学者撰写的《感应美学》（文化艺术出版社，2001），则另辟蹊径，从审美感应论角度来研究美学，使人读后觉得耳目一新。"感应"虽然是古代中国哲学和中国美学特有的范畴，但其内涵却具有世界性。"感应"在哲学上探讨的是事物相反相成的两方面合二而一的问题，在美学上探讨的是审美主体与审美客体之间的矛盾统一问题。笔者认为，无论在哲学上还是美学上，"感应"问题都是理论与体系的基石。审美主客体的关系，不仅是中国美学家关注的问题，也是西方美学家关注的问题。今天看来，我们仍然感觉到郁源先生的《感应美学》是中国新时期美学的一个风向标，其中所论述的"感应"问题仍然是一个具有新意的美学范畴和创新问题，"感应美学"的提出是郁源教授以中国传统美学思想为基础，以马克思主义美学为指导，以西方美学思想为参照的一种有益的探索的结晶，至今有着顽强遒劲的生命力。

"感应"概念范畴的提出是以博大精深的中国传统美学思想为基础的，是在郁源教授融会贯通中国传统美学思想的基础上，经过提炼、升华而产生的美学的智慧结晶。中国古代宇宙创生论及"天人合一"等哲学思想影响了审美感应论的生成。中国哲学和美学最讲究的就是"天人合一"，而"天人合一"正是"感应美学"的中国古代哲学和美学的根基。"天人合一"不仅是中国优秀传统文化的精髓，也是中国美学精神之魂。从字面上来看，"天人合一"首先强调人与自然的和谐关系和辩证统一关系。然而，它还涵盖个人与他人的"社会和谐"以及个人与自身的"个体和谐"。所以，"天人合一"是一种人类作为主体与世界上一切客体的"大和谐"。这是与西方文化和美学的"天人相分""主客二分"的本体论观念和思维方式大相径庭的。庄子最早阐述了"天人合一"的思想，庄子曰："夫形全精复，与天为一。天地者，万物之父母也，合则成体，散则成始。"（《庄子·达生》）庄子阐发了老子的"人法地，地法天，天法道，道法自然"（《老子·二十五章》）思想，力求达到人与自然的一致与融通。先秦儒家同样主张"天人合一"。《周易·说卦》云："昔者圣人之作《易》也，将以顺性命之理。是以立天之道，曰阴与阳；立地之道，曰柔与刚；立人之道，曰仁与义。"《中庸》说："诚者，天之道也。诚之者，人之道也。诚者，不勉而中，不思而得，从容中道，圣人也。诚之者，择善而固执之者也。"因而"诚"的德性，就是人与天相合的途径。汉代思想家、阴阳家董仲舒进一步以儒家精神解说"天人感应"的五行思想而形成天人合一的哲学思想体系。他说："天人之际，合而为一。"（《春秋繁露》）这种思想通过汉代的"独尊儒术"而成为中华传统文化的主体。陈杰思编著的《中华十大义理》把"天人合一"作为中华十大义理之中的"和"的一个内涵，并且从"万物一体""天道人道""天地人""生态伦理""辅佐自然""顺应自然""效法自然""返璞归真"等八个方面阐发了"天人合一"的含义。陈杰思认为"天人合一"是"消除我同万象万物之间的界限，泯除主体与客体之间的对立，让万象万物作为心象出没于我的心灵中，充养着我的心灵生命；让自己的精神流注到万象万物中，感受万物的生命律动；让自己的生命精神同万象万物交融在一起，互相贯通。这就是'仁者与天地万物为一体'的境界"。实际上，"天人合一"也就是一种中国优秀传统文化所追求的审美境界和美学精神。它强调和要求的是人与自然的和谐、人与社会的和谐、人与自身的和谐、人与万象万物的"和而不同"与"物我一体"，也就是强调和要求一种"向内求善"的审美自由境界。"中华文化中的美，是与善结合在一起的美。美即是符合义理的生命精神，与人的高尚本质相一致的生命精神，能满足人健康的精神。"从这种"天人合一"的中华民族美学精神出发，郁源教授一直认为：在中国古典美学中，"情景交融"与"心物感应"是相互扭结和沟通的两个重要美学命题。"心物感应"是实现"情景交融"的基础。"情景交融"的低级层次是情景组合，高级层次是情景互融，而情感在艺术中具有本体的地位。"心"与"物"之间的感应存在不同模式，有"物本感应"、"心本感应"和"平衡感应"等。不同的感应模式，其审美观照方式有"以物观物""以我观物""物我两忘"之别，其形象构成方式有"以形写神""离形得神""形神相亲"之别，其情感表达方式有"寓情于景""缘情写景""情景合一"之别。"情"与"景"通过各种途径达到交融，它是构成"意象"、"意境"和"境界"范畴的核心。这些就构成了"感应美学"的主要内容，也阐发了中华民族美学精神的根本意蕴。

"感应美学"是以马克思主义美学的主客体相统一的实践美学观为指导而建构起来的。郁源教授在中华人民共和国成立以后的第一次美学大讨论中朱光潜、李泽厚提出的"美是主客观的统一"的思想的基础上，提出了新的美学思想，即感应美学。感应美学认为，美只存在于审美关系之中；离开了审美关系，美就不存在。审美关系是由审美主体和审美客体双方构成的，美既包含客观因素，也包含主观因素，是二者的统一。这就是说，离开了审美关系中的任何一方，美就不可能产生。所以，美既非客观的，也非主观的，而是主观和客观感应沟通、合而为一的产物。感应美学可以分为两种类型：外感应与内感应。外感应与内感应是根据审美客体在审美主体的头脑之外或之内来区分的。外感应与内感应构成了审美感应的全过程。实际上，审美感应论以人对现实的审美关系作为审美过程的核心、枢纽、中介，也就必然是以马克思主义实践论美学为指导的，因为只有在人类的实践（生产实践、审美实践、艺术实践）过程中主客体之间才可能产生人对现实的审美关系，主客体之间才可能产生真正的统一。正因为如此，朱光潜先生到了晚年就把美和审美以及艺术的主客观统一由主观意识内转换到了人类的社会实践之上。

众所周知，中国现当代美学是在西方美学思想的影响下建构起来的，所以，长期流传的就是认识论美学或者反映论美学。从中国现当代美学发展的实际来看，认识论美学和反映论美学曾经促进了中国美学的学科独立，但同时也导致了"唯认识论美学"的偏向，严重影响了中国当代美学和文艺理论的发展以及中国当代文学艺术的繁荣发展。尽管中国传统美学思想十分丰富、非常深刻、具有特色，但是，直到20世纪50年代中国都没有作为独立学科形态的美学。中国美学的独立学科形态是在西方美学的直接影响下逐步形成的。20世纪初王国维、梁启超、蔡元培等人从西方近代认识论美学中引进了"美学"（Aesthetica）这个名称，因为美学的确立就是在西方近代认识论美学之中完成的，"美学之父"鲍姆加登把美学定义为"关于感性认识的科学，而感性认识的完善就是美"。20世纪三四十年代，随着马克思列宁主义的输入，中国美学的马克思列宁主义成分逐渐增加，马克思列宁主义的美学就不断在神州大地传播，特别是苏联的辩证唯物主义认识论美学逐步中国化，成为中国化的马克思主义美学——毛泽东美学思想的主要来源。到新中国成立以后，通过20世纪五六十年代的美学大讨论，中国美学的独立学科形态确立起来，而且辩证唯物主义认识论美学也成为中国当代美学的主要指导思想。当时中国美学界的左派代表蔡仪就一直认为"马克思主义哲学没有本体论，就是认识论"，因此，美学的哲学基础就是认识论。辩证唯物主义认识论美学从1942年以后就主宰着中国美学界。毛泽东的《在延安文艺座谈会上的讲话》创造性地运用了列宁主义的辩证唯物主义认识论美学，把文艺规定为一种社会意识形态，并定义为"社会生活在作家艺术家头脑中反映的产物"，主张文艺为政治服务、为工农兵服务。辩证唯物主义认识论美学无疑对中国现当代美学的发展起到了革命性的伟大作用，确立了马克思列宁主义美学的指导地位，为中国化马克思主义美学的建设和中国现当代文学艺术的繁荣建立了丰功伟绩。不过，辩证唯物主义认识论美学的一元化领导，也产生了一些负面影响，比如，它遮蔽了马克思主义美学的"现代实践转向"和实践本体论的某些基本美学原理，把美和美感及其艺术限制在认识论的范围内，排斥了文艺的情感特质，把表达情感过分阶级化，甚至把情感抒发视为资产阶级人性论、人道主义或者小资产阶级情调；只强调文艺的意识形态性质和反映性质，甚至只突出文艺的政治意识形态和现实主义的反映社会生活的意识形态性质，而忽视了文艺的"特殊生产方式"和"实践—精神的掌握世界的方式"；在此历史条件下，形成了以认识论美学为基础的"现实主义和浪漫主义相互消长的文学艺术发展"的单一模式，以社会主义现实主义反对一切现代主义的文学艺术流派的某些倾向；某些时刻，把美和审美及其艺术的阶级性、政治性、工具性凌驾于艺术性、审美性、超越性，主张比较刻板的"内容决定形式论""题材决定论""主题先行论"，形成了一些公式化、概念化、脸谱化的创作倾向，一直畸变到"文化大革命"十年浩劫中"四人帮"的"三突出""大批判""以阶级斗争为纲"等"阴谋文艺"的创作原则，从而使得中国当代文艺百花园一片凋零，只剩下了八个"样板戏"一统天下。形成这种局面，当然还有更深刻的经济、政治、社会的原因，然而，打着"辩证唯物主义认识论美学"旗号的偏执固守一隅的认识论美学，无疑是一个重要的直接原因。20世纪80年代以后，改革开放之后的拨乱反正、正本清源，使得认识论美学回到了它的应有位置，恢复了马克思主义美学的"现代实践转向"的实践本体论或者社会本体论，实践美学成为中国当代美学的主导流派，许多被认识论美学所遮蔽、误解、歪曲的马克思主义美学基本原理得到了恢复，中国当代美学在实践美学与后实践美学的论争中，在多元共存的发展态势中，走上了一条"百花齐放，百家争鸣"的康庄大道。正是在这样的形势下，郁源教授的《感应美学》应运而生，为新时期的美学和文论的健康、全面发展做出了重要贡献。

"感应美学"同样是以西方美学思想为参照系建构起来的中国当代美学体系。从西方美学发展史来看，从有文献记载的公元前6世纪古希腊美学思想开始，直到16世纪文艺复兴晚期，西方美学思想主要是一种自然本体论美学，主要探讨自然以及摹仿自然的艺术中的美的存在本原和存在方式，寻找美的存在和存在方式的实体，导致了古典形而上学的自然本体论美学，最后导致了教父哲学美学和经院哲学美学，走进了基督教神学的神秘主义死胡同。到了文艺复兴时代，为反对神学和神权，人文主义美学思想兴起，形成了哲学和美学的"认识论转向"，由自然本体论美学转向了认识论美学，造就了西方近代认识论美学模式，取代了自然本体论美学。这种认识论美学，以笛卡尔"我思故我在"的哲学命题为主要标志，把哲学和美学的自然本体论问题转换为认识论问题，主要研究审美主体的认识，并且试图从哲学认识论和认识心理的角度来探讨所有的美学问题。这种认识论美学经历17世纪的新古典主义美学、18世纪的启蒙主义美学，并且在启蒙主义美学中形成了大陆理性主义美学与英国经验主义美学的对立，把认识论的"主客二分"的"二元对立"的思维方式和思维模式推到了极致。18世纪末至19世纪中期，在调和大陆理性主义美学和英国经验主义美学的过程中形成了德国古典美学。德国古典美学的奠基人康德开始认识到认识论美学的局限性，把认识限定在"现象界"，而把"本体"划归不可知的"物自体"，当作人类的信仰领域（主要是上帝、灵魂不朽、自由），而在"现象界"和"物自体"之间留下了不可逾越的鸿沟。为了填补这道不可逾越的鸿沟，康德从人类的心理（心意状态）的知（认识）、情（感情）、意（意志）的"三分"之中得到启发，把认识的边界规定在"现象界"的"必然领域"，把属于意志的信仰划定在"物自体"的"自由领域"，而把感情规定为沟通认识（现象界）与意志（物自体）的中介，感情的主观合目的性就是审美判断力的领域，感情的客观合目的性就是目的论判断力的领域。它们分别对应于"真—美""完善—善"的价值取向。这样，美学就被划出了认识论领域，归于感情领域的主观合目的性方面。席勒继承了康德的这种非认识论的美学思想，进一步把"美"归入"实践理性"家族，并且把"美"与"技艺"和"自由"联系起来，把"美"规定为"技艺中的自由"或者"现象中的自由"，从而真正开启了精神上的"实践转向"。黑格尔进一步发展了席勒的精神上的"实践转向",规定了"美是理念的感性显现",规定了人类的审美和艺术的本质是"人在他所创造的世界中实现自己的本质",就像一个小男孩在平静的水面上投下了一个石子而欣赏石子在水面上激起的涟漪那样,形成了实践观念在美学中的萌芽,然而,黑格尔所说的"实践"仍然是一种精神活动,即绝对精神(理念)的"自生发""自展开""自认识"。直到马克思的《1844 年经济学哲学手稿》《关于费尔巴哈的提纲》(1845),马克思、恩格斯的《德意志意识形态》,"现代实践转向"才真正地实现了,西方近代认识论美学才最终退出历史舞台,实现了以社会本体论美学为主导流派的时代。马克思提出的"劳动生产了美"(劳动创造了美),"艺术是生产的一种特殊方式",感受形式美的眼睛和感受音乐美的耳朵"是全部世界历史的产物",美和审美及其艺术是"人的本质力量的对象化"等实践美学的命题开辟了世界美学历史的新纪元,从历史唯物主义的"实践"范畴中形成了社会本体论美学。马克思主义哲学和美学的"现代实践转向"不仅给世界美学的发展带来了直接影响,打破了西方近代认识论美学的局限,给美学的发展开辟了社会本体论(实践本体论)的道路,而且启示了 20 世纪 90 年代西方当代理论的"后现代实践转向",给世界美学的发展多元化格局注入了生命力。"现代实践转向"与"后现代实践转向"所注重的是"实践进路",而"实践进路宣扬一种独特的社会本体论:社会是围绕着共有的实践理解而被集中组织起来的一个具身化的、与物质交织在一起的实践领域"(夏兹金,2010:4)。

郁源教授正是在批判继承西方美学思想和文论思想的前提下,从中国传统美学思想的"感应"观出发,以马克思主义实践论美学为指导建构了新时期的"感应美学"——独特的"打通中西马"的中国特色当代美学体系。这种创新精神、务实精神、融汇古今中外的学术精神,永远值得我们学习和传承。

参考文献

〔美〕夏兹金等(2010):《当代理论的实践转向》,柯文、石诚译,苏州:苏州大学出版社。

Inductive Aesthetics with the Fusion through Generations and Geographies

Zhang Yuneng

About the Author:Zhang Yuneng (1943 -), Professor in School of Chinese Language and Literature, China Central Normal University. E-mail:yuneng@126.com.

追怀与思念（二则）

章子仲[*]

追怀恩师潘重规

我很少有写作动力了，特别是自21世纪海归以后，我连电脑、手机都不用，真如闭关、出家。女儿又要去台湾讲学，对有关我的恩师、国学大师潘石禅（潘师名重规，号石禅）的往事有兴趣，要我追忆。我且写下一些，但记忆力差，可能多有错误。

这要从我抗战时在成都四川大学中文系读书说起。

1937年7月7日，抗日战争爆发。北京、上海、南京等大都市相继沦陷，全国名校逃亡内地（如昆明、西安、重庆、成都、贵阳……），许多名师也随校西迁。于是有一些国学大师聚于成都的四川大学。听说川大至少追随清末的尊经书院（由曾是号称江南第一才子的王闿运、影响过康有为的著名学者廖季平主持）中当任老师很多是有晚清功名的四川名学者。中文系的国学渊源，又多同出一宗。追叙起来，首任是章太炎〔他在日本时书房里悬挂着手书大幅："我若仲尼长东鲁，大禹出西羌，独步天下，无与为偶？"（东汉戴良语）他的弟子有周作人、鲁迅、黄侃……〕黄侃，说是十几天就可以批阅完《昭明文选》（那是我们的基本国文）。他的脾气孤傲，说是学问传婿不传子。潘师就是他亲自指婚的女婿。

潘师的长项，应是训诂学，还有敦煌学。也许长于这些的老师多了，他作为系主任，只教我们《诗经》。他温文儒雅，也常和学生联系。我是被章、黄传人的殷孟伦老师戏称为"新学伪经"的，但有的老师却对我特

---

[*] 章子仲（1923—），湖北大学文学院教授。

别亲切、信任。如今我曾问我的学生这是什么缘故，他们说，大概你比较天真，有真情。

这或许就是潘师后来去台湾后，在20世纪80年代，让他的女婿（他没有亲子女，但有黄家血统的继女）带回大陆他的70华诞手书日记复印本和黄宗师手写十三经眉批的复印本给我的原因吧（黄宗师说，"惟以观天下书未遍，不得妄作雌黄"，所以50岁前只述而不作，但他只49岁就去世了）。

我一直内疚，"三座大山"只写了一本沈祖棻老师的传记《北斗七星》，潘师的这些资料，后来都给程千帆恩师借去没还给我，还有吴宓恩师在日记里留下与我交往的记载，我也应该写吴师传记。但这两位老师的传记，我都没写出。

那时，学生没有教材。我用一个万金油盒装着用墨浸泡的小丝棉团，用毛笔舐记《诗经》名篇和教学要点。在现在汀汀打字的时代，那种品味再也无处可寻了。潘师还告诫女生不要用鸡蛋白洗头发（那时没有洗发剂，而鸡蛋是奢侈食品），否则会导致亡国丧邦。我听得高兴。课后还跑到他家"吃小灶"——寻找《诗经》中更多的"牝鸡司晨"红颜祸水的古事。他的思想，还是够尊传统的。

抗战胜利后，我回到武汉，潘师与夫人还到我家来玩。后来他要去台湾。那时，我正在家坐月子。就世俗习惯来说，连我的婆婆也不进月母子房，但"非礼勿视"的国学传承人，却亲自来到我床前告别。

这使我铭心难忘。80年代他托人带给我日记复印本后，我更怀念恩师。特别是知道了他在敦煌学研究上享誉杰出，但却不能回归大陆亲赴敦煌考察。当时武大首次开了黄侃的纪念会，却缺少文献。我将那大陆还没有的手批十三经复印本借给他们展览。老友朱祖延虽是中央大学学生，却也是章黄学派传人，我与他商量想将潘师请归考察他从未去过的敦煌，我愿出钱安排费用。但人微言轻，未成愿想，而且我月薪才百余元，也逗人笑话。

以后我在美国匹兹堡，自己做主去听了一次汉学家聚会。据说是一些颇有声望的中国台湾地区的国学家主持。他们当然没有看我一眼。后来聚餐，我问及潘师近况，说及师生情谊，某权威学人立即另眼相看，对我谈了许多。但是，终于也无缘再见恩师一面。只在海归后，在电视上播游江南婺源的节目时，连朱熹都没说，倒拍了潘师在婺源的老家。我忽然想起，当年同学们戏称他的名号石禅为 mi di，说是蒙古发音，才仿佛重现恩师形貌。以后南京师范大学也有纪念会，我无缘参加就永别了，只是小友赴台湾游学，我给他一张潘师往日的名片，他回来后，说是在台遇见过潘师的继承人，得到了一些有价值的学习资料。潘师已不能再回故里，我又无力记下他对国学的贡献，愧对恩师。

中国崛起，而文化断层，我深为遗憾！

与吴宓先生相处的日子

我没有学问根底，又读书不求甚解。来美七八年，英文仍不通，中文也忘了。唯一可慰的是比较诚实，没有很多虚荣心。从这点出发，略有些自信，敢于写点追怀恩师吴宓先生的文字。

我于1946年毕业于前国立四川大学中文系。我和同班的好友宋元谊、杨娥嬴都学过吴先生的《西洋文学史》课和《西洋文学批评》（用英文讲授）。我至今还鲜明地记得在川大望江楼的阶梯教室里，吴先生讲课的生动形象。那时讲台上铺着白台布，他一边讲，一边顺手卷起，放开台布的边缘。我在美国曾去波士顿的哈佛大学看中国留学生为哈佛建校三百年竖的纪念石碑。在英国我又到 Westminster 去找 Mary of Scotland 的棺葬，都是源于吴先生的讲授和《吴宓诗集》中的咏诗给我的永远难忘的印象。

一开始，学生中就流传着一些有关吴先生的逸闻趣事。说是他住在成都（好像是祠堂街）燕京大学某宿舍顶楼，每天深夜用手杖狠狠地擂地，一边大声叫："打死你，我打死你！"原来是他在驱赶猖狂的川耗子。后来又听说他自比《红楼梦》中的妙玉。我们都对他有极大的好奇心。

我在美国的匹兹堡，曾结识了获得英国剑桥大学博士学位的独身女教授傅乐书。她是曾任北大校长傅斯年的女儿。她对我说，有五个吴宓先生喜欢的女学生现在美国。我告诉她，现在有六个了。吴先生的确很看重我们几个女同学。但我们都认为，这里绝无"风流才子"的味道。我觉得这颇似"女人是水做的，男人是泥做的"观点。他喜欢年轻纯洁的女孩。我自己后来教了40年书，也是这样，还特别从内心赞美那些秀美的"上帝的杰作"，而我自己是女性。这里有什么像某些人瞎猜疑的成分呢？我们当时读《吴宓诗集》，知道他终身对熊希龄的夫人毛彦文怀着柏拉图、但丁式的爱情。我们还传诵他在英国得到毛彦文许嫁的诺言时写的："私幸雪莱获玛丽，还同蔡子赘牛姬。"有人总爱以肮脏的心去揣度吴先生，从我与他交往里，我从来没有过这种感觉。

　　后来，因为考试成绩很好，我们就渐敢大胆与他接触了。我发现他热爱大自然，他说有些人终生埋头，从不抬头看天空。我记得在女生宿舍通往物理楼道路上的林荫草地上，我常常忽然独自躺下来，久久看着清明的天空。有一次我跑去对他说："吴先生，您是理想主义的最后一人。"他说："是吗？我希望还多几个。"他非常平易，而且幽默自然，从不故作高深。一次吴先生与我们一同到一位家为富绅的同学家做客，那家有当时少见的大沙发（一般都是红木八仙椅）。吴先生把自己深深地埋在沙发中，他说："要是坐在这样的椅子上办外交，肯定会失败。"

　　吴先生虽然那样执着地热爱中国和西洋的古典文学和哲学，但对于有不同学术观点的具有真才实学的学者，同样非常尊重。我记得他不止一次地赞赏教我们庄子与八代诗的庞石帚先生和来川大历史系教学的缪钺先生。川大中国文学系原来可没有这样的胸襟。我们的毕业论文规定是要用骈文做的。我们的老师还在反对胡适，更不用说"五四"以后的新文学。而我这个被殷孟伦先生称为"新学伪经"学生，不用说这论文有多难写，缪先生也是最敬爱的恩师，他的指导使我终身受益。但我记得吴先生也曾近于开玩笑地告诉过我，有一次宴会上缪先生将骨头吐在地毯上。他说话时，简直像我们一样顽皮。抗日战争胜利后，武汉大学迁回武昌，吴先生就任武大外国语文学系主任。我原生于武汉，这时也回到汉口，在我怀着第二胎时，休学一年在家，几乎每周我都过江到武大去看吴先生和向程千帆、沈祖棻先生求教。几位老师到汉口来，也总在我家小住。我的丈夫曾昭正，一生热心助人。我的公公是汉口老通城和大智旅社的老板，吃住方便。吴先生对社会上世俗的事，常需要人帮助。譬如当时法币贬值的速度闻所未闻。上馆子吃饭要先付钱，否则吃完饭后法币又贬值了。所以拿到法币要马上到打铜街去换成银元。每月发薪，吴先生就委托曾昭正找人去帮他换。他非常信任我们。同时，他还用自己的教材教我英文。当时他就像我们家里的一位长者。我的二女儿出生后，他亲自命名为宪徽。宪是颜、曾、孔、孟四家共同的排行（昭、宪、庆、繁、祥）；徽，他则着意解释是"美"的意思。

大军南下时，他要入川，他说，他们毁孔庙。其实，那时他有机会到海外或台湾去的。历史的趣事是，刚巧是曾昭正在三野当团参谋长的胞弟率军解放曲阜。20世纪80年代中期，胞弟带我们去谒孔府，详细讲到他当时在孔府大门严令保护文物的细节。我们还笑他颇像攻破冬宫电影中的那位红军指挥员，当然我们当时也不知道这些事，只是遵照吴先生的意思买了船票送他入川。我们送他上船，这就是永别了。

我记得以后他还来过信，要我将他教我的英文教材给他寄去。以后，就失去了联系。

20世纪80年代中期，我们到西南师范学院访问何其芳的妹妹何频伽（副院长方敬的夫人）知道了一些吴先生在"文化大革命"中受迫害的情况。我从西师图书馆借到一本法国文学史，上面还有吴先生的手迹。我怀疑是被抄没的藏书之一。陈寅恪、吴宓、钱锺书是我心目中的"继往圣之绝学"的传人，他们与流行的学派当然不是一回事。他们的博古道今的学识，我怕会面临断层的危险。他们绝不同流合污的品德，我不知道要到哪里去追寻。我的浅薄和疏懒，使我不能为保卫他们的令誉做出贡献。我不想去搜求那些歪曲诬蔑的书来加以驳斥，我似乎觉得那正是那些人所设的圈套。一些严肃的学者认真查对辩驳，恰恰抬高了编造者的身份，促进了伪劣作品的销路。随他们去闹吧。大千世界，何奇不有。莎士比亚，千秋自有公允的看法。当然这只是我疏懒的自我辩解，我是从心底里赞美严肃的学者们的工作的。

Reminiscence and Recall of My Respected Teachers (Two Passages)

Zhang Zizhong

About the Author：Zhang Zizhong (1923 -), Professor in School of Chinese Language and Literature, Hubei University.

思想何以贫困？

——与邹老师书

聂运伟[*]

看了邹贤敏老师的书稿《思想的贫困——我的教育与学术反思》（以下简称《思想的贫困》）之后，很是震撼。我以为，邹老师在文稿开篇写下的第一段话，是耐人寻味的：

"独立之精神，自由之思想"是知识分子安身立命之本，可谓之教育与学术之魂。克尔恺郭尔有句名言："一种人是因为要做自己而痛苦，一种人是因为不要做自己而痛苦。"要做自己才会有魂，不要做自己就会失魂。回顾半个世纪来我在教育和学术上走过的道路，这两种痛苦都有过，有时是后者，有时是前者，有时兼而有之，更有时痛则痛矣，却不知是哪一种。这一切皆源于特定的历史与文化语境和自己的选择，而教育、学术与政治间的剪不断理还乱又贯串其中。最终我选择了要做自己，告别"可爱的谬误"，接受"痛苦的真理"，呼唤魂兮归来，但不知是否真正做成了自己，魂是否仍与我若即若离。

就人生经历而言，邹老师似乎不应该有如此之"痛"。在知识者遭受蹂躏的时代，邹老师还是"一帆风顺"地在北京师范大学和中国人民大学完成了大学本科和研究生阶段的学习，并成为一名大学教师，"文化大革命"结束时，又恰逢壮年，意气风发地写文章、当教授，加之身体康健、老伴贤惠、儿孙上进，想想自封为"十全老人"的乾隆爷家里的那些"烂事"，他未必比邹老师有福。可是，走进晚年的邹老师，并没有在世俗的

---

[*] 聂运伟（1955—），湖北大学文学院教授。电子邮箱：nieyw_55@126.com。

"幸福"里怡然自得，相反，他近乎严酷地对自己的学术生涯做出了深沉的反思和否定，同时也对自己的生活时代发起了质疑、追问和反思，其"疑"、其"问"、其"思"，若不从思想史层面观之，恐很难索解其间的真意。近十年来，自己一直在中国百年来的思想史领域里阅读、思考，很想做些清理工作，特别是对1949年后的学术史的清理和反思，这是一个巨大而迫切的课题，理由巴金老人说得很多也很清楚了，但是，这又是一个无法从容进行的工作，为什么？无非羁绊太多。近百年前，梁启超的《清代学术概论》（1920年）、《中国近三百年学术史》（1924年）以继往开来的眼界开一代学术新风，其容纳中西、纵论古今的独立品格，实为"五四"前后新文化运动的另一个面向，即被陈寅恪称为"独立之精神，自由之思想"的学人之魂。如此学人之魂，尽管没有《新青年》翻江倒海的气魄，但历史烟云散尽之后，我们还得像邹老师一样"呼唤魂兮归来"。所以，我把邹老师的书视为这样一个思想语境中的精神个案，或者说，在邹老师冠之以"我"的"思想的贫困"的背后，实际上悬置着一个更重要的命题，即"我们"的思想何以贫困？

一

作为一个读书人，邹老师骨子里有着"审古今之变，立一家之言"的憧憬和追求，可为什么在"文化大革命"后的20余年的治学中始终没有寻找到一种方向感？而这种困惑正是无法达到自己企及的学术高度的原因，从而成为邹老师这一代学人内心最大的隐痛（尽管许多人未必说出来）。我想，这是邹老师退休后走向反思之路的一个自我发问，亦是《思想的贫困》一书中诉说人世万象的心理动机。理解了这一点，才能理解邹老师自述体文笔中绵延的思绪。

　　进入学术启蒙期之前，我文学知识的积累是相当贫乏的。童年正逢战乱，发蒙学的是"来来来，来上学，大家来上学。去去去，去游戏，大家去游戏"；抗战胜利后进了教会学校，上帝成为我人生的第一个偶像；解放初，以一篇命题作文《给斯大林大元帅的一封信》进入高小，武侠连环画和抓特务的故事填补了我的阅读空间；在"保尔·柯察金班",上帝和侠客在革命英雄的光环下悄然隐退,奥斯特洛夫斯基的名言和苏联文学陪伴我度过了初中时光;直到高中,我才结识了鲁迅、巴金和现代文学,结识了赵树理、闻捷、邵燕祥、刘宾雁、刘绍棠和解放区文学与新中国文学;张志公先生主编的分科型语文课本,为我打开了中国古典文学的大门。语文老师在课堂上朗读我自由命题的作文《故事新编——氓》,最终决定了我人生的第一次选择。我是带着"作家梦"走进大学的……

邹老师对大学之前的叙述非常简单,为什么会如此?多年前读福柯的时候,我也有这样的疑问。许多研究福柯思想的学者常常忽略了福柯进入巴黎高等师范学院之前的生存状态——"小时候生活在法国的一个小资产阶级的外省环境里",有着"令人不能置信的头脑禁锢"的外省环境,加之战争的阴霾和一个严厉父亲的严格要求,都在福柯幼小的心理世界里埋下了日后学术上离经叛道的种子——"在福柯强烈求知欲和严肃性格背后无疑也有被压抑的个人焦虑的冲动"。我这样的联想并非牵强。尽管福柯(1926年出生)比邹老师(1939年出生)大13岁,两人文化背景亦不同,但战争却是他们人生经验的共同底色,如福柯所说:"我想,这一代的少男少女的童年都是由这些重大历史事件构成的。战争的威胁就是我们的环境,就是我们存在的架构。后来,战争真的来临了。不是家庭生活,而是这些世界性的事件才是我们的记忆中的主体。我说'我们的',因为我几乎敢断言,当时法国的少男少女都有同样的经历。我们的私人生活实际上是受到威胁的。可能正是由于这个原因,我对历史,对个人经历同我们置身其中的事件的关系特别着迷。我想,这就是我的理论兴趣的核心。""战乱"留给童年的记忆是充满恐怖、威胁生命的"事件",个体的一切是由"事件"决定的,个体在"事件"面前已失去主体的资格,唯有无名的"焦虑",所以,福柯自己后来对这一时期的回忆几乎都是阴暗的:保守、压抑、威胁、恐怖。这种体验塑造了他的人格,影响着他未来的思考。有人概括说,少年时代的福柯似乎"像查拉斯图拉一样忍受着一种强烈而高傲的孤独之苦"。在心理层面,邹老师和福柯是多么相似。在邹老师对学术经历的反思里,有着太多的压抑、迷茫、困惑,请看邹老师对他大学生活的描述:

要求文学史课每讲一个作家、一部作品，都要加上批判的内容，以体现对文学遗产是"批判地继承"。一次，白发苍苍的梁品如先生在讲完魏晋时期的一个作家后，居然喔嚅着说："同、同学们，我、我不会批判……"我坐在靠前的位子，清楚地看到他嘴唇发颤，拿着讲稿的双手在抖动，眼里还噙着泪光。此情此状，令坐满阶梯教室的近两百名学子手足无措，我心里也充满了苦涩。又一次，有"活字典"美誉的刘盼遂先生讲到陶渊明辞官归隐时，既不敢正面肯定，又不愿违心批判，情急之下顺手拈来，给这位杰出的诗人戴上了一顶"无组织无纪律"的帽子，引来一片笑声。学生不知其所学，不可否认，我所吸吮的文化、学术营养，并没有也不可能超越那个时代特有的种种局限。外语课被砍掉，心理学课刚开了个头，大概是因为触及人作为个体存在的多种需要，不合时宜，被视为"伪科学"，也砍掉了。那时根本没意识到这会给自己带来知识结构上的重大缺陷，特别是外语的放弃，造成了自己后来学术与人生不可弥补的遗憾。如此，走进北师大，我接受的第一笔政治、学术"遗产"是反右斗争，秦兆阳的"现实主义——广阔的道路"和刘宾雁的"干预生活"最让我心存畏惧；离开北师大，我得到的最后一笔政治、学术"财富"是批修斗争，林默涵的《更高地举起毛泽东文艺思想的旗帜！》和马文兵对人性论、人道主义的批判最令我心存敬羡。秦兆阳们的"警示"作用和马文兵们的"榜样"力量将伴随我走向下一段行程。

随着一连串"战斗"的洗礼，我接受了这样一个理念："为学术而学术"是资产阶级学术思想，"为政治而学术"是无产阶级学术思想，"埋头做学问"是一件很危险的事情。在我和同学们的心目中，学术的价值不断贬低，学术的尊严渐渐被打掉，学术的光环也不那么亮了，学术不再是一个神圣的字眼。甚至在有的同学看来，学术似乎还染上了基督教的"原罪"，避开为妙。也有个别同学壮着胆子偷偷地看专业书，给报刊投稿，但又怕别人发现，就在桌上放一本《红旗》杂志，一旦来了人就把专业书、稿纸盖上，装出热心政治学习的样子。

历史事件给了福柯和邹老师共同的心理"焦虑"和心灵之"痛"，不同的生活背景又使两个读书人步入全然不同的人生轨迹。行为上，福柯放浪形骸，惊世骇俗；邹老师循规蹈矩，是"好"学生、"好"老师。学术上，福柯博采众长，先贤也好，同时代的大师也罢，既为我所用，亦为我所弃，传统的概念、范畴、学术规范，在他那里统统失效，甚至活生生地把监狱、疯癫、性、惩罚、知识考古等词语打造为流行的哲学话语，这些看似杂乱无章的研究却使他成为"二十世纪最伟大的思想家"，其围绕"权力—知识—身体"展开的谱系学分析方法彻底颠覆了总体性、一体化的形而上学，反对权力规训思想、规训知识、规训知识者是福柯留给人类思想史的宝贵财富；和福柯相比，邹老师的学术之路显然只能是一条被权力规训的道路，阅读、思考、写作，一切都被制定、被设计、被规划……"我清醒意识到自己还不能完全摆脱长期形成的思想依附的惯性，斩不断'经学传统'的羁绊，走不出'经学思维'的囚笼。"邹老师这份清醒的学术反思弥足珍贵，"经学思维"就是汉代之后导致中国人文知识分子创新乏力的死穴，启蒙运动毕竟让西方知识界告别了禁锢思想的中世纪，有此，福柯才成其为福柯。相比之下，百年前的中国启蒙运动并没有完成这个任务，所以，已故的中国思想史研究者朱维铮先生有本文集，名为《走出中世纪》，我喜欢读他的文章。

二

梳理1949年后中国美学、文艺学发展的学术史，邹老师就读的中国人民大学文艺理论研究生班，堪称一个值得深入研究的学术案例。从1959年至1965年，先后招收了三期学员，开办了一期进修班，大概有200人参加学习。改革开放后文艺学、美学的学科发展，诸多大学、文化研究机构里的学科负责人和学术带头人都出自此处，"许多省市文联、作协的负责同志，许多文艺研究院所的学术带头人和许多高等院校骨干教师，都进过文研班，有人戏称'文研班'是文艺理论战线的'黄埔军校'。也有人调侃说，'一开文艺理论会，到处碰到"文研帮"'"（缪俊杰，2011：30）。我读过许多毕业于"文研班"的老先生的回忆文章，他们对"文研班"有着深深的眷念，特别是对"文研班"的总负责人何其芳先生的人格力量有着无限的憧憬和怀念，但非常坦率地说，老先生们无比骄傲地以"黄埔军校"

类比的认可，恰恰不无讽刺地映射出这个学术群体先天的缺陷，正如近代史上的黄埔军校一样，虽然走出了很多优秀的军事将领，但"效忠领袖"的校训却成就不了一个个性鲜明的巴顿将军。人间自有清醒者，请看：

> 追想起来，我们研究班的历史，在上个世纪60年代同"五四"时期不同，同抗战前后的研究生也不同。"五四"时期的知识分子面临的是全世界向你开放的文化背景，抗战前后的学生要在民族命运和国家命运决战中作出自己的选择乃至献身。我们是在大陆建立社会主义政权之后，国家养着你，喂着你，从经济到文化，一切在计划之中。我们在反帝、反封建的斗争中，经历过"一边倒"（倒向苏联），又经历过独立自主色彩的"两边打"（反帝反修），经历过批胡适、反胡风、经历过反右派、反右倾，我们关起门来搞继续革命、不断革命的背景下听话、紧跟。我们的基本思想取向是"读毛主席的书，听毛主席的话，做毛主席的好学生"。（贺兴安，2011：105）

贺兴安先生把"文研班"学术群体与此前两代学者做了一个很好的比较，尽管简略，却描述出他们从事学术活动的思想史背景，即文化信息的获得从开放走向封闭，学术面向从选择的多样性到单一的被决定性。我们从大量文献资料得知，周扬让文学研究所和中国人民大学合办"文研班"的直接目的是培养马克思主义文艺理论的干部和教师，潜台词是在中苏关系破裂后，如何在思想文化领域全面建立中国式的马克思主义理论体系。

1953年政务院发布《关于修订高等学校领导关系的决定》，明确了由新设立的中央高等教育部对全国高等学校实行统一领导的管理体制。同时规定，综合性大学以及与几个业务部门有关的多科性高等工业学校由中央高等教育部直接管理，中央高等教育部将对全国高等学校的方针政策、建设计划（包括学校的设立或变更、院系和专业设置、招生任务、基本建设和财务计划等）、重要的规程制度（如财务制度、人事制度）、教学计划、教学大纲、教材编审、生产实习等事项，进一步统一掌握起来。凡中央高等教育部关于上述事项的规定、指示或命令，全国高等学校均应执行。如有必须变通办理时，须经中央高等教育部或由中央高等教育部转报政务院批准。据统计，20世纪50年代文、政法、财经等科的学生急剧减少，1947

年三科学生占大学生总人数的47.6%，1952年下降为22.5%，1957年更是仅占9.6%。可以说，完整意义上文理兼修、互通的现代大学，已成为过去时。在总结这段历史经验的论述中，人们习惯地认为上述问题是计划经济的产物，是为了经济发展的必要牺牲，我以为这样的解释是说不通的，1956年才开始实施计划经济，而对大学制度的改造和重新规划早在1949年就有计划地开始了。追溯这段历史，就可以更清楚地看到"文研班"所承载的制度性使命，"文研班"之所以由文学研究所和人大合办，显然不是一个学术问题，时任文学研究所所长的何其芳"是著名诗人，又是党的文艺理论家……在延安鲁艺当过文学系主任，有办学经验"，"中国人民大学是党创办的培养马列主义人才的高等学府……拥有一大批从延安来的或者经过长期革命考验的有理论素养和实践经验的理论家当教员。因此，由这两个单位合作，可以说是'珠联璧合'、'比翼双飞'"（缪俊杰，2011：22—23）。要知道，当时人大的中文系还在筹办期间，周扬之所以选择人大，而不是学术重镇的北大，理由是不言而喻的。

三

学术是精神上的志业，只有热爱、执着和甘于寂寞才有资格拥抱它；学术的生命在于创造，有无独立思考是判断学术真伪高下的唯一标准。但在实际的教学和研究中，我数十年所传之道、所授之业、所解之惑究竟有多少接近了真理，从而有益于学生的学业和人生，又有多少十足的谬误，因之误导了学生的学业和人生呢？我数十年写的那些文字，即使撇开彰显着"平庸的恶"的篇什，无论是学术内涵还是学术精神，能为当代中国文艺学学科的建设增加一丝一毫一钱一厘吗？若有一两篇能被后来者哪怕是翻动一下，也算是我的幸运。平心而论，教学上谬误多多，学术上亦垃圾多多。

在《思想的贫困》里，邹老师对自己的学术生涯给予了近乎严厉的否定。作为邹老师的学生，我清楚地知道，作为"文化大革命"前研究生，邹老师拥有丰富的资历和学识，他在"文化大革命"结束后进入大学的77、78届大学生的心目里，一直是备受敬仰的。尽管如此，我仍然为邹老师的否定叫好，我以为晚年的邹老师是清醒的，也正因为这份超越了所有世俗功利的清醒，邹老师书中对学术历程的自我叙述，才能生动地再现出长达半个世纪的学术场景中的诸多人物和事件，使读者如临其境，和叙述者一同咀嚼历史的酸甜苦辣。更重要的是，邹老师以亲历者的身份，让我们看到一个学科（其实是中国人文社会学科的一个缩影）发展的危机。

如何评判"文化大革命"后中国文艺学、美学的发展及现状，当然会有不同的判断。从知识层面看，"文化大革命"结束后的几十年，世界上各种人文社科思潮、流派几乎无一遗漏地进入中国，同时，中国传统的文化资源也成为知识界的热门话题。我奇怪的是，域外人文思潮也好，我国传统文化也罢，在20世纪90年代之初，原本具有的思想温度都迅速冷却了，变成纯粹的知识构件，或者成为知识生产流水线上的各种技术化的配方，因此，结果是：

> 近年来，我国科研论文发表数量突飞猛进。最新的媒体数据显示，我国科技人员发表的期刊论文数量，已经超过美国，位居世界第一。然而据统计，这些科研论文的平均引用率排在世界100名开外。真正极好的论文，在中国还是凤毛麟角。（雷宇，2011）

现今更为严重的是有关学术的管理与导向存在着严重缺陷。最近有的高层人士又在以重话批评高校科研工作中普遍存在的浮躁现象，但我却要再一次郑重追问："孰令致之？"放眼环顾，现今哪一所大学，哪一所研究机构，不是为争取所谓"重点项目"而苦心经营？有了项目，就有了经费与地位，也包括项目承担者自身的名利，项目的花色品种越来越多，含"金"量与含"名"量也与日俱增。

在很多高校教师与研究人员心目中，有了项目就有了一切，没有项目就失去了安身立命的根基。项目本来是一种手段，如今却成为目标，成为梦寐乃至千方百计的营求，甚至可以称之为"项目拜物教"。人们整天围着项目转，还谈得上什么潜心治学，学风怎能不日趋颓废？加以项目要求高，时限短，管理程序极为繁琐而评估又虚有其表，于是便形成投入极多而效益甚差的恶果，甚至出现大批量文字垃圾，很多恶行劣迹，已经难以用"浮躁"二字概括。相关部门至今除

讲空话外，仍然我行我素，丝毫没有表现出改弦更张的意向，而这正是问题最为关键之所在。（章开沅，2007）

如果我们认同这些判断，就不得不承认，思想的贫困是当下中国人文社会科学研究领域中一种普遍性的存在，也正因为此，追问"思想何以贫困"方显示出峻急的意义来。

思想何以贫困，应该包含两个层面的问题，一个是不敢或不愿思想，另一个是缺乏思想的方向感。我们现在可以看到大量的回忆材料，足以说明某个历史时段中不敢思想的精神特征，但不敢思想并不等于没有思想，或者说，在不敢思想的时代，却有着高度同一的思想的方向感，即对权力话语的自觉认同，被规训的思想生产往往声势巨大，激情澎湃（"大跃进"诗歌、学生集体编写教材、样板戏），少有方向感上的迷失与困惑。20世纪80年代以后，在权力话语的合法性遭逢普遍怀疑的语境中，思想在经历渴求自由的短暂欢愉后，却又陷入迷失方向感的痛苦之中。文艺学、美学的研究对象是无法摆脱思想的纠缠的，思想没有了方向感，学术层面的困惑便弥漫开来。具体到文艺学、美学领域，在漫无边际、热闹非凡的自说自话中，无所适从的焦虑、交流的隔膜又分明吞噬着学术应有的淡定和超然。张法在一篇文章中把中国百年美学作为研究中国思想史的个案，他将中国百年美学的特点总结如下。一是不敢思想。中国人对传统美学，不但不去思想为什么中国古典美学没有美的本质问题，反而千方百计牵强附会地在中国古典美学中去找美的本质问题。这一点最能说明中国的思想状态：只敢勇敢地思想自己认为最好的思想，把最好的思想化为自己的思想；而不敢从思想本身的角度去思想。中国人的敢于思想后面是不敢思想，不敢思想却表现为敢于思想。二是在权威下思想。中国人的不敢思想表现为勇敢地思想一种权威的思想，把自己化为权威，用权威话语讲述权威、也是自己的，自己的、也是权威的思想。不是用严格的思维去达到正确思想，而是借权威的名义，来宣布自己的思想正确。三是集体型思想。真正的思想，需要思想家有勇敢的承担精神，必然表现为一种独特的个人话语。不敢思想而又表现为勇于思想，就升华为一种集体话语。权威型思想中的叙述者"我们"，就不是一个真正的自我，而是一种集体话语，一种有时代高度也有时代局限的集体话语。当集体型思想把自己变成一种权威型思想时，就把开放的思想场地变成封闭的独立王国，阻碍了思想的思想。在这三种情况下，集体型思想都变成了不敢思想的勇敢思想形式（张法，2006）。

2002年南翔的小说《博士点》就生动展现出中国高校的科研特色："跑"项目，"跑"博士、硕士点。我曾经感到困惑，这部小说为何没有引起评论界的高度关注。我以为下述分析已然说清了个中缘由。

> 从文艺学到文学理论，称谓的变化使得这一学科逐渐边界明晰，也反映出这一学科越来越体制化的进程。今天，在大学中文系里它的二级学科位置，重点学科、博士点和硕士点的建立，本科课程的开设，教材和读本的出版，教研室或专业教师共同体，以及专业学会、专业杂志和专业评估、精品课程等一系列体制化的活动，必然使文学理论趋向于专业共同体内部的书斋切磋型或课堂传授型的知识。30年的发展，我们已经清楚地看到了文学理论转向体制化的历史进程。其后果是复杂的。从积极的层面上说，文学理论摆脱了曾经的"政治婢女"的尴尬境地，成为一门相对独立的知识系统。从消极层面上说，文学理论的归位也在一定程度上隐藏着脱离是广阔的社会实践的可能性，进而转向一种少数人小叙事专业性话语，失去了它本身所具有的社会参与性和道德关怀。
>
> 今天，体制化围绕着文化资本或象征资本的资源争夺或再分配展开。不同的学校、不同的研究取向和不同代际的学者们，在文学理论场内为争夺资源展开了殊死搏斗。而文学理论越发体制化的进程，同时也是作为一门"学科"越发具有"规训"特性的过程。知识在一个商业化和体制化的社会中，既呈现为某种时尚（诸如种种新潮理论和理论明星的生产），也可以转化为某种形式的商品（出版物或演讲等），还可以是某种标准化的知识生产（多年来文学理论教材内容重新排列组合就是一例）。反叛和越轨的冲动往往在体制化的桎梏中变得越来越困难。（周宪，2007）

对于一个社会科学家来说，最糟糕的事情之一就是：仅仅在为了某个研究项目或课题而申请经费时，才感到有必要制定"计划"。大多数计划被制定出来，或至少是有些详细的书面文字，仅仅是为了申请到资金。无论这种计划的制定过程多么合乎标准，我认为都是非常糟糕的：在某种意义上，这是十足的推销术，并且，一般说来很有可能煞费苦心地炮制出虚张声势的文章来；课题也许被"展示"出来，并在八字还没一撇的时候就被加以随意解释；所谓课题，纯属虚构而已，目标只是为了某种隐秘的意图获取资金，——却不论这个意图连同上报的项目有无价值。（米尔斯，2005：213—214）

文科课题项目研究的承担者不过是"工程师""技师"。因为是计划既定、蓝图已成的"工程"，所以作为"发包人"的投入与"承包人"的产出是有目标明确的对应性要求的。作为"工程"的"学术"产出没有失败可言。尤其是文科，长期以来，大家都认为其"研究"无所谓失败。不存在知识创新冒险的"工程"发包也往往更易于涉及钱权交易。基金申请、课题研究、成果发表、项目评审诸环节的计划经济化，导致目前中国学界的急速腐化。在计划经济成功转轨市场经济的同时，长期由意识形态严格控制的文科学术却在"不争议"的"务实"中由体制制定庞大规划而迅速"繁荣"成了产业。中国目前的文科学术界，虚假繁荣的代价很可能又是一代学者的人格分裂和堕落。（朱渊清，2009：578）

当然，学界的问题不过是中国社会问题的一个缩影：

近些年来，一种在市场经济基础上重建总体性权力的趋势已经清晰可见：以权力重组市场因素，以权力配置经济资源；以权力的扩张占领社会领域，包括在社会建设的名义下强化权力；以行政权力控制意识形态和舆论，压制正当的舆论监督。其背后的思路和逻辑是，权力要强大到足以全面掌控日益复杂的经济社会生活；而其前景，则是在市场经济条件下重蹈总体性社会与总体性权力的覆辙。（清华大学社会学系社会发展研究课题组，2011）

章太炎说过，学术在野则盛，在朝则衰，邹老师的书与反思，再次印证了太炎先生的话。不知怎么，突然想起穆旦《智慧之歌》中的两句诗："为理想而痛苦并不可怕，可怕的是看它终于成笑谈。"大概反思总是令人痛苦的事情，章开沅先生为辛亥百年写的反思文章中亦是这般的情怀：

> 对于辛亥百年的反思，有两层含意：一是反思辛亥革命百年以来的历史，一是反思百年以来的辛亥革命研究。早在1990年，我在海外即已开始这种反思。为纪念辛亥革命80周年撰写的《辛亥革命与"只争朝夕"》着重从社会心态转变的角度，探讨辛亥前后逐步形成的历史紧迫感，以及其后衍化而为急于求成的民族潜在心理，如何影响近百年中国历史进程。10年以后，为纪念辛亥革命90周年，又撰写《珍惜辛亥革命的历史遗产——以世纪意识为例》，对20世纪以来两次"世纪热"或"世纪迷思"进行对比。发现当今中国世纪话语已经逐步形成意识形态，时间量度转化成为价值标准，乃至衍生过高的幸福预期。我颇为感慨："这种浅薄的狂热及其影响之深远，又是百年前那一代在中国宣扬世界意识者所难以想象的。今昔相比，我总觉得缺少几分当年的真诚，更缺少当年那么深沉的忧患意识与强烈的自我鞭策。"可惜我的"盛世危言"被淹没于新千禧年的举国狂欢。（章开沅，2011）

读完《思想的贫困》，有个问题想了很多次：一个现代的学者，究竟该如何总结自己的笔耕生涯？之所以强调"现代"，是因为今人已学不了太史公，谁也不会把呕心沥血之作藏之名山，以待后人；今人有太多太多的理由把自己变成一个写作的机器，快速地把文字码成文章去发表，因为一个千万人讨厌而又千人万人竞相填写的表格中，只需要一个冰冷抽象的数据：文章发表于什么时间？什么地方？至于你写什么？为什么写？怎样写？写得怎样？已经变成无关紧要的问题。

幸哉，我们还有章开沅先生和邹老师这样的思想者，痛苦而清醒。

参考文献

米尔斯（2005）：《社会学的想象力》，陈强、张永强译，北京：三联书店。

贺兴安（2011）:《在铁狮子胡同四年》,载何西来主编《九畹恩露:文研班一期回忆录》,北京:社会科学文献出版社。

胡祖六（2016）:《凤凰财经对话知名经济学家胡祖六》,凤凰新闻（http://v.ifeng.com/news/finance/201603/010224e6-e354-4020-a5b5-fba97db6edb2.shtml）,3月25日。

缪俊杰（2011）:《建理论队伍之军——文研班回忆之一》,载何西来主编《九畹恩露:文研班一期回忆录》,北京:社会科学文献出版社。

雷宇（2011）:《中国论文数量居世界第一引用率排在100名开外》,新华网,2月11日。

清华大学社会学系社会发展研究课题组（2010）:《走向社会重建之路》,《民主与科学》,（6）。

吴丕（2012）:《泡沫堆砌的中国病灶》,《人民论坛杂志》,（373）。

张法（2006）:《思之未思——中国百年美学之思》,美学研究网,6月21日。

章开沅（2007）:《史华慈:真正的学术与真正的学者——兼议当今高校的"项目拜物教"》,《同舟共进》,（5）。

——（2011）:《辛亥百年遐思》,《近代史研究》,（4）。

朱渊清（2009）:《书写历史》,上海:上海古籍出版社。

周宪（2007）:《从文学理论到理论》,文学理论三十年:从新时期到新世纪国际学术研讨会会议论文,武汉:华中师范大学,6月23日。

Why Thought is Getting Impoverished?
——A Letter to Prof. Zou

Nie Yunwei

Nie Yunwei (1955 -), Professor of Chinese Language and Literature, Hubei University. E-mail: nieyw_55@126.com.

读《梵语入门》

倪 胜[*]

学一点梵文，对理解佛教论著有帮助。比如玄奘的《成唯识论》虽说用中文写成，但仍有令仅通中文者难解之处。举例来说，第六识和第七识在梵文拼读上完全一致，都是 mano vijñāna（manas 的意思是意，音译为末那，vijñāna 是识，两个词结合时发生连声音变，manas 变成 mano），但意义有差别，玄奘在中文翻译中也采取一个音译（末那识）一个意译（意识）的方式进行区别。玄奘对此进行了解释，《成唯识论》卷四曰："是识圣教别名末那，恒审思量胜余识故。此名异第六意识，此持业释，如藏识名，识即意故。彼依主释，如眼识等，识异意故。"说明这两个术语的关键区别在于其构词方式，一个要用狭义持业释的方式理解，指意和识是并列同位名词，是同义词；而另一个则应以依主释的方式理解，比如眼识，眼是修饰形容识的，两者不并列。显然，不懂点梵文，不了解点梵文名词的构成方式，是难以理解这种差别的。

不过，众所周知，梵文很难学。聪明如季老，初学时也曾费去不少时间和精力。

刚刚出版的《梵语入门》（郭良鋆、葛维钧著，中西书局，2016）一书，给予希望自学者以帮助，真是善莫大焉。想十多年前本人也曾学习过梵文，但为梵文的繁难所阻，至今水平仍不高，成绩虽没有，教训倒是不少。拿到这本如此详尽的入门书，看到熟悉的例句，回忆起过去学习的艰辛，感慨系之，不免有所言。

我是将这本《梵语入门》看作 Stenzler 的《梵文基础读本》的配套书的。Stenzler 的书是一本名著，季老入门用的就是它，季老回忆说："梵文

---

[*] 倪胜（1970—），博士，上海戏剧学院副教授。电子邮箱：nisheng555@126.com。

语法变化极为复杂，但是这一本薄薄的小书，却能用极其简练的语言、极其准确地叙述了那一套希奇古怪的语法变化形式，真不能不使人感到敬佩。顺便说一句，此书已经由我的学生段晴和钱文忠，根据我的讲义，补充完整，在北京大学出版社出版。"（季羡林，2000：77）季老所指就是北京大学出版社1996年版的《梵文基础读本》，上标明季羡林译，段晴、钱文忠续补（我收藏的这一版是该书刚刚出版时北京大学某教授寄赠的，至今我还保留着这位不肯署名的教授的来信，并充满感激）。2009年北京大学出版社又出版了该书第二版，标明季羡林译，段晴、范慕尤续补。

不过说实话，这本书不太适合自学。一般学习英语、德语、法语的方式，都是从简单的词汇、语法和句子开始逐步提升，词汇、语法和句子相互配合着随课文的深入一起增加难度，使得学生逐渐掌握。Stenzler的书却不是这样，它将古典梵文全部语法一股脑摆出来，接着就是全部练习例句和词汇表。对初学者来说，刚一看到，显然会懵，不知从何入手。

这种编辑方法源自一种德国式的语言教学方法。季老回忆他跟着导师Waldschmidt学习这本书的情形说："Waldschmidt的教学法是典型的德国方法。第一堂课先教字母读音，以后的'语音'、'词形变化'等等，就一律不再讲解，全由我自己去阅读。我们每上一堂课，都在读附在书后的练习例句。19世纪德国一位东方学家说，教学生外语，拿教游泳来做比方，就是把学生带到游泳池旁，一下子把学生推入水中，倘不淹死，即能学会游泳，而淹死的事几乎是绝无仅有的，甚至是根本不可能的。"（季羡林，2000：77）季老最后这一句未免有点过，他自己也介绍过，在德国遇到学过希腊语拉丁语的学生，始终也学不会梵文，"梵文虽不神秘，可决不是每一个人都能学通的"（季羡林，2000：78）。

"不过这种方法对学生要求极高，每周两小时的课，我要费上一两天的时间来备课。在课堂上，学生念梵文，又将梵文译为德文，教授只从旁帮助改正。"（季羡林，2000：77）德国学者的教学风格如此，Stenzler编的梵文教学书也是如此。因此，德国教学法与其课本是完全配套的，是同一个思路的结果。它不像我们学英语、法语、德语那样从简单词汇和句子开始一步步深入，而是一开始就将全部的语法现象一条条列出来，全部语法列完后就是练习部分。初学者看到这个，不懵才怪。

Stenzler的书的特点是简明扼要，清晰明确，不多解释，直奔主题。我理解这个教材的原意是为教师授课提供便利，作为教学的辅助，而正因此，它绝不肯反复解释各种语法现象，也不提供练习答案，不给学生走捷径的便利。当然，它也不怕学生出错，因为有老师在。

但这种做法给学生准确理解练习中的句子意义制造了不少障碍。特别是各练习句都是从梵文经典里单独抽取出来，离开原语境后，会造成很多理解困难，尤其对初学者。

比如书上并未说明，梵文的系词可以省略。拿§326 的第五句来说，lobhaḥ pāpasya kāraṇam，每个单词查出来是这样：lobhaḥ（贪心，阳性体格单数）、pāpasya（坏的，中性属格）、kāraṇam（原因，中性体格单数），《梵语入门》提供的译文是"贪心是罪恶的根源"。记得第一次做这句就有点懵，虽然每个词都查出来了，但不知道如何组成句子，因为没有动词或系动词，甚至怀疑这是个名词词组（即理解成"贪心和坏原因"）。所以每次做完练习，都会急切地等待上课，让老师来指导和纠正。

现在《梵语入门》一书，提供了 Stenzler 原书的全部例句和练习的答案，并且都做了准确的中文翻译。做完练习，拿这本书对照一下就很快能理解例句，等于有一个老师在身边纠正自己。所以说，这本书实际上将无法自学的 Stenzler 的书变成了可以自学的书。

实际上，《梵语入门》提供的例句比 Stenzler 原书还要多，尤其增加了"你好！""欢迎！""那里有一棵树""她是女孩子""我是诗人"等简单的入门句，对自学者慢慢适应梵文语法应该更有帮助。

以我个人的体会而言，Stenzler 的书所代表的德国式教学法，好处非常多。比如每次拿到一个句子，首先就要为每个词寻找到相应的语法条目，然后从词典里找到对应的词汇，目的在于将词典里的词汇原型根据语法一步步变化成句中形式。梵语语法条目既多又繁，难以理解，更难背诵。而为了解出正确答案，初学者仿佛进入迷宫，茫然不知所之，往往不得不反复翻阅语法部分，甚至一条一条地检视，经常的情况是将大量的时间耗费在了与正在做的某个例句练习无关的语法上，甚至几个小时也找不出正确的条目。刚开始当然会很气馁，甚至有些恼怒，觉得如果像学习英语那样，每篇课文提供相应的语法点以及词汇来做练习，很容易就能完成，不会这么浪费时间。但时间一长，就觉出其中的好来。对那些无关语法的一遍遍检视，并不是浪费时间，而令读者在多次反复检视过程中，已经能熟记它们，梵文那么复杂多变的语法，只用做几十个句子练习就在不知不觉中记住了。于是，尽管初学时极度不适应，但随着学习的进步，越来越喜欢这种方式，以至于看惯了 Stenzler 的书，再读其他语言入门书总觉得别扭，老觉得它们进度太慢，而且缺乏鸟瞰全局的气势。

学习梵文的方式当然不止一种，过去的僧人如法显、玄奘，他们学习梵文时没有这么好的语法总结，大概是一本本梵文佛经一路读下去，慢慢学会的，《大唐大慈恩寺三藏法师传》《南海寄归内法传》等书里对此有过一些记录。金克木先生介绍过他在印度跟随憍赏弥老居士学习梵文的情况，恐怕有些类似，起初，老居士先背诵一句巴利语佛经，随口念成梵文，然后用英语略做解说。金先生学习进步以后，教学方式略有变化："他很少戴上老花眼镜查书。先是我念、我讲、我问，他接下去，随口背诵，讲解，引证，提出疑难，最后互相讨论。这真像是表演印度古书的注疏。"（金克木，1999：308）这真叫作口传心授了。

婆罗门教传承梵文的方式应该更古老，据饶宗颐先生介绍印度梨俱吠陀重音的教法，教师将手按在学童头顶，念诵经句同时推按学童头部，令其知晓发音部位和方式（饶宗颐，1993：91）。古老梵文的传授，是与音乐、念诵和舞蹈结合在一起的。与德国教授从语法入手的方法完全不同。

也许可以说，德国式的教学法和教材是学术式的，而印度的则是信仰式的。

《梵文基础读本》第一版限于条件，虽然装帧和纸张非常好，但字体是从原书剪贴过来复印的，有不少模糊不清之处，更有一些打印编辑错误，比如将主动语态和被动语态标反，§18 第五行 va-c 的体格单数应该是 va-k 等。这些问题在第二版里基本都得到了纠正。而拿到《梵语入门》以后，我至今尚未翻检出明显的编辑错误来，众所周知，对初学者来说，教材的准确可靠该有多重要，因为一旦做练习时怎么也找不出合适的解答，初学者就很难判断到底是编辑出了错还是自己找错了语法条目。

由于季老的讲义已经被续补成《梵文基础读本》，读者会以为原讲义的出版不会有多大价值。现在《梵语入门》一书已经将季老的讲义收入，稍稍翻阅，就感觉这份讲义还是很值得出版的。

季老谈到他的讲义说："我用汉文意译，写成讲义。"（季羡林，2000：77）从本书提供的讲义本身看，季先生的确是意译，而且增加了不少自己的东西。比如他在一开头，对梵语的情况做了一些简单介绍，清楚明了，很方便自学入门者。另外，季老的讲义增加了不少对关键语言现象的说明，还增加了一些练习，比如第 8 页的语音练习。季老讲义的节号与 Stenzler 的书的节号对不上，也就是说，季老的讲义，其实可以看作一半是原创了。显然，这是季老对自己学习梵文和对中国人进行梵文教学的一个经验总结，可以看成是对 Stenzler 的书的有益补充。

有意思的是，季老用啭声来译变格，我们知道，早在唐代作品《大唐大慈恩寺三藏法师传》里谈论梵文语法时作者就使用"啭声"一词指代变格（《南海寄归内法传》用"转"）。具体到七种格，体、业、具、为、从、属、依加上呼，全都从古（见《南海寄归内法传》西方学法章）。显然，这种从古的译法能帮助后学在学习梵文的同时对悉昙学术语也逐步熟悉起来，由于梵文是死语言，同学们学习梵文的目的主要就是从事学术研究，因此，这种译法对后学应该帮助更大。当然，如果能将 Stenzler 的书全部按照现代语言学术语翻译出来，并在现代术语之后附上我国古代译法，就更完美了。

《梵语入门》同时还附上了金克木先生的教材《梵文文法》。金先生这个教材着重解释梵文语法诸现象，对准确理解梵文有较大帮助，其编写方式和角度与 Stenzler 和季老的教材都不相同。梵文是一种非常复杂的语言，需要不断复习和学习，而金先生的编写，也给初学者从另一个角度熟悉和掌握梵文提供了良好的机会。

Stenzler 的书仅仅讲解了古典梵文，这是书写中世纪《沙恭达罗》（迦梨陀娑著）等经典文学作品用的语言，规范优美。但 Stenzler 并未涉及古老的吠陀语、佛教常用的混合梵文等。因此，要掌握梵文进行学术研究，仅仅学完 Stenzler 的书是不够的，季羡林先生介绍过他在德国的学习时说，"我上面提到的 Stenzler 的《梵文基础读本》，虽有许多优点，但是毕竟还太简略；入门足够，深入却难。在这时候必须熟读 Kielhorn 的《梵文文法》，我在这一本书上下过苦工夫，读了不知多少遍。……Whitney 和 Wackernagel 的梵文文法，Debruner 续 Wackernagel 的那一本书，以及 W. Geiger 的关于巴利文的著作，我都下过工夫"（季羡林，2000：101—102）。

因此，拿到更详尽的梵语语法书并随时翻检是必需的，我个人常翻看 Whitney 的 *Sanskrit Grammar*，该书体量比较适中，容易翻检，而现在"普陀山佛学丛书"又影印出版了上面季老提到的瓦克纳格尔（Wackernagel）的《梵语语法》(Altindische Grammatik，字面意思是古印度语语法)，嘉惠学林，令人兴奋，这是比 Whitney 的书更详尽的语法书，其语音部分就有厚厚的三百多页，内容涉及吠陀语、阿维斯塔语等，应该属于研究性著作，而不是一般的语法书了。

近些年来佛教学术发展迅速，成果丰富。感谢佛教界的善举，感谢诸位学者和出版家的努力，目前国内有关梵文和巴利文的书籍已经出现多种，彻底改变了过去"一穷二白"的面貌。这些书籍的陆续出版，相信对我国佛教的研究和历史比较语言学的研究都会带来良好的促进效果。

参考文献

季羡林（2000）：《学海泛槎》，太原：山西人民出版社。
金克木（1999）：《梵竺庐集·天竺诗文》，南昌：江西教育出版社。
饶宗颐（1993）：《梵学集》，上海：上海古籍出版社。

Review on *An Introduction to Sanskrit*

Ni Sheng

About the Author：Ni Sheng（1970 －），Ph. D．，Associate Professor at Shanghai Theatre Academy．E-mail：nisheng555@126.com.

中国诗学研究

Study on Chinese Poetics

从变从义：儒家文化关键词的意义建构方式

张金梅[*]

摘　要："从变从义"语出董仲舒，作为儒家文化关键词的意义建构方式，"义"有着丰富而复杂的流变历程。从字源上看，甲骨文、篆文楷书理路虽各有所指，但将"义"训为"宜"也符合事物发展演变的一般规律。"义"在儒、道、墨、法诸家中虽曾呈现"是其义，而非人之义"的百家争鸣状态，却仍然遵循着"义者，宜也"的内在逻辑。董仲舒踵武前贤，合"我"与"宜"为"义"，并与其"一以奉天"相权衡，奠定了两千多年来《诗》无达诂、《易》无达占、《春秋》无达辞等儒家文化得以不断推演的理论根基。

关键词：从变从义　义　宜　我　一以奉天

基金项目：国家社科基金重大项目"中国文化元典关键词研究"（12&ZD153）；国家社科基金青年项目"汉代经学与中国文论"（13CZW009）

"从变从义"一语最早见于董仲舒《春秋繁露·精华第五》："所闻《诗》无达诂，《易》无达占，《春秋》无达辞，从变从义，而一以奉人。"（苏舆，1992：95）该说在《春秋繁露》中仅一见，未引起学界应有的重视与关注。当前，学界对"从变从义"一语的解释主要表现为两种代表性的意见。

---

[*] 张金梅（1974—），博士，四川师范学院文学院学院教授。主要研究方向为中国文化与文论，著有《〈春秋〉笔法与中国文论》等。电子邮箱：zhangjinmei2003@163.com。

其一，以徐公持先生为代表，认为"从变从义"就是"从人从宜"，"人"指说诗者，"宜"指权宜。其《论诗纬》一文指出："'从变从义，一以奉人'，说出他心中的解诗奥妙，'从变'的含义，即是说诗'人'一己之体会及不同场合的需要；'从义'的含义，即是从'宜'，是权宜。"（徐公持，2003）这种解释有"同义反复"之嫌，因为"说诗'人'一己之体会及不同场合的需要"就是"权宜"，都强调以说诗"人"的权变、权宜为准。

其二，以邓新华先生为代表，将"从变从义"解释为"文学释义的自由与限制"，"从变"是自由，"从义"是限制。其《论"诗无达诂"的文学释义方式》一文指出："所谓'从变'是指解释者可以依据自己所处的历史语境对释义对象进行灵活自由的理解和解释，而'从义'则是强调解释者对释义对象的主观理解和解释又必须顾及作品本文的客观内涵和基本旨义。"（邓新华，2000）这种解释在理论上周延自洽，但实践操作起来往往不易。因为"从变"作为解释者释义的灵活自由常常会与"从义"作为被释义对象的固有含义相互矛盾、制约，而"作品本文的客观内涵和基本旨义"亦是解释追求客观的一种乌托邦。

从上述徐、邓两位先生的代表性意见来看，对"从变"的解释几无分歧，都是指解释者根据自己的体会和言说的场境，充分调动自己的生活经验、艺术经验以及想象力和知解力，对被释义对象做出自由的、创造性的理解和解释。而对"从义"的解释则有较大不同，徐先生认为"从义"意指"从宜"，是权宜之术；邓先生认为"从义"意谓遵从作品的本义。到底哪种解释更为合理，我们拟结合先秦诸子及董氏本人的相关论述，略陈浅见。

一　字源释义

关于"义"的最初意义，学者众说纷纭。仅从字源上溯考，就有两个迥然不同的理路。

其一，甲骨文理路。"义"，甲骨文作羛，由羊（羊）和戎（我）两部分组成。羊，即"祥"，指祭祀占卜显示的吉兆；戎，指有利齿的戌，代表征战。古人在征战前常常举行祭祀仪式，占卜战争的凶吉。如果显示吉兆，则表明战争是仁道的、公正的、为神灵助佑的。金文羛、篆文羛承续甲骨文字形，其他写法虽略有不同，但"从羊从我"是一定的（周法高，1974：7048—7049）。故汉代许慎《说文解字》云："义，己之威义也。从我、从羊。"（段玉裁，1988：633）以此为基础，学界出现了有代表性的四大义项。

第一，"义"是祭祀地名。仝晰纲、查昌国等在《中华伦理范畴——义》一书中认为"义"观念滥觞于殷商，其义盖是由地名渐而演变为戎事、断狱之法则。他们根据甲骨学家考证，卜辞"义"为地名，即"义京"，在商旧都附近，是当时的祭祀场所。"京"表示该场所的外形，而该场所所具有的宗教文化内涵则落在"义"上（仝晰纲等，2006：2）。

第二，"义"是祭祀活动。刘雪河《"义"之起源易礼新探》认为"义"起源于原始的祭祀活动，而"义"作为约束人们社会行为的原则，则是起源于原始祭祀活动中的行为规范（刘雪河，2003）。"义"的繁体字是"我羊"，其意指对象当是拥有财富的奴隶主。在私有制出现的时候，恰是以私有财产"我羊"祭祀祖先活动的父系氏族公社后期，于是这一祭祀活动与"义"字字形所代表的文化现象有很好的契合。

第三，"义"是分配原则。查中林《说"义"》指出："义的基本义或曰核心意义是'分'（分剖、分割区分），其造字本义应是分配猎获物分得公平。"（查中林，2000）在他看来，"义"作为卜辞中的地名，因其本义晦而不彰，或是指人们经常分配猎获物（或曾经一次分配过很多猎获物）的地方。而分配是一项集体活动，由此便形成了一种人与人之间的关系以及人们对这种人际关系的感受与评价，即分配秩序和公平原则。

第四，"义"是"威仪"之"仪"。汪聚应在《儒"义"考论》一文中认为"义"的本初意义是"仪"（汪聚应，2004）。该义项对《说文解字》中的"义，己之威义也"和段玉裁《说文解字注》中的"古者威仪字做义，今仁义字用之"（段玉裁，1988：633）加以伸说，视"义"为"仪"，认为甲骨文的"义"字是祭祀官举行祭祀活动时，由巫师手执三叉武器举着羊头，表示一种告天示民的神圣庄严的、有威仪的行为。

显然，以上四大义项都是沿承祭祀、卜辞这一理路所做出的具体阐释。但相较而言，祭祀活动可能是其真正源头。因为上古时代人们对祭祀活动相当重视，在特定的场所，以他们所拥有的羊头作为祭品，以告自然神或先祖。这样，祭祀活动、祭祀场所、祭祀仪式也就成了"义"之一名三义，至于分配原则或威仪之仪则由祭祀活动生发出来，有过度引申之嫌。

其二，篆文楷书理路。"义"在篆文中还有一异体字羛，由羊（羊）和弗（弗）两部分组成。羊，指祥和；弗，指休战，故羛表示休战和平，揭示"道义"的另一层含义。也正缘于此，许慎在《说文解字》中对"义"还有一解："羛，墨翟书义从弗。"（段玉裁，1988：633）墨翟为何书"义"为"羛"，许慎未做进一步解释。1973年出土的长沙《马王堆汉墓帛书》倒是提供了一个例证，《苏秦献书赵王章》中写道："然则齐义（羛），王以天下就之；齐逆，王以天下□之。"（马王堆汉墓帛书整理小组，1976：92）后来，俗体楷书另造指"义"字，在"乂"（表示割、杀）上加"丶"，表示杀得有理。也正缘于此，庞朴指出"宜"的本义是"杀"，"宜、俎、肴本一字，故得互训。此后逐渐分化，宜专用作杀牲……宜之本义为杀，为杀牲而祭之礼"（庞朴，1984：20）。他认同"义"的"威仪"之义，并认为义的这种威严之义，可以容纳得下"宜"的杀戮之义。这一说法虽有一定的道理，但其溯源将"义"置放在"宜"字上，从"宜"有"戮""义"之义而断定"义"是"杀"义，并没有得到太多人的认同。不过，将"义"训释为"宜"却极为常见。如《中庸》云："义者宜也。"（朱熹，2012：28）《礼记·祭义》云："义者宜此者也。"（上海古籍出版社编，1997：1598）《释名》亦将"义"声训为"宜"："义，宜也。裁制事物，使合宜也。"（刘熙，1985：52）这是现存文献中最为直接的训释，也是汉代及后汉注家的共识：

《尚书·康诰》："用其义刑义杀。"孔安国传："义，宜也。"（上海古籍出版社编，1997：204）

《诗经·大雅·荡之什》："不义从式。"毛传："义，宜也。"（上海古籍出版社编，1997：533）

《周易·旅》："其义焚也。"《经典释文》引马融注："义，宜也。"（陆德明，1983：29）

《论语·公冶长》："其使民也义。"皇侃疏："义，宜也。"（上海古籍出版社编，1997：2474）

如此训"义"者很多，不必枚举。故段玉裁在《说文解字注》中总结道："义之本训谓礼容各得其宜，礼容得宜则善矣。故《文王》《我将》《毛传》皆曰：义、善也。引申之训也。"（段玉裁，1988：633）即使是"义"的异体字"羛"，段玉裁亦解释为："从弗者，盖取矫弗合宜之意。"（段玉裁，1988：633）也正缘于此，后世学者基本都沿袭这种诠释，训"义"为宜，取"宜"的合适、合宜之义作释。

综合甲骨文、篆文楷书理路，追溯"义"之字源演变，将"义"训为"宜"也符合事物发展演变的一般规律，因为"宜"也有祭祀义。如卜辞"宜于义京羌三人，卯十牛"就将"义京"与"宜"字连用，《尔雅·释天》亦云："起大事，动大众，必先有事乎社而后出，谓之宜。"（上海古籍出版社编，1997：2610）换言之，将"义"训为"宜"，在上古主要取其祭祀义；当人们主体意识增强，对自然的认识能力提高后，祭祀活动日渐弱化，人们处理事情的能力日益重要，则取其合宜、合适义。

二 诸子"义"释

"义"作为中国传统伦理的五德之一，是先秦诸子的共同话语。儒、道、墨、法诸家对"义"各抒己见，形成了贯穿整个子学时代的核心思想之一。

儒家释"义"，以孔子、孟子、荀子为中心。孔子曰："义者宜也。"这是《中庸》对孔子"义"思想最精要的概括。冯友兰先生解释说，孔子的"义是事之'宜'，即'应该'，它是绝对的命令"（冯友兰，1996：37）。也就是说，孔子之"义"不是外在的强制命令，而是内在的道德自律，且没有外在标准和具体内容。也正缘于此，《论语》一书中"义"字虽出现了20多次，但都没有直接给"义"下定义，而是大体走向二端。其一，"义"是君子的内在属性，如《论语·里仁上》云"君子之于天下也，无适也，无莫也，义之与比"（程树德，1990：247），《论语·阳货下》云"君子义以为上"（程树德，1990：1241），《论语·卫灵公下》云："君子义以为质"（程树德，1990：1100）等。孔子理想的社会构型是君王行仁政，人人成君子。所以孔子从人的内心出发，认为"义"是个人对自己行为的规约。他不主张用武力来征服人心，而重视温柔敦厚的诗教风化，欣赏人人自我"修己""克己"的义。其二,"义"是君子的行事标准。如《论语·里仁下》云"君子喻于义,小人喻于利"(程树德,1990:267),《论语·述而上》云"不义而富且贵,于我如浮云"(程树德,1990:465),不是鼓吹义利对立,而是在义利对举中凸显合义之风范。简言之,孔子的"义"是君子修己的内在自律涵养和克己的外在行事风范的统一,是君子内心修养、个人行事的适中与合宜。

孟子继承发展了孔子有关"义"的思想,表现有如下三个方面。第一,将"义"释为"人路"。如《孟子·告子上》云"义,人路也"(焦循,1987:786),《孟子·离娄上》云"义,人之正路也"(焦循,1987:507),《孟子·万章下》云"夫义,路也"(焦循,1987:723)。"路"者,道也、途也、轨也,义是一条途径,通往仁,直达人心。将"义"比作"路",即将"义"外化为一种行事准则、规范。这是孟子在"杨墨之道不息,孔子之道不著"的时代场域中针对杨朱"为我"、墨子"兼爱"等"邪说诬民,充塞仁义"的乱象而提出来的。第二,主张"义内"。如《孟子·告子上》载:"孟季子问公都子曰:'何以谓义内也?'曰:'行吾敬,故谓之内也。'"(焦循,1987:745—746)即"义"虽本之于人心,但外化为人事时,则会因人因事因时而不同。不仅如此,孟子还从人心出发,提出"羞恶之心,义之端也",并将其落实到具体行动中。如《孟子·尽心上》云"敬长,义也"(焦循,1987:899),《孟子·尽心下》云"义之于君臣也"(焦循,1987:991),《孟子·梁惠王上》云"未有义而后其君者也"(焦循,1987:43)。以"义"明君臣尊卑、长幼之分,君行义以利万民,臣行义以侍奉君上,各施其行,各得其位。第三,舍生取义,"集义"以养"浩然之气"。《孟子·告子上》云:"生,亦我所欲也。义,亦我所欲也。二者不可得兼,舍生而取义者也。"(焦循,1987:783)《孟子·公孙丑上》云:"其为气也,配义与道。无是,馁也。是集义所生也,非义袭而取之也。"(焦循,1987:200—202)这样,孟子将"义"植根于"气",便给后人提供了一个可操作性较强的行义、守义、集义的方式、方法。

荀子释"义",其用有三。其一,理也。《荀子·大略》云:"义,理也,故行。"(王先谦,2013:580)《荀子·议兵》云:"义者循理。"(王先谦,2013:330)"理"是事理,是行为的理性思考。从小处说是按恰当的方式办事，从大处说就是按一定的规律行事。其二，节也。《荀子·强国》云："夫义者，内节于人而外节于万物者也。"（王先谦，2013：361）"节"即适中、节度之义。荀子持"人性恶"的立场，认为人生而有各种欲望，可得满足时即求满足；不可或不能满足时，则须加以节制。其三，分也。《荀子·王制》云："人何以能群？曰：分。分何以能行？曰：义。"（王先谦，2013：194）《荀子·君子》云："义者，分此者也。"（王先谦，2013：536）"分"即各就其位，站在其应该、合适的位置上，表现为两种不同的规约性：一方面，"义"是人心的自我操控，内节于人，是对己欲望的节制，对自我身份的明确与规矩；另一方面，"义"是治理国家的良方，社会有森严的等级分层，有严格的礼法制度，行为得当，尊贤、尚礼即是义。

  道家的"义"思想最受后人争议。《老子·十九章》云："绝民弃义。"《老子·三十八章》云："失仁而后义，失义而后礼。"（朱谦之，1984：74、152）《庄子·马蹄》云："道德不废，安取仁义。"《庄子·胠箧》云："攘弃仁义，而天下之德始玄同矣。"（郭庆藩，2012：344）故后人多认为老庄任自然、弃仁义。也有少数学者认为这恰是老庄重视仁义的表现，如张松辉在《老庄学派仁义观新探》一文中认为老庄的仁义标准还要高于儒家，因为道家主张不带有任何功利目的的仁义行为（张松辉，1993）。老子提倡"无为而治"，其实质是无为即无所不为，抛弃有目的、有意识的义，才是作为最高道德的随性之义；老子所论世间"无"是母，有无相生，无仁义即会生仁义；老子也不定义"名"，因为一旦定了，它便不是原来的名，无名便是一切可名之；弃义便不规范义的具体行为，而是人性善的都具有义的特质。庄子所讲的义是把属于外在的仁义融化在人的心灵中，把行仁行义由一种勉强的、有意识的行为变成一种自然而然的、无意识行为，即《庄子·天地》所谓"端正而不知以为义"（郭庆藩，2012：451）。简言之，"绝仁弃义"是不求而得仁义。

  与儒家相比，墨家释"义"迥然有别。首先，孔子的"义"是个人的规约；墨子的"义"则是天下之一同。如《墨子·尚同下》云"唯能以尚同一义为政，然后可矣"（吴毓江，2006：135），《墨子·天志下》云"义者，正也……天下有义则治，无义则乱，我以此知义之为正也"（吴毓江，2006：312），《墨子·公孟》云"夫义，天下之大器"（吴毓江，2006：

693）。在墨子看来，"有义"是"尚同一义"，"无义"是一人一义。唯有天下之义同一，社会才能大同而治；倘若一人一义，则会大乱。其次，在义利关系上，孔子认为义是君子的本质，利是小人的追求；墨子则主张义利同一。如《墨子·耕柱》云："所谓贵良宝者，可以利民也，而义可以利人，故曰：义，天下之良宝也。"（吴毓江，2006：643）墨子以世俗功利的眼光看义与利，认为利于天下的一切行为都是"义"。也正缘于此，墨子主张"非乐"，倡导"三表"；断定"厚葬久丧"非义，"节葬短丧"合义。最后，儒家在行义、守义的过程中主张"亲亲"，宣扬爱有差等；墨子则提倡"兼爱"为义。《墨子·兼爱下》云："兼即仁矣，义矣。"（吴毓江，2006：175）出身社会下层的墨子，目睹社会待遇分配不等，亲身感受社会资源划分不公，故将"尚同"与"兼爱"的社会理想贯穿于"义"思想中，并以"利"的标准来检验"义"的实施，自成其一家之言。

法家的"义"思想，从表面看，似与儒家相类。如《韩非子·解老》云："义者，谓其宜也，宜而为之。"（王先慎，2013：140）但质而言之，则大相径庭。儒家释"义"为适宜，其着眼点在人的内在修养，在人与人之间的行事合宜。韩非论"义"，则有鲜明的等级观念。如《韩非子·解老》云："义者，君臣上下之事，父子贵贱之差也，知交朋友之接也，亲疏内外之分也。臣事君宜，下怀上宜，子事父宜，贱敬贵宜，知交朋友之相助也宜，亲者内而疏者外宜。"（王先慎，2013：139—140）这里，韩非虽然也列举了知交朋友、亲疏内外基本关系的行事合宜，但其重点则在"臣事君""下怀上""子事父""贱敬贵"等尊卑关系的恪守与合宜。出于树立君主权威的需要，韩非特别强调君臣之义、贵贱之别，甚至在《韩非子·饰邪》中明确提出"人主之公义"与"人臣之私义"，反对"私义"，提倡"公义"。而去"私义"行"公义"的真正内涵则是去仁义、尊权势、守法令。因为韩非只是单向度地强调臣对君的尊敬、下对上的服从之义，凸显君上对臣下的绝对权势威望，而忽略"义"的双向维度，"义"不仅是下对上的义务，同时也应该是上对下的尊重。

显然，在"道术将为天下裂"的子学时代，"义"观念在儒、道、墨、法诸家中已呈现家殊义异的百家争鸣状态。尽管诸子站在各自的立场，"是其义，而非人之义"，但有一点是相同的，那便是合适，即"宜"。将"义"释为"利"，是认为义利相生，义利相通，正当的义能带来利，合宜的利也能生义;将"义"比之于"理"或"路",是合乎一定准则、规范的理路,这是要求行动符合事物发展规律;将"义"视为"分""节",是对行为、欲望的节制,是分等级、明尊卑的礼法,也是适中不过分、合宜不乱位。

三 董子"义"释

在董仲舒之前,汉代的"义"思想主要集中体现在陆贾和贾谊身上。"陆贾鉴于秦亡教训,提出治国要施行仁义,治民主清静无为,把儒家'仁义'和道家'无为'作了理论通融。贾谊也主张以仁义治国,同时主张兴礼乐以定社会尊卑秩序,故贾谊的义观念倡民本、重礼义、主有为。"(仝晰纲等,2006:101)董仲舒作为汉代著名春秋公羊学大师,其"义"观念,尤其是君臣、君民之义,都和《春秋》有着密切的渊源关系。更难能可贵的是,在《春秋繁露·仁义法》中,董仲舒本着"厚躬薄责"之旨首次对"仁义"进行对比分析,[①]既丰富了中国古代"仁义"思想发展史,又开创了中国古代"义"观念新局面。

《春秋繁露·仁义法》开篇明义,首先借字形别名,以"仁"从"人""义"从"我"对"仁"和"义"进行了严格区分并为两者"正名":"《春秋》之所治,人与我也。所以治人与我者,仁与义也。以仁安人,以义正我,故仁之为言人也,义之为言我也,言名以别矣。"(苏舆,1992:249)

其次,指出不察、不省"仁""义"之分的重要危害及其成因:"仁之于人,义之于我者,不可不察也。众人不察,乃反以仁自裕,而以义设人。诡其处而逆其理,鲜不乱矣。是故人莫欲乱,而大抵常乱。凡以暗于人我之分,而不省仁义之所在也。"(苏舆,1992:250)在董仲舒看来,"仁之于人"和"义之于我"是"仁"和"义"在运用对象上的根本差别,其功能则分别是"安人"和"正我"。如果混淆了对象,"以仁自裕",必然会打着"爱人"的幌子,爱自己而不爱别人,甚至损人利己;

[①] "仁义"在《论语》中仅分言,无一处合言;在《孟子》中则既有分言,亦有合言。其后,无论分言、合言,都未对二者进行严格区分。

而"以义设人",则必然会站在"义"的制高点上,苛求他人,甚至责备他人。这样"诡其处而逆其理"地运用"仁义",不仅达不到"安人"和"正我"的目的,还会引起国家和社会的动乱。

再次,结合《春秋》分别对"仁之法"和"义之法"进行了详细说明:"是故《春秋》为仁义法。仁之法在爱人,不在爱我。义之法在正我,不在正人。我不自正,虽能正人,弗予为义。人不被其爱,虽厚自爱,不予为仁。"(苏舆,1992:250—251)而在探讨《春秋》的"义之法"时,董仲舒列举了四件史实:"楚灵王讨陈蔡之贼"、"齐桓公执袁涛涂之罪"、"阖庐正楚蔡之难"和"潞子之于诸侯"。前三件《春秋》之所以都"夺之义辞","弗予为义",是因为楚灵王、齐桓公、阖庐三位君王虽能"正人",而"我不自正",楚灵王不仅弑君自立,且动机不良,灭陈、蔡后直接将其并入楚国;齐桓公假途于陈而伐楚,因齐军纪律涣散,使得陈国大夫袁涛涂不欲其返扰民,诱骗齐军使其陷于沼泽,齐桓公本身即有难咎之罪;吴王阖庐虽能打败楚国,为伍子胥报父兄被楚平王错杀之仇,为蔡平复楚国欺侮蔡昭公而伐蔡之难,是典型的"正人"之举,但阖庐亦弑君自立,不能"正我",且吴军进入楚国都城后淫乱不正。唯有赤狄之潞子,虽"无所能正"(包括"正人"),却因其"为善""离于夷狄",能正身而行(即"正我"),故而被《春秋》予之"有义"。由此,董仲舒通过正反两方面的事例顺理成章地得出结论:"义之法"在"正我",不在"正人"。且与孔子的"身正""正身"思想完全相通。如《论语·子路》曾反复说:"其身正,不令而行;其身不正,虽令不从。""苟正其身矣,于从政乎何有?不能正其身,如正人何?"也正缘于此,董仲舒认为"我无之求诸人,我有之而诽诸人"是一种"逆理"行为,所有人都不可能接受。

然后,承延"义者,宜也"之旧训,揭示"以义正我"的具体方法:"义者,谓宜在我者。宜在我者,而后可以称义。故言义者,合我与宜,以为一言。"(苏舆,1992:253—254)在董仲舒看来,"义"合"宜""我"而为一,应有"宜"和"我"两个要素:"宜"是合适、合宜,侧重行为的价值取向;"我"是主体,侧重行为的作用对象。"宜"和"我"在此名异实同,换言之,"义"唯有"在我"才是合宜的。这样,"义"的躬身自行性、自主能动性便落到了实处。所以董仲舒说"自好"(即"好义")并"有为",便会"自得";而"不自好"(即"不好义"),即便"有为",也会"自失"。

最后,总结全篇,以"义与仁殊"为着眼点,在"求仁义之别"的同时,通过"内治反理以正身""外治推恩以广施"的具体方法,深化了"仁造人""义造我"之观念。单从"义"看,董仲舒的"内治"(即"治身")关涉有四:其一,孔子语樊迟曰"治身者,先难后获";其二,《诗》曰"'坎坎伐辐,彼君子兮,不素食兮。'先其事,后其食";其三,《春秋》曰"小恶在外弗举,在我书而诽之";其四,《论语》曰君子"自攻其恶"。此四则材料都是"义"行的具体化,都体现了"以义正我",严以律己的光辉形象。正是在这个意义上,董仲舒说"义"不仅"在我",而且"造我"。

由上可见,董仲舒释"义"既踵武前贤,又有所新创。结合其"宜我合一"的基本原则,我们认为,所谓"从义"应是指在历史长河中逐渐形成的一套合宜的、公正的、正义的伦理道德规范。随着时代变化,其具体内容可能不同,即便是处于同一时代语境,也还会因不同的"我"而异,但合宜、公正、正义、仁道一以贯之。而董仲舒的"从变从义"则指:对《诗》《易》《春秋》等儒家经典的理解和解释虽然可以"无达诂""无达占""无达辞",即不同的阐释者根据自己的"前理解"或"偏见"可以采取不同甚至完全相反的解释,但是其解释必须遵循一个前提,那就是"义",即儒家公正合宜的道德伦理规范。为了更清楚地突出强化"从变从义"的重要性,董仲舒紧接着提出了"一以奉天"的准则。

四 "一以奉天"辨正

据清人苏舆考,"一以奉人"亦作"一以奉天"。因为明代天启时朱养和所刊孙鑛评本和清代凌曙注本均无"人"字;① 清人卢文弨校本为"奉天",② 并进而解释说:"本书(指《春秋繁露》——引者注)言奉天者,屡矣,③《楚庄王》篇云'奉天而法古',《竹林》篇云'上奉天施',皆

---

① 苏舆义证:"天启本无'人'字";"凌本无'人'字"。(参见苏舆,1992:95)。
② 苏舆义证:"卢云:'疑当作奉天。'"(参见苏舆,1992:95)。
③ 《春秋繁露》中,"奉天"凡11见;"奉人"凡2见,"奉地"仅1见。

是。盖事若可贯，以义一其归；例所难拘，以变通其滞。两者兼从，而一以奉天为主。"（苏舆，1992：95）简言之，"从变从义"应以"奉天"为依归。此当为确论。

首先，董仲舒有明确的"奉三本"说。其《春秋繁露·立元神》云：

> 何谓本？曰：天地人，万物之本也。天生之，地养之，人成之。天生之以孝悌，地养之以衣食，人成之以礼乐，三者相为手足，合以成体，不可一无也。无孝悌则亡其所以生，无衣食则亡其所以养，无礼乐，则亡其所以成也。三者皆亡，则民如麋鹿，各纵其欲，家自为俗。父不能使子，君不能使臣，虽有城郭，名曰虚邑。……明主贤君必于其信，是故肃慎三本。郊祀致敬，共事祖祢，举显孝悌，表异孝行，所以奉天本也。秉耒躬耕，采桑亲蚕，垦草殖谷，开辟以足衣食，所以奉地本也。立辟雍庠序，修孝悌敬让，明以教化，感以礼乐，所以奉人本也。（苏舆，1992：168—169）

显然，"奉天本""奉地本""奉人本"实为董氏所谓"奉三本"，且"奉天本"与"奉人本"的主要内容大不相同，前者"郊祀致敬，共事祖祢"，后者"立辟雍庠序，修孝悌敬让"；两者的功能亦大异其趣，前者"举显孝悌，表异孝行"，后者"明以教化，感以礼乐"。所以天生、地养、人成虽"相为手足，合以成体，不可一无"，但"奉天"与"奉人"不能简单混同。

其次，董氏所谓"奉天"之"天"继承了古代先哲的智慧。在古人眼里，"天"一般与"圣人"紧密联系。如《老子·四十七章》云："不出户，知天下；不窥牖，见天道。其出弥远，其知弥近。是以圣人不行而知，不见而名，不为而成。"（朱谦之，1984：189—191）在老子看来，唯有"圣人"能见"天道"，也唯有"圣人"能体"天道"。《中庸》云："大哉圣人之道！洋洋乎！发育万物，峻极于天。优优大哉！礼仪三百，威仪三千。待其人而后行。"（朱熹，2012：36）在孔子看来，"圣人"之道可以"峻极于天"。《周易·系辞上》则直接将"圣人"作为"天"的代言人："圣人有以见天下之赜，而拟诸其形容，象其物宜，是故谓之象。圣人有以见天下之动，而观其会通，以行其典礼，系辞焉以断其吉凶，是故谓之爻。言天下之至赜而不可恶也。言天下之至动而不可乱也。拟之而后言，议之而后动，拟议以成其变化。"（上海古籍出版社编，1997：79）又云："天生神物，圣人则之；天地变化，圣人效之；天垂象，见吉凶，圣人象之；河出图，洛出书，圣人则之。"（上海古籍出版社编，1997：82）对于"天"，"圣人"既可"拟其形容""观其会通"，又可"拟之""议之""则之""效之""象之"。在这里，"圣人"成了"天道""天意"的代表。《孟子·尽心下》更将"圣人"之于"天道"归为"命"："仁之于父子也，义之于君臣也，礼之于宾主也，知之于贤者也，圣人之于天道也，命也。"（焦循，1987：991）"圣人之于天道"如同"仁之于父子""义之于君臣""礼之于宾主""知之于贤者"一样，"皆命禄，遭遇乃得居而行之，不遇者不得施行"（焦循，1987：991）。与古代贤哲相似，董仲舒视界中的"天"也多与"圣人"相涉。如《春秋繁露·诸侯》云："天虽不言，其欲赡足之意可见也。古之圣人，见天意之厚于人也，故南面而君天下，必以兼利之。"（苏舆，1992：313）《春秋繁露·立元神》云："天积众精以自刚，圣人积众贤以自强。天序日月星辰以自光，圣人序爵禄以自明。天所以刚者，非一精之力；圣人所以强者，非一贤之德也。故天道务盛其精，圣人务众其贤。"（苏舆，1992：170—171）圣人不仅懂得"天意"，而且"兼利之"，并与之相应：天积众精，圣人积众贤；天自刚，圣人自强；天自光，圣人自明。

再次，董氏所谓"奉天"之"天"在踵武前贤的基础上，又有所推演和深化。换言之，董氏之"天"与前贤之"天"既相同又不同。相同的是，其与"天"相涉者都不是普通人，而是"圣人"；不同的是，古人所指"圣人"多与"天道"相连，而董氏所指"圣人"大多与"王事""王道"密切联系，并进而演变为现实化的"义"。如《春秋繁露·官制象天》云："人之材固有四选，如天之时固有四变也。圣人为一选，君子为一选，善人为一选，正人为一选，由此而下者，不足选也。四选之中，各有节也。是故天选四堤十二而人变尽矣。尽人之变合之天，唯圣人者能之，所以立王事也。"（苏舆，1992：216）虽然诚如春、夏、秋、冬四时，分别是天之少阳、太阳、少阴、太阴之四选一样，圣人、君子、善人、正人四材，分别是官制之三公、三卿、三大夫、三士之四选，但"尽人之变合之天"的天人相合之力唯有"圣人"才能胜任，而这正是"立王事"

的由来。至于其具体表现，则莫过于春、夏、秋、冬天道之四时与庆赏、罚、刑王道之四政的相副、相应和相类。其逻辑演进可分为三个层次。

其一，天道之四时，异气同功，所以成岁。董氏云："天之道，春暖以生，夏暑以养，秋凉以杀，冬寒以藏。暖暑清寒，异气而同功，皆天之所以成岁也。"

其二，王道之四政，异事同功，所以成德。董氏云："圣人副天之所行以为政，故以庆副暖而当春，以赏副暑而当夏，以罚副凉而当秋，以刑副寒而当冬。庆赏罚刑，异事而同功，皆王者之所以成德也。"

其三，天道之四时与王道之四政类应合符。董氏云："庆赏罚刑与春夏秋冬，以类相应也，如合符。故曰王者配天，谓其道。天有四时，王有四政，四政若四时，通类也，天人所同有也。"（苏舆，1992：353）

以此为基础，董仲舒还提出了一个新的概念："君人"。这个概念在《春秋繁露》一书中仅出现三次，且都见于《春秋繁露·立元神》，分别如下：

君人者，国之元，发言动作，万物之枢机。（苏舆，1992：166）
君人者，国之本也。（苏舆，1992：168）
君人者，国之证也，不可先倡，感而后应。（苏舆，1992：169—170）

何谓"君人"，董氏似未明言，但据其上下语境，"君人"似可当作"为人君者"或"君以兼人"的省略。前者是肯定语气，承"国之元"而发，"故为人君者，谨本详始，敬小慎微，志如死灰，形如委衣，安精养神，寂寞无为"（苏舆，1992：166—167）；后者是否定语设，沿"国之本"而补，"夫为国，其化莫大于崇本，崇本则君化若神，不崇本则君无以兼人。无以兼人，虽峻刑重诛，而民不从，是所谓驱国而弃之者也，患孰甚焉？"（苏舆，1992：168）无论是"为人君者"，还是"君以兼人"，究其实质，仍不离"王事""王道"。

最后，在"天—地—人"形上等级制中，"天"的地位无疑是至高无上的，因此"奉人""奉地"最终仍应以"奉天"为旨归。如《春秋繁露·玉林》云："《春秋》之法，以人随君，以君随天……故屈民而伸君，屈君而伸天，《春秋》之大义也。"（苏舆，1992：31—32）"天"在董仲舒眼里虽与"王道""王事"密切相关，对人却有着一种巨大的威慑力。如《春秋繁露·尧舜不擅移、汤武不专杀》云："天之生民，非为王也，而天立王以为民也。故其德足以安乐民者，天予之；其恶足以贼害民者，天夺之。"（苏舆，1992：220）这样，"民—君—天—民"便建构了一个良性的社会生态循环。

也正缘于此，所以我们说"从变从义，一以奉天"虽以"天"作为解释的终极准则，但其内涵却是社会层面的伦理，因为作为"天"的现实化的"义"，包含了规范人们行为的准则。同时，由于"天不变，道亦不变"，现实化的"义"也不变。这就意味着，"义"所体现的伦理准则具有超越时代、超越民族的"普适性"，它不会因为时间的延续、民族的流徙而发生变化，而这也正是2000多年来《诗》无达诂、《易》无达占、《春秋》无达辞的儒家文化得以不断推演的根本原因。也正是在这个意义上，我们说，"从变从义"是儒家文化关键词的意义建构方式，它使中国历代儒生秉执"宜""我"两端，皓首穷经，极大丰富完善了"礼""仁""性""乐""和"等儒家文化关键词的理论内涵和现实意义。

参考文献

程树德（1990）：《论语集释》，北京：中华书局。
邓新华（2000）：《论"诗无达诂"的文学释义方式》，《宁夏大学学报》，(4)。
段玉裁（1988）：《说文解字注》，上海：上海古籍出版社。
冯友兰（1996）：《中国哲学简史》，北京：北京大学出版社。
郭庆藩（2012）：《庄子集释》，北京：中华书局。
焦循（1987）：《孟子正义》，北京：中华书局。
刘熙（1985）：《释名》，北京：中华书局。
刘雪河（2003）：《"义"之起源易礼新探》，《四川师范学院学报》，(4)。
陆德明（1983）：《经典释文》，北京：中华书局。

马王堆汉墓帛书整理小组（1976）：《马王堆汉墓帛书·战国纵横家书》，北京：文物出版社。
庞朴（1984）：《儒家辩证法研究》，北京：中华书局。
仝晰纲等（2006）：《中华伦理范畴——义》，北京：中国社会科学出版社。
上海古籍出版社编（1997）：《十三经注疏》，上海：上海古籍出版社。
苏舆（1992）：《春秋繁露义证》，北京：中华书局。
汪聚应（2004）：《儒"义"考论》，《兰州大学学报》，（3）。
王先谦（2013）：《荀子集解》，北京：中华书局。
王先慎（2013）：《韩非子集解》，北京：中华书局。
吴毓江（2006）：《墨子校注》，北京：中华书局。
徐公持（2003）：《论诗纬》，《求是学刊》，（3）。
查中林（2000）：《说"义"》，《四川师范学院学报》，（1）。
张松辉（1993）：《老庄学派仁义观新探》，《社会科学研究》，（6）。
周法高（1974）：《金文诂林》，香港：香港中文大学出版社。
朱谦之（1984）：《老子校释》，北京：中华书局。
朱熹（2012）：《四书章句集注》，北京：中华书局。

Toward Righteousness Based Creative Interpretation: Constructing Meaning of Some Keywords in Confucian Culture

Zhang Jinmei

Abstract: "Toward righteousness based creative interpretation" was said by Dong Zhongshu. As the way of constructing meaning of some keywords in Confucian culture, "Righteousness" has a profound and complicated changing process. From the perspective of etymology, although oracle bone inscriptions, seal character and regular script have different definitions, it is reasonable to change "Yi" （义） or "Righteousness" into "Yi" （宜） or "fitting". Although each school of Confucianism, Taoism, Mohism and Legalism would advocate its own interpretation of "Yi" or Righteousness and criticized other schools on their attempts, all of them followed the same logic of thinking that "Yi" （义） is about "Yi" （宜） or "fitting". Dong Zhongshu, on the basis of the views of the predecessors, combined "I" with "fitting" to be "Righteousness", and compared it with "united under Heaven", which laid the foundation for the development of

Confucian culture represented by the idea that "No interpretation would exhaust the essence of great canons such as *the Book of Songs*, *the Book of Changes*, and *the Spring and Autumn*" over the past two thousand years.

Keywords: Toward Righteousness Based Creative Interpretation, Righteousness, Fitting, I, United under Heaven

About the Author: Zhang Jinmei (1974 –), Ph. D. , Professorat College of Liberal Arts, Sichuan Nomal University. Research interests and specialties: Chinese culture and literary theory. Magnum opuses: *Study of the Spring & Autumn Annals Style Writing and Chinese Literary Theory*. E-mail: zhangjinmei2003@163. com.

从敦煌曲子词与金代道教词词体看词的产生

左洪涛　霍佳梅[*]

摘　要：把唐五代时期的敦煌曲子词和金代道教词进行比较分析后，能考察出共性：敦煌民间词语言浅显通俗，表现出词发展初期词体未定型的特点；北宋之后的金代道教词，为了传道布教需要，因传唱与接受者大多是处于中下层文化程度阶层的普通百姓，不论是语言风格还是词体，都与敦煌民间词有着惊人的相似。两者有以下几方面相似性：填词门槛低，字数可不定；有衬字、衬句；词牌咏唱调名本身；有记录音乐文字的和声。以上考察为词产生于民间提供有力的证据。

关键词：敦煌曲子词　金代道教词　和声　衬字　衬句

基金项目：教育部人文社科基金项目"金元时期道教词的渊源与演变研究"（14YJA751040）

因地理环境的不同，不同时期的文学有南北之分，这一观点已逐渐得到学界共识。吴世昌先生曾经说："古代民歌诗十五国风为北方之歌，楚辞为南方之歌。汉魏六朝亦可分南北，子夜吴歌、前溪、西州等曲属南方，敕勒、子喻歌属北方。以晚唐五代曲子词而论，则'花间'为南方之歌，敦煌曲子为北方之歌。"（吴世昌，2000：98）作为词体源头的敦煌曲子词的发现地在中国西北，绝大多数描绘的是"铁马秋风塞上"的北国风

---

[*] 左洪涛（1967—），博士。中南民族大学文学与新闻传播学院中文系教授，研究方向为唐宋金元文学与古典文献学。电子邮箱：zuohongtao@yeah.net。霍佳梅（1984—），中南民族大学文学与新闻传播学院中文系古代文学2011级研究生。电子邮箱：zuoniu@163.com。

光，几乎同时期在南方出现、被视为词学正宗的花间词、南唐词，则更具有"杏花春雨江南"的南国味道。除了吴世昌先生，在当代敦煌曲子词研究者中"敦煌曲子为北方之歌"已经成为共识，如四川师范大学汤君教授的博士学位论文和先后发表的数篇论文，充分论证唐五代敦煌曲子词的北方属性问题，主要反映河西本土文化和中原文化。[1]

金代道教词更是"北方之歌"，全真教在金元出现并壮大，金朝本来就是一个北方王朝，同时期的南宋，主要流行符箓派道教。金代道教词人本身就是北方人，他们的创教地、传教地也是词作的创作地，具体来说主要就在陕西省、山东省。王重阳是陕西人，他的七大弟子是山东人。卿希泰先生在《中国道教史》卷三中对此有详细论述，他指出直到元朝统一全国后，全真教才开始南传，[2] 任继愈的《中国道教史》也有详细介绍。

同在北方的唐五代敦煌曲子词与金代道教词，看似相距甚远，但二者又有一定的相似性。敦煌民间词，语言浅白通俗，词体形式上表现出词体发展初期不稳定、尚未定型的特点。而金代道教词，产生于金代这一特定的历史时期，是词史上独特的文化现象，以王重阳师徒为主要的创作群体，因其传唱者与接受者大多是文化程度较低的社会各个阶层的普通百姓，且是为了进行劝导说教而创作，因此不论是语言风格还是词体，都有词体发展初期的特点，与敦煌民间词有着惊人的相似。

敦煌民间词，与定型之后稳定发展的文人词相比，表现出词体初期所具有的特性。"敦煌曲的特殊价值，在于它提供了词曲这种新兴文艺样式的民间状态与初期状态。敦煌石室珍藏的不只是数百首词曲的问题，而是珍藏了一段弥足珍贵的词史。"（吴熊和，1987：166）唐圭璋先生在《敦煌唐词校释》中总结的敦煌民间词的特点有：有衬字、有和声、有双调、字数不定、平仄不拘、叶韵不定、咏调名本意等。金代道教词以普通百姓为主要的阅读和接受群体，因此在写作上，没有遵循当时成熟的填词模

---

[1] 汤君：《敦煌曲子词地域文化研究》，博士学位论文，四川大学，2003年；《敦煌曲子词与中原文化》，《中州学刊》，2002（6）。又，张英：《骏马秋风冀北——论敦煌曲子词的北方文学特色》，《西北民族大学学报》，2008（2）。

[2] 参见卿希泰《中国道教史》第三卷，四川人民出版社1993，第八章《道教在金与南宋的发展、改革及道派分化》第三节"王重阳与全真道的创立，全真道在金代的发展"，第30—53页；第九章《道教在元代的兴盛与道派的合流》第八节"全真道的南传与南北二宗的合并"，第363—382页。

式，为了适应作为受众的文化程度较低的普通百姓的需要，填词比较自由，也具有以上特点。本文也着重从以上几点进行讨论。

一 填词门槛低，字数可不定

敦煌民间词与金代道教词，尽管都有字数不定的情况，但原因却不一样。前者是由于词形成的初期，词体发展不成熟所致；而后者在词经历了历代文人的创作之后，已步入稳定发展并定型的状态，因此金代道教词独立于词发展的一隅，另辟蹊径，根据词人自己的喜好以及词意的表达更改词律，出现字数不稳定的情况。例如，敦煌民间词中，《倾杯乐》两首。

其一：

忆昔笄年，未省离合，生长深闺院。闲凭着绣床，时拈金针，拟貌舞凤飞鸾。对妆台重整娇姿面，知身貌算料，□□岂教人见。又被良媒，苦出言词相诱衒。每道说水际鸳鸯，惟指梁间双燕。被父母将儿匹配，便认多生宿姻眷。一旦娉得狂夫，攻书业抛妾求名宦。纵然选得，一时朝要，荣华争稳便。[○○二○][1]

结构为：上片"四、四、五、五、四、六、八、五、六、四、七"，十一句；下片"七、六、七、七、六、八、四、四、五"，九句，全词共一百一十二字。

其二：

窈窕逶迤，体貌超群，倾国应难比。浑身挂绮罗，装束□□，未省从天得至。脸如花自然多娇媚，翠柳画蛾眉，横波如同秋水。裙生石榴，血染罗衫子。观艳质语软言轻，玉钗缀素绾乌云髻。年二八久锁香闺，爱引猧儿鹦鹉戏。十指如玉如葱，凝酥体雪透罗裳里。堪娉与公子王孙，五陵年少风流壻。[○○二一]

---

[1] 词编号为任二北编《敦煌歌辞总编》中的编号，上海古籍出版社，1987。

结构为：上片"四、四、五、五、四、六、八、五、六、四、五"，十一句；下片"七、八、七、七、六、八、七、七"，八句，全词共一百一十三字。

可以看出，两首词中，上片除了第十一句字数不同外，其他各句字数都一样，但下片结构句法却差异很大。

又《柳青娘》二首，唯独上片第五句字数不同；《内家娇》二首，第一首（丝碧罗冠）一百零七字，第二首（两眼如刀）九十八字，二者句法差异也很大。此种字数不定的情形在敦煌民间词中有很多，这里不再列举。

有关字数不定，相较于敦煌词的词体不成熟而言，道教词却是随意而为之。"可能是因为本为民间俗曲、流易性较大的缘故，金元道士词所用的词调在体式上也不甚固定。"（陶然，2001：220）不仅体现在原有词调上，就是自创的新调也不例外。原有词调如《蓦山溪·赠文登县骆守清》（王喆改调为《心月照云溪》）：

> 守清守净，各各开明性。两两做修持，你个个、心头修省。虚虚实实，里面取炎凉。寻自在，觅逍遥，渐渐归禅定。教言教令，一一须当听。急急上高坡，便稳稳、寻他捷径。玄玄妙妙，子细认天衢。行得正，立来端，步步莲花并。（唐圭璋，2000：163）

这是一首双调词，句法与宋词一样，上下片皆为"四、五、五、三、四、四、五、三、三、五"，共八十二字。

再如同调王处一之《蓦山溪·示门人》：

> 出离苦海，须要明修炼。渐渐灭尘情，默默神功斡旋。虚无造化，丹鼎紫芝香，金花结，玉泉流，全体神光满。千灾不染，万病都消散。七窍总冲和，八脉飞升内院。九宫十地，六贼杳无形，三光显，二童传，一性无移变。（唐圭璋，2000：444）

这首词，不同于王喆《蓦山溪》之处在于，王处一在第四句"默默神功斡旋"将王喆的第四、第五句的三字、四字句合为一句六字句，其他皆一样。从中我们可以看出，自创之调较那些已经定型和成熟的词调，稳定性较差，随意性较大。一方面缘于受当时北曲开始出现的影响；另一方面这些词调多取源于民间小调，在句法上，没有严格的限制，不受约束。

二　为表情达意的需要，可有衬字、衬句

对于衬字，历来有很多的说法。"衬字原为适应修辞达意之需要，非为配合声乐之需要也。既属修辞达意之需要，则因词而异，各首不同；而衬字之用否，与用之多寡，当亦不同；且随衬随了，不能定格。"（任二北，1955：351）这在词学界看法较为一致，衬句也不例外。还有人将添加衬字之后的词和同调词的另一种形式相混淆，这是不严谨的。在句法上，多首同调词间不同时，可视为异体；但若只是偶尔的一首，异于传统，则多出之字或句子，可视为衬字或衬句（任二北，1955：354）。敦煌民间词，尚处于词体发展的初期，在句法上较为自由，用语讲求自然，为了表达修辞的需要，多处用衬字、衬句，这在敦煌民间词中可谓随处可见。如任二北先生在《敦煌歌辞总编》（以下简称《总编》）中的介绍。由于敦煌民间词大多无调名，给研究带来不便，为此，这里只对有确切调名的作品进行讨论，如：

五陵儿恋娇态女，莫阻来情从过与。（《渔歌子》）
百鸟相依投林宿，道逢枯草再迎春。路上共君先下拜，如若伤蛇口含真。（《浣溪沙》）
出屏帷，整云鬓，莺啼湿尽相思泪。共别人好，说我不是，得莫辜天负地。（《渔歌子》）
辞父娘了，入妻房。莫将生分向耶娘。君去前程但努力，不敢放慢向公婆。（《捣练子》）
诸佛弟子莫毁谤。一切皆有罪业障。他家闻声不相放。三寸舌根作没向。道长说短恼心王。心王不了说短长。求生业道受苦殃。羊良良。屏当。娑诃耶。净扫堂中须供养。（《悉昙颂》）

以上是根据唐圭璋先生在《敦煌曲初探》的论述，进行的简单举例。而在当时不仅民间词的创作比较随意，有时候即使文人为了求情达意也会

使用衬字或衬句，如文人词《临江仙》：

> 每恨经年离别苦，等闲抛弃生涯。如今时世已参差，不如归去，<u>归去也</u>。沉醉卧烟霞。

以上列举数例，如何确认为衬字、衬句呢？取同调词进行比较，在多数词律一致的基础上，个别词的不同之处，则可视为衬字或是衬句。为了充分说明这一问题，这里以《总编》所收录作品中出现频率最高的《菩萨蛮》为例进行分析。《总编》中有《菩萨蛮》19首，其中只曲13首；普通联章3组，共6首。这里只列举几首。

只曲：

> 枕前发尽千般愿，要休且待青山烂。水面上秤锤浮，<u>直待黄河彻底枯</u>。白日参辰现，北斗回南面。休即未能休，<u>且待</u>三更见日头。〔〇〇四二〕（49字）
>
> 自从宇宙充戈戟，狼烟处处熏天黑。早晚竖金鸡，休磨战马蹄。森森三江水，半是儒生泪。老尚逐经才，<u>问</u>龙门何日开。〔〇〇七二〕（45字）
>
> 御园点点红丝挂，因风坠落沾枝架。柳色正依依，玄宫照渌池。每思龙凤阙，惟恨累年别。计日却回归，<u>象似</u>南山不动微。〔〇一〇一〕（46字）
>
> 昨朝为送行人早，五更未罢金鸡叫。相送过河梁，水声堪断肠。唯愁离别苦，努力登长路。驻马再摇鞭，为传千万言。〔〇〇六六〕（44字）

普通联章：

> 香消罗幌堪魂断。唯闻蟋蟀吟相伴。每岁送寒衣。到头归不归。千行敧枕泪。恨别添憔悴。罗带旧同心。不曾看至今。（《归不归其二》）〔〇一九四〕（44字）
>
> 自从涉远为游客。乡关迢递千山隔。求宦一无成。操劳不暂停。

59

路逢寒食节。处处樱花发。携酒步金堤。望乡关双泪垂。(《求宦其一》)［〇二〇三］(45字)

数年学剑攻书苦。也曾凿壁偷光露。暂云聚飞萤。多年事不成。每恨无谋识。路远关山隔。权隐在江河。龙门终一过。(《求宦其二》)［〇二〇四］(44字)

以上很明显的可以看出，在上面列出来的几首词中，44字的有5首，且格式皆同，为"七七五五 五五五五"，可以认为《菩萨蛮》这种"七七五五 五五五五"的模式，已经得到人们的认同，成为写《菩萨蛮》的固定模式，在之后的历代词人中广泛应用。万树所编写的《词律》也作此解，两句一韵，共易四韵。以此为准，多出来的"直待""且待""问""象似""双"，则可认为就是衬字。

再看金代道教词，这种情况非常普遍。一方面可能是源于修辞上的需要，在当时道教词很多是用来传唱的，且传唱者与接受者大多是文化程度较低的社会各个阶层的普通百姓，句式的灵活性使人理解起来较为的容易，也方便记忆歌唱，以更加方便传道。另一方面，当时已处于由词到曲的转化时期，曲慢慢地滋生出来，曲子的句式本来就是十分灵活多变，相当自由。道教词处于这样一个特殊的时期，在无意中扮演了由词到曲的过渡呈递者。试举几例来进行说明：

谁识这风狂，谁识斯三喆。恰遇炎蒸得清凉，正寒也，成温热。因仰至人言，遂获真仙决。九九严凝花正开，三伏中，却下雪。(王喆《卜算子》)(唐圭璋，2000：201)

正被离家远，衰草寒烟染。水隔孤村两三家，你不牵上他马，独立沙汀岸。叫得船离岸，举棹波如练。渔叟停船问行人，你不牵他上马，月照江心晚。(王喆《黄鹤洞中仙》)(俗喝马《卜算子》)(唐圭璋，2000：255)

卜算词频话，莫放猿儿耍。疾速先须调姹婴，全道马，好把家缘舍。一个真惺洒，云路堪同跨。自在逍遥永厮随，害风马，管取玲珑也。(王喆《黄鹤洞中仙》)(唐圭璋，2000：255)

王喆在词中应用衬字、衬句多集中在《卜算子》（改调后称《黄鹤洞中仙》）中，多是为了和声之需而添加的。这里再以马钰的词作为重点进行介绍，在马钰的作品中，添加衬字的句子主要集中在《清心镜》一调中，其他的也有少数的几处，常出现在他最常用的词调《满庭芳》中。也就是说，马钰运用衬字也比较有特点，不是每种词调都有，而是选择自己喜欢的词调根据需要进行调整。据唐圭璋先生在《全金元词》中做的统计，马钰词有900首，其中《满庭芳》（改调名为《神光灿》，主要收录在其《丹阳神光灿》集子中）有147首，《清心镜》（本名《红窗迥》，收录在《洞玄金玉集》中）有86首。这里试将其在《清心镜》中出现衬字、衬句的地方做一统计，共计23首，约占马钰所作《清心镜》的1/4：

再三劝，再四告。认取<u>五色</u>祥云，自然耕道。种紫芝、灿烂灵光，便得归蓬岛。（《赠长安李先生》）

做修行，细搜刷。清净家风，<u>便</u>是大乘妙法。下无为、无作真功，心镜上撇抹。自然明，自然达。<u>把</u>九玄七祖，尽行救拔。向蓬瀛、坦荡逍遥，冠裳似菩萨。（《赠薛道清》）

个青牛，引白犊。<u>向</u>曹溪深处，往来相逐。更时时、卧月眠云，疏凡间草木。（《赠刘先生》）

叹浮生，心灰尽。小吴解元<u>昆仲</u>，少年清俊。又争知、半月中间，便一齐殂殒。（《闻吴解元昆仲身化》）

叹个人，破旧罐。不顾危亡，<u>更把</u>道门<u>相玩</u>。尚由自、不悟前愆，怎免他大难。（《蒲城陆先生》）

薄待诏，能捏塑。<u>夸</u>妙手奇功，不曾停住。骋精神、漉水拖泥，为养家之故。（《薄待诏求问》）

薄丈丈，薄丈丈。八旬有四，<u>因甚</u>发心修养。看重阳、文集全真，得知些味况。（《少华薄公丈丈索》）

养家时，甚情况。被妻男逼<u>得</u>，有如心恙。竞利名、来往奔波，式劳嚷劳嚷。（《赠王庵主》）

河州鞠，听予说。<u>把</u>般般术法，便当一撇。论自然、大道无为，岂在乎细捏。（《赠鞠得一》）

六欲七情俱<u>总</u>废。八味琼浆，饮来光明遍<u>体</u>。九鼎内、变作神

丹，十分功圆备。(《赠刘小官》)

青莲开，白莲发。莲花帐内，蛇婴仰观俯察。向蓬莱、路上前行，舞六么十八。(《道友问修行》)

个内净清灵宝塔。玉象金狮，绕围七匝。蓦然间、响亮玎珰，显妙音菩萨。(《华亭严因院主》)

修行人，休失错。仔细寻思，外乐不如内乐。常清净、自有清欢，本来真踊跃。(《赠荔菲大隐》)①

从上面可以看出，敦煌民间词与金代道教词，两者虽然处于不同时期，间隔着词体发展相当成熟的宋词，但仍然有着极大的相似性。现在还没有资料证明全真道词人曾看见过敦煌词。不管怎样，或有意模仿，或巧合，都不能否定它们民间俗词的特性，也只有在民间，才有这样的发展空间。

三　词牌咏调名本意，尽量一看便知

在词发展的初期，词的内容多咏调名本意，词人喜欢借题抒写自己的心情、心境、遭遇、目的等。在词发展到后来，应用广泛，内容驳杂繁复，已基本找不到调名本意的痕迹，而是根据词人自己的心情喜好，各有表意。敦煌民间词与金道教词，虽然处于两个不同的时代，但写词的结果却是一样，都与调名有关，调与意合，调为意之表，意为调之实，二者有机地结合起来，在这点上，二者有着极大的相同之处。敦煌民间词是本来如此，是原生态的，而金道教词却是有意的变通，一切以服务道教为宗旨，一方面更改词调，把那些与道教无关的词牌改为与道教有关的，如改《青玉案》为《青莲池上客》，改《望江南》为《望蓬莱》；另一方面，新创一些与神仙道教有关的词调，如《登仙门》《水云游》等。

关于敦煌词，任二北先生于《敦煌曲初探》中依据其《敦煌曲校录》归纳得出，敦煌词中用调名本意者，共15调47首，有《天仙子》2首、《拜新月》1首、《西江月》3首、《献忠心》2首、《临江仙》1首、《感皇

---

① 所列马钰多首《清心镜》，出自唐圭璋(2000：361—372)。

恩》4首、《谒金门》1首、《定风波》2首、《雀踏枝》1首、《别仙子》1首、《赞普子》1首、《泛龙舟》1首、《散花乐》7首、《归去来》16首、《斗百草》4首。其中《散花乐》在其之后编的《总编》当中，已不再录，但是新增《怨春闺》1首、《定西番》1首、《歌乐还乡》1首，这些皆为拟调名之作，这里不做讨论。同时，《天仙子》中，由于"燕语莺啼惊觉梦"这一首上片的押韵不同，将其划为2首。此外，还有一些佛曲也多咏调名本意，但一样的都是拟调名之作，这里一并不做讨论。综上，也就是在《总编》中，调名明确且意义内容确为用咏调名的只有41首。如《云谣集》中《天仙子》两首：

　　燕语莺啼三月半，烟蘸柳条金线乱。五陵原上有仙娥，携歌扇，香烂漫，留住九华云一片。犀玉满头花满面，负妾一双偷泪眼。泪珠若得似真珠，拈不散，知何限，串向红丝应百万。[○○○五]
　　燕语莺啼惊觉梦，羞见鸾台双舞凤。思君别后信难通，无人共，花满洞，羞把同心千徧弄。[○○○六]

　　这两首词皆是咏仙子美人的。其他如《西江月》（"女伴同寻烟水""浩渺天涯无际""云散金波初吐"）三首，描写月下水中荡舟的情形；《献忠心》（"臣远涉山水""蓦却多少云水"）咏西番朝臣朝拜献忠大朝的状况；《感皇恩》（"四海天下及诸州"等四首联章）皆歌功颂德之词，歌颂、赞美皇帝的恩德；《谒金门》（"长伏气"）咏渴望谒金门去朝帝的愿望等。
　　道教词咏调名本意的词作比比皆是。本着以词传道的宗旨，在词中想方设法与道教相勾连。这可分三种情况：咏调名本意且言道，如王喆《阮郎归》（"蓦然撞着阮郎公"）、王喆《系云腰》（本名《系裙腰》，"终南山顶重阳子"）、马钰《踏云行》（本名《踏莎行》，"走入玄门"）、丘处机《渔家傲》（"夜来又见银河绽"）；调名与内容皆言道者，而不咏调名本意，如马钰《临江仙》（"八识通知心已定"）、丘处机《凤栖梧》（"一点灵明潜启悟"）、王丹桂《上丹霄》（本名《上平西》，"得真闲"）；内容言道但与调名无关，且调名与道无关，如王喆《昼夜乐》（"便把门户按锁钥"）、马钰《虞美人》（"马风得遇心尘少"）、侯善渊《沁园春》（"混沌之中")。文中以第一种为重点,且又分三种情形。

其一,调名本身言仙道意蕴的。这类词在作品中有不少,如王喆《迎仙客》:

> 做修持,须搜索,真清真静真心获。这边青,那边白,一头乌色,上面殷红赫。共同居,琉璃宅,琼芭琼蕊琼花坼。玉童歌,金童拍,皇天选中,正是迎仙客。(唐圭璋,2000:227)

这一首词,调名意义非常明显,词中又以仙客进行呼应回复,在道教词中,这种情形比比皆是。

又如,马钰《恣逍遥·赠韩守玄》:

> 恣意逍遥,逍遥恣意。逍遥自在无萦系。行坐逍遥,逍遥似醉。逍遥到处,似云似水。悟彻逍遥,逍遥养气。逍遥里面修仙计。这个逍遥,逍遥无比。逍遥去蓬岛,十洲有位。(唐圭璋,2000:312)

其二,调名本身不言道,但词人通过改调名使之然。在这类改调名词中,金道教词人几乎人人都有涉猎,其中以王喆为最多。有关于修道前提的,如《无梦令》(即《如梦令》);也有关于悟道过程的,如《悟南柯》(即《南歌子》);还有悟道结果的,如《神光灿》(即《满庭芳》)。改调名之后,可能有字与原调名一致,也可能完全不同、另取新名,这也较为常见。如王喆改《系裙腰》为《系云腰》,改《青玉案》为《青莲池上客》;马钰改《踏莎行》为《踏云行》,改《生查子》为《遇仙槎》;丘处机改《点绛唇》为《万年春》;等等。以王喆的《系云腰·自咏》为例:

> 终南山顶重阳子,真自在、最逍遥。清风明月长为伴,响灵呶,空外愈,韵偏饶。蓬莱稳路频频往,只能访、古王乔。丹霞翠雾常攒簇,弄轻飙,系云腰,上青霄。(唐圭璋,2000:191)

自古以来,仙人长与云相伴,凡仙人出入,或腾云驾雾,或云雾环绕其间,可以说有云的地方就有仙人。这里词人夸张地系住云腰,气势之大,"仙味"十足。

马钰继王重阳题名《上元看辊灯球》的《青莲池上客》词韵:

元宵内景闲闲看。见云雾、风吹散。洞里天晴如碧案。一轮心月,十分明更,性烛非常灿。灵台结个灯球焕。慧照中间按。不使三尸分片段。青莲池上,客来推要,混入长生观。(唐圭璋,2000:296)

丘处机的《无俗念·仙景》(即《念奴娇》):

十洲三岛,运长春、不夜风光无极。宝阁琼楼山上耸,突兀巍峨千尺。绿桧乔松,丹霞密雾,簇拥神仙宅。漫漫云海,奈何无处寻觅。遥想徐福当时,楼船东下,一去无消息。万里沧波空浩渺,远接天涯秋碧。痛念人生,难逃物化,怎得游仙域。超凡入圣,在乎身外身易。(唐圭璋,2000:454)

其三,通过新创词调,谈道说教的。根据现有资料统计,仅王喆个人就新创词调达30调,是金道教词人中创调最多的(左洪涛,2008:172),其他道教词人,也有数量不多的新创,但成就都不如王喆之大。如《登仙门》:

归也归也。本元归也。两郡人没观瞻也。被清风白云,全日常招也。王害风此翻去也。劝诸公、寻玄妙,更休思也。看假躯、不如无也。到今方超彼岸,我咱知也。要重见这回难也。(唐圭璋,2000:220)

这是王喆在这个词调下,所填的唯一一首词,在金道教词中,还有马钰的2首,即总数仅有3首。另外,这首词押的是同字韵"也",这种整首词押同一字或同韵字占半数以上的词体,称"同字韵体",也叫"福唐独木桥体"(亦简称"福唐体"或"独木桥体")。这种体式并不是王喆的首创,而是在宋词中就有。

再如马钰的《斗修行》(本名《斗百花犯正宫》):

65

同流宜斗修行，斗把刚强摧挫。斗降心，忘酒色财气人我。斗不还乡，时时斗，悟清贫逍遥，放慵闲过。斗要成功果。斗没纤尘，斗进长生真火。斗炼七返九，还灿烂丹颗。斗起慈悲常常似，斗无争，斗一早得携云朵。（唐圭璋，2000：358）

从词中可以很明显地看出，"斗"即决心之意，通过自己与心斗，最终修成正果。这首词运用的是嵌字体，所谓嵌字体，就是在各个词句中嵌入同一个字或是一系列字，在这首词中，嵌入"斗"字。在马钰的词中，大量的运用嵌字体，达40多首（关海龙，2011）。

四　有记录音乐文字的和声

和声，作为词发展不成熟的标志之一，在词体发展日益成熟宋代，已很少出现在文人词作当中。敦煌民间词，作为词发展的雏形，这种情形很是普遍。金代道教词，却逆流而上，追寻复古，回归民间，使文人词走向世俗大众，也不乏这种和声的痕迹。词中的这些句子是用来记录音乐之声音的，因此在语法上，不做句子成分；意义上，与词作的内容基本毫无关系。和声在作品中的位置不固定，可任意出现，不受约束，根据词中出现的位置，可分为头部和声、腹部和声、尾部和声。

在敦煌词中，和声这种音乐现象，往往集中地出现在几个词调当中，有《悉昙颂》、《归去来》、大曲《斗百草》等，而以《悉昙颂》为最多。在《总编》中，共收录《悉昙颂》3组22首，且每首都有和声的痕迹。尽管《悉昙颂》为佛曲，里面内容较为枯燥，但我们不能否认它在词体创作上的贡献。兹把这三组词中有关和声的列表如表1所示：

表1 《悉昙颂》和声使用状况

序号	头部和声	腹部和声	尾部和声	词编号
1	现练现，现练现	鲁流卢楼现练现	延连现贤扇	〇四六〇
2	向浪晃，向浪晃	鲁流卢楼向浪晃	佯良浪黄赏	〇四六一
3	胡鲁喻，胡鲁喻	鲁流卢楼胡鲁喻	喻卢胡鲁喻	〇四六二
4	何逻何，何逻何	鲁流卢楼何逻何	那罗逻何	〇四六三
5	何乐镬，何乐镬	鲁流卢楼何乐镬	药略镬铄	〇四六四

续表

序号	头部和声	腹部和声	尾部和声	词编号
6	何逻真，何逻真	鲁流卢楼何逻真	那罗逻真	〇四六五
7	何逻移，何逻移	鲁流卢楼何逻移	那何逻移	〇四六六
8	何逻空，何逻空	鲁流卢楼何逻空	容龙洪春	〇四六七
9	颇逻堕，颇逻堕	可底利摩，鲁留卢楼颇罗堕	那逻逻、端坐、娑诃耶、莫卧	〇四六八
10	只领盛，只领盛	性顶领径，鲁留卢楼只领盛	盈令令、修定、娑诃耶、归正	〇四六九
11	复浪养，复浪养	谤底利谤，鲁留卢楼复浪养	羊良良、屏当、娑诃耶、净扫堂中须供养	〇四七〇
12	拂栗质，拂栗质	密底利密，鲁留卢楼拂栗质	逸栗密、栗密、娑诃耶、真实	〇四七一
13	晓燎曜，晓燎曜	妙底里要，鲁留卢楼晓燎曜	遥燎料、作好、娑诃耶、莫恼	〇四七二
14	按懒畔，按懒畔	散底利叹，鲁留卢楼按懒畔	那逻逻、茶灌、娑诃耶、钝汉	〇四七三
15	普路喻，普路喻	去底利去，鲁留卢楼普路喻	间间屡、专注、娑诃耶、大悟	〇四七四
16	嘎略药，嘎略药	觉底利博，鲁留卢楼嘎略药	甚安乐、无着、娑诃耶、等觉	〇四七五
17	吁〈口间〉路，吁〈口间〉路	怖㤅路俱，俱㤅路怖，鲁留卢楼吁〈口间〉路	喻〈口间〉路㤅路，胡输莎呼喻〈口徒唯〉俱	〇五二九
18	嘎啰啰，嘎啰啰	波㤅逻哆，哆㤅逻波，鲁留卢楼嘎啰啰	耶啰啰㤅，逻和奢莎，诃耶茶迦	〇五三〇
19	嘎啰浪，嘎啰浪	荡㤅迦迦㤅浪荡，鲁留卢楼嘎啰浪	扬良浪㤅浪，黄㖿娑诃扬长遥	〇五三一
20	奚利异，奚利异	〈口亚〉㤅例鸡，鸡㤅例〈口亚〉，鲁留卢楼奚利异	移离利㤅，利奚羝娑，唏移〈口是〉计	〇五三二
21	悉谈悉谈，摩嘎啰耶	遮车阁齹惹，鲁留卢楼嘎啰耶	阙	〇五三三
22	嘎啰烂，嘎啰烂	难㤅烂幻，鲁留卢楼嘎啰烂	阙	〇五三四

资料来源：作者整理。

在表1中，前8首为一组，中间8首为一组，后6首为一组，但因为最后一组词前边缺几首词，再加上最后两首词也不完整，让我们无从解读，不过这并不妨碍我们对和声的把握。从表1中我们可以看出，除了序号21之外，其他20处的头部和声皆为三字叠句，而腹部和声皆以"鲁流卢楼"或"鲁留卢楼"进行重复，"流"与"留"同音，概这两字只是这一声音节拍的代表，只要音近或音同即可，什么字无关紧要。尾部和声中，前8首，都是四字、五字句，格式比较整齐；中间8首，除了第11首，唯"净扫堂中须"五字为衬字，其余皆为"三字两句，而各系二言之

67

曲辞"（任二北，1955：72）。最后两组，虽资料缺失，但根据之前几首，不难推论出其肯定有尾部和声。这三组词，可以说是所有敦煌词中用和声最多的，试着哼唱这些和声部分，仿佛人们日常中随口哼唱的小曲一般，节奏欢快。就如任二北先生所言，如此多的和声，再加上叶仄韵，可能是乐曲歌辞本身的节奏明快，甚至近于后人所谓的"快板"（任二北，1955：72）。

除了《悉昙颂》外，在敦煌民间词中，《归去来》的和声运用也比较个性，其中一组格调统一为以词的末尾三字叠句作为和声，如第○五七三首："归去来，宝门开。正见弥陀升宝座，菩萨散花称善哉，称善哉。"以"称善哉"为和声，而另一组同调《归西方赞》中却没有和声，"乃文繁从略，未曾照写耳"（任二北，1955：79）。

金道教词人中，像王嚞、马钰之流，尽管也是文人出身，但出于传道的目的，为了扩大词的影响力，词作中也有和声的影子。和声本来就是民间俗文学的产物，而道教词以俗词为本位，且多数本身是用来歌唱的，所以有和声这种乐声存在，似乎也在情理之中。

在全真道教词人中，王嚞是全真道教主，作为道教俗词文学的创作者，为了扩大全真道在群众中的影响，在词作中多处使用乐声，他也是所有道教词人中，运用和声这种乐声最多的，词调也运用的相当广泛，有《换骨骸》《卜算子》《五更出舍郎》《捣练子》《踏莎行》《红窗迥》《风马令》《青莲池上客》等词调。在金代的13位道教词人中，只有几个人使用和声，这里将其罗列如下，详见表2（其中"页次"指唐圭璋先生编《全金元词》，中华书局1979）。

表2 《全金元词》中和声使用状况

词句	词牌	词牌通用名	作者	词中位置	数量（首）	页次
也兀底	换骨骸	换骨骸	王嚞	尾部	4	164
	红窗迥	红窗迥	王嚞	腹部	1	229
哩啰	五更出舍郎	五更出舍郎	王嚞	头部	5	202
哩啰啰唆哩啰哩	五更出舍郎	五更出舍郎	王嚞	腹部	1	203
哩啰唆，哩啰唆	捣练子	捣练子	王嚞	尾部	6	204
哩唆哩啰啰哩唆	踏莎行	踏莎行	王嚞	腹部	1	206
啰哩唆，哩啰唆	捣练子	捣练子	王嚞	尾部	13	245
			谭处端	尾部	5	416

续表

词句	词牌	词牌通用名	作者	词中位置	数量（首）	页次
珰滴瑠玎	风马令	风马令	王喆	腹部	1	234
	风马儿	风马令	王喆	腹部	1	259
	风马儿	风马令	马钰	尾部	1	295
啰噔哩噔	齐天乐	齐天乐	王丹桂	腹部	1	494
也啰	糖多令	糖多令	侯善渊	尾部	1	504

资料来源：作者整理。

相较于1800多首的道教词，这区区41首显得数目很小，但不能否定其在文学史上的意义，说明在当时，和声在民间还没有消失殆尽。另外，在王喆与马钰师徒的词作中，有大量的"喝马"词，很可能是"和声"词，很多在词牌的后面标有"前后各带喝马一声"，或其他"喝马"标识，如王喆《青莲池上客》（《青玉案》改）在词牌后标有"但词中有喝马，令丹阳行行坐坐要唱"：

元初一得从初遇，便端正、昭彰著，转作重阳晨彩煦。晴空来往，碧霄堪住。琼马驸，引入长生步。灵光不动神光聚，便攒簇、银霞护，满插金花频返顾。青衣鸾鹤，共同来赴。瑶马驻，般在清凉路。（唐圭璋，2000：259）

在词的上下片分别有"琼马驸""瑶马驻"，这样的以喝"马"为主的句子，在这类"喝马"词中都有出现，句子有长有短，如"乘良马""呈弓马""着绊马""做野马""你不牵他上马"等，且多出现在相同的位置，字数不限，只要带"马"字即可，李艺在《金代词人群体研究》中认为，估计是上下片唱到此处时，需要高声和唱一声，再辅以一系列动作，边舞边唱。这些句子，是游离于作品之外的说明。

五 平仄不拘与叶韵不定，以求填词更自由

在语言特点上，敦煌民间词与金道教词都有这种平仄不拘与叶韵不定的情况。前者是词体不成熟之故，后来到金代时，词体发展已相当的

成熟，但是在民间，词依然有它自己的特点，即随意、纯朴、自然，道教词就是最好的证明，且这两种情况可能在一首词中同时发生。如敦煌词《别仙子》：

此时模样，算来似，秋天月。无一事，堪惆怅，须圆阙。穿窗牖，人寂静，满面蟾光如雪。照泪痕何似，两眉双结。晓楼钟动，执纤手，看看别。移银烛，猥身泣，声哽噎。家私事，频付嘱，上马临行说。长思忆，莫负少年时节。［○○四一］

这首词也为咏调名本意之作，上下片句法结构有些许不同，在上下片的最后三句字数不同。语言上，上片四十字，两平两仄；下片三十九字，三平一仄。韵脚为"月""阙""雪""结""别""噎""说""节"，这在现在看来是不押韵的，但在当时的西北地区，这些字在方音里，可能有些是押韵的。由于能力和时间所限，不能进行详细的考证。而在王喆的词中也有此类例子，如《满庭芳·于京兆府学正来彦中处觅墨》：

毛颖归余，楮生从我，陶泓三事奇瑰。陈玄不止，尚未得相陪。日夜搜神定思，在何处、多隐文才。谁堪访，高明上士，唯有彦中来。浑材。如见慧，便教磨出，云浪恢恢。书灵符宝篆，救苦消灾。愿使家家奉道，人人悟、总免轮回。成功行，前程路稳，同去宴蓬莱。（唐圭璋，2000：171）

词中皆押平韵，韵脚为"瑰""陪""才""来""材""恢""灾""回""莱"。其中可将"瑰""陪""恢""回"归为押韵或押邻韵，其他四个则韵一致。这里如果不是词人有意不押同韵，那么则是在方音中，这八个字的韵是一样的，这样词也就押同韵。再如另一首《雨霖铃》：

东方甲乙，见青芽吐，早应时律。南阳正现红焰，初将炽、炎炎浓密。西动金风飒飒，致清爽、往来飘逸。北气候，祁寒严凝，聚结成冰瑞中吉。肝心肺肾勿令失。四门开、莹彻都归一。金丹辇在空外，明耀显、五光齐出。上透青霄，唯占逍遥自在宁谧。到此际、还

得无为，永永绵绵毕。（唐圭璋，2000：214）

在这首词中，也是平仄皆有，押韵不一。在王喆的词中，这类词比比皆是。在同调名中，也可以看出这些平仄押韵的不统一之处，在敦煌民间词中，多首同调《浣溪沙》有平起也有仄起，有上下片一韵到底的，也有换韵的，名目繁多，充分说明敦煌词，处于词发展的初期，还处于摸索期。

敦煌民间词与金代道教词都是北方词，从上文可以看出，如果说前者是词的原生态的话，那么后者很可能是词人的有意变通，有点类似国内"文化大革命"期间，为了让文化程度不高的农民参加"赛诗会"，降低填词要求、基本押韵即可。金代道教词没有华丽的词语，没有稳定的模式，清新、纯朴、简单、不做作。前不受《尊前》《花间》的影响，后无视宋代文人词的干扰，与敦煌民间词同样成长于民间这一大环境下，受民间文化土壤的熏陶，各自很好地扮演着自己角色，在词史上写下了重重的一笔，填补了词史的不完整状态。两者都能证明词产生于民间。

参考文献

关海龙（2011）：《金代全真道教主马钰词探析》，硕士学位论文，宁波大学。
任二北（1955）：《敦煌曲初探》，上海：上海文艺联合出版社。
任二北（1987）：《敦煌歌辞总编》，上海：上海古籍出版社。
唐圭璋（2000）：《全金元词》，北京：中华书局。
陶然（2001）：《金元词通论》，上海：上海古籍出版社。
吴世昌（2000）：《词林新话》，北京：北京出版社。
吴熊和（1987）：《唐宋词通论》，杭州：浙江古籍出版社。
左洪涛（2008）：《金元时期道教文学研究》，北京：人民出版社。

On the Production of Ci Based on Dunhuang Quzici and Taoist Ci in Jin Dynasty

Zuo Hongtao   Huo Jiamei

Abstract：After comparing Dunhuang Quzici from Tang Dynasty to the Five Dynasties with Taoist Ci in Jin Dynasty, there is a common feature which can be found: The words of Dunhuang Folk Ci were popular and easy, showing that Ci genre wasn't shaped at the initial period of Ci development; in order to meet the need of preaching Taoism, Taoist Ci in Jin Dynasty after Northern Song Dynasty was similar to Dunhuang Quzi Ci in both language style and Ci genre, because most singers and the audience were ordinary people with lower-middle cultural degree. The similarities can be found in the following aspects: the standard of writing Ci is low with uncertain number of words; both of them have complement words and sentences; the names of Ci are sung by the name itself; there is the harmony which records music words. All of these have provided the strong evidence that Ci was generated from the folk.

Keywords: Dunhuang Quzici, Taoist Ci in Jin Dynasty, Harmony, Complement Words and Sentences

About the Authors: Zuo Hongtao (1967 –), Ph. D., Professor at Department of Chinese in School of Literature and Journalism, South-Central University for Nationalities. Research interests and specialties: literature in Tang, Song, Jin and Yuan Dynasty, Classic Philology. Magnum opuses: *Taoist Literature in Jin and Yuan Dynasty: Focusing on the Poetry of Wang Chongyang and His Seven Disciples from Quanzhen Taoist School*, *Gao Family in East Zhejiang Province in the Two Song Dynasties and Literary Research*, *Emendation and Annotation on "Wei Lue" of Gao Sisun*. E-mail: zuohongtao@yeah.net.

Huo Jiamei (1984 –), Postgraduate at Department of Chinese in School of Literature and Journalism, South-Central University for Nationalities. E-mail: zuoniu@163.com.

清代诗话视域下的《诗经》之"情"

何海燕　刘　波[*]

摘　要：受"诗道性情"观的影响，清代不少诗话家对《诗经》中的情感进行了论说，并在前人基础上有诸多创获。清代诗话在对《诗经》情感内涵多样发掘的基础上，更注重对一己之情的阐说；在认可《诗经》情感多样化审美特征的同时，用"真"与"正"对之进行制约；在多方总结《诗经》情感表达方式时，为情景关系论注入了新的活力。清代诗话对《诗经》之情的多样发掘推动了《诗经》阐释的进一步转向，促进了《诗经》文学解读的深度发展。

关键词：诗经　清代诗话　情感视域

基金项目：湖北省教育厅人文社科重点项目"清代诗学《诗经》话语研究"（16D001）

"情"作为诗歌之魂，颇受历代诗人及诗论家的关注。第一部诗歌总集《诗经》，自诞生之日起，它的情感就受到了人们的重视。即便在一些解经之作如《毛传》、《郑笺》、《孔疏》中也贯穿着对一些诗篇情感的认知和阐发。如果说"对《诗经》具体篇章的深情感悟开始于曹魏时期"（汪祚民，2005：276），那么对《诗经》具体篇章情感的大规模细致品析则开始于清代。其中，以清代诗话对《诗经》情感的阐说最令人瞩目。龚鹏程先生在《诗经诗话学》一文中便将"理情"作为清代诗话论《诗经》

---

[*] 何海燕（1975—），博士，湖北大学文学院副教授，主要从事古代文学及文献研究。出版过专著《清代〈诗经〉学研究》，发表有《清代〈诗经〉的文学阐释及其文学史意义》《怨怒激越亦温柔——清代儒家〈诗〉教之情感论》等代表性论文。电子邮箱：hhy2658@sina.com。刘波（1982—），湖北大学文学院古代文学 2015 级硕士研究生。

的六大突出特征之一。本文在梳理清代诗话论《诗经》情感相关条目的基础上，对其所包含的主要内容、具体特征及其艺术表现形式进行逐一探讨，以见其对《诗经》情感阐发的贡献。

一 情感内涵的多样发掘与一己之情的重点阐说

清代以前，由于受到经学与理学思想的左右，诗学家多注重《诗经》的教化功用，对《诗经》情感的解读多集中于人伦与家国政治之情，不太注重个人情感的阐发。清代，受"诗道性情"观的影响，"作者用一致之思，读者各以其情而自得"（王夫之，1981：4），成为一种新的阐释方向，不少诗话家从情入手，对《诗经》包含的多种情感内涵进行揭示和解读，由此形成一种新的阐释趋向。

一些诗话家从总体出发，对《诗经》所蕴含的情感进行了高度概括。如贺裳云："《三百篇》孤臣、独子、羁臣、思妇之所为。"（贺裳，1983：205）立足作者身份进行归纳总结，认为《诗经》既有臣子的政治情怀，又有男女的个体生活感受。乔亿从唐诗中的优秀诗篇对《诗经》的继承情况入手，指出《国风》与《大小雅》中有许多描写赠别、思怀、羁旅、征戍及宫词、闺怨情感的诗，是对亲情、友情、男女之情、个人羁旅之情的种种抒怀。秦朝釪云："《国风》、《小雅》，皆是时君子忧衰念乱。"（秦朝釪，1978：1015）认为《国风》与《小雅》都是那些关心社会政治发展的人对现实的忧虑与担心之情。刘熙载云："《大雅》之变，具忧世之怀；《小雅》之变，多忧生之意。"（刘熙载，1978：49）道出《大雅》与《小雅》之变的不同在于：一者关注社会政治，一者关注个人生存现状。这些诗话家们站在不同的立场，对《诗经》的情感进行了宏观的解读。

更多的诗话家则对《诗经》中具体诗篇的情感进行了细致阐说。他们或重诗篇之政治伦理情感或重个人一己之情或两者兼顾，体现了各自不同的诗学立场。

一如既往，家国情感与政治伦理仍然受到较大的关注。如贺裳云："'磨刀呜咽水，水赤刃伤手。欲轻肠断声，心绪乱已久。丈夫誓许国，愤惋亦何有？功名图麒麟，战骨当速朽。'此即《毛诗》'忧心孔疚，我行不来'意，忠义激烈，勃然如生。"（贺裳，1983：319）将杜甫的《前出塞诗》与《采薇》放置一起比较阅读，认为两诗皆饱含慷慨激烈的忠义之情。王士禛说《燕燕》既包含着家国兴亡之感，又有浓郁的个人离别感伤和对往昔生活的深切怀念。这一丰富复杂的情感足以惊天地泣鬼神，是单一表现亡国之痛的《黍离》和《麦秀》无法比拟的。沈德潜将《隰有苌楚》与《苕之华》进行比较解析，认为前者借对草木的快乐情状的描写，抒发在政局混乱、赋税繁重的现实社会中百姓生活的艰辛与苦楚；后者则是直抒胸臆诉说乱世的哀伤。两者虽采用了不同的艺术表达形式，但都充溢着深深的亡国之痛。沈德潜又云："王子击好《晨风》，而慈父感悟；裴安祖讲《鹿鸣》，而兄弟同食；周盘诵《汝坟》，而为亲从征。此三诗别有旨也，而触发乃在君臣、父子、兄弟，唯其可以兴也。"（沈德潜，1978：523）三人对三首诗的感悟虽不尽切合诗的本旨，但诗中能引起共鸣的情感却达到了君臣和亲情间的感化目的。在沈德潜眼里，这样的政治人伦化的情感体悟是值得推崇的。

此外，对《诗》中个人之情的解读开始成为新的发展态势。如对《陟岵》篇的解读，贺贻孙认为诗中包含的父母兄长对行役在外的亲人的心疼、牵挂、叮咛、安慰、盼望等种种情感，实则是对诗人内心丰富情感的婉曲表达，读来分外凄凉悲切。沈德潜以此诗为孝子思亲诗，家中亲人的寄语实则是孝子对家人的牵挂与思念。乔亿云："亲亡而自痛自责，则义尽于《蓼莪》矣。"（乔亿，1983：1101）品读出《蓼莪》诗中沉痛的"子欲养而亲不在"的伤感，强调了子女未能赡养父母的自我谴责和内疚之情。皆是从个人亲情的角度对诗篇进行解读，而不是将之纳入政治体系凸显其人伦价值，体现了对人类最自然、最本真的孝亲情感的关注。叶矫然认为《燕燕》和《雄雉》都是借物起兴，抒发女子送别感怀的思绪，情感婉曲往复，无关伦常。刘熙载云："《诗》，自乐是一种，'衡门之下'是也；自励是一种，'坎坎伐檀兮'是也；自伤是一种，'出自北门'是也；自誉自嘲是一种，'简兮简兮'是也；自警是一种，'抑抑威仪'是也。""'心之忧矣，其谁知之'，此诗人之忧过人也；'独寐寤言，永矢弗告'，此诗人之乐过人也。忧世，乐天，固当如是。"（刘熙载，1983：2418）撇开以往对诗中政治伦理情感的关注，处处以"自"字来强调诗人个体情感的独特体验。吴乔言："朋友为五伦之一，既为诗人，安可无赠言？而

75

交道古今不同，古人朋友不多，情谊真挚，世愈下则交愈泛，诗亦因此而流失焉。《三百篇》中，如仲山甫者不再见。"（吴乔，1978a：594）没有如《毛诗序》那样将《大雅·烝民》解读为尹吉甫美宣王的诗，而是读出了尹吉甫和仲山甫之间深厚的朋友之情。

在对个人情感的解读中，最有价值的是对《诗》中男女之情的品析和阐说。起初，王夫之肯定《诗》中有写男女欢情及怨情的艳诗。继之，袁枚说《诗》中有一半是男女率意抒其情的诗，并进一步指出："《关雎》为《国风》之首，即言男女之情。"（袁枚，1982：15）之后，聂铣敏等人认为郑、卫之《诗》中男女情诗圣人也不废，自当肯定，即便是欢情诗也当接纳。基于这样的理念，不少诗话家对《诗》中男女之情进行了阐说。方世举云：

> 宜田云："'习习谷风，以阴以雨'，妇值阴雨而愁叹，只是触感生情耳。注云：'阴阳和而后雨泽降，犹之夫妇和而家道成。'妇人之见，岂暇出此？朱子释经，自应依理立论耳。"（方世举，1983：1702）

以《邶风·谷风》为妇女见雨生情，抒发心中的怨苦之情，不关伦常之理。魏裔介云："《卫风》：'其雨其雨，杲杲出日。'迟日不归，其行久矣。《采薇》之役，逾年而归；《东山》之诗，三年而至。是以治世之诗，则言其君上悯恤之情；乱世之诗，则录其室家离怨之苦。"（魏裔介，2014：15）认为《伯兮》《采薇》《东山》表达的都是战乱年代，夫妇离别久久不见的苦楚和哀怨。黄培芳针对当时世俗社会对夫妻之情的不重视，肯定思妇诗的价值，并由之论男女之情的可贵。他说："《三百篇》中多妇人思君子之诗，而周公劳士卒，亦叙其室家之情。盖男女居室，人之大伦，不见而思，自是天理人情之正……古人思夫未尝不以为贤，而世俗乃以为耻，可叹！"（黄培芳，2014：2718）从人情而不是伦常的角度对已婚女子的思夫之情加以肯定和解读，显示了他们对个人之情的高度重视。

对《诗》中男女恋情的认可和解读是清代诗话特别突出的一个现象。马位言："《卫风》① 云：'伊其相谑，赠之以勺药。'陆师农说：'勺药破

---

① 此处卫风当为郑风。——笔者注

血，欲其不成子。不知真有此意否？'予谓诗人赋物，不过写一时之情，岂必有深意？"（马位，1978：827）认为《溱洧》抒写的是男女之间一见倾心的情事，不必如宋代陆佃那般硬要引申出其他含义来。袁祖光说："《国风·召南》'有女怀春，吉士诱之'，措词明艳，《郑风·溱洧》篇风调绝佳，亦以士女赠答为言，已开后世《采莲曲》、《竹枝词》之先声。朱子一谓为贞洁自守，一定为淫奔之诗，未免失当。"（袁祖光，2014：7206）反对朱熹给女子带上礼法枷锁的解说，以两诗皆为士女怀春之诗，是绝佳的好诗，断非淫诗。这较以往将情诗目为淫诗而言是个了不起的进步。

《毛诗序》论《诗》多以礼仪规范男女之情，至宋代夫妇之情与男女恋情皆得到一定程度的认可，尤其是王质以男女之情为人道之常加以赏读，可惜他的声音最终淹没在朱熹说《诗》的浪潮中。清代一些诗话家能从朱熹的阴影中走出来，以尊重的心态对之解读，还原部分诗歌的本真面目，值得赞赏。

清代诗话在以多元阐释为主导思想时，把更多的目光投向了一己之情甚至是男女之情的解读上，这一阐说特点的转变，恰如蒋寅先生所言，"是和明清之际文学价值观由重视文学的社会意义向重视文学的生命意义转变的趋势相一致的"（蒋寅，2003：182）。

二 情感多样化审美特征的认可与"真"和"正"的制约

自孔子以"乐而不淫，哀而不伤"释《关雎》之义后，《毛诗序》又以"发乎情，止乎礼义"的准则来阐说《诗经》，"温柔敦厚"诗教下的"中和"情感由此成为审美主流，《诗经》情感的阐发也因此呈现单一化的特征。即便是在善从审美角度解《诗》的魏晋和唐代（蒋方，2010），也未能突破这一审美追求。到了清代，随着诗学家们对"温柔敦厚"的重新解说，赋予新的内涵，《诗经》情感的阐发也开始出现多样化特征。

向为诗学家反对的怨怒激愤之情的直接表达，在清代受到了一些诗话家的肯定和推崇。王夫之、毛先舒、黄子云等人发现《鹑之奔奔》《巷伯》《十月之交》《节南山》《何人斯》《板》《荡》诸诗中有不少对统治者直呼其名进行指斥和怒骂的句子，他们认为诗教虽然倡导温厚，但是并不妨碍用直斥的方式将光明磊落的心志表现出来，尤其是遇到残暴和混乱的政治局面时，用曲笔是难以达到劝谏效果的，必须要用激越的形式将对国家命运的关切之情表达出来。如毛先舒说："《诗》者，温柔敦厚之善物也。故美多显颂，刺多微文，涕泣关弓，情非获已。然亦每相迁避，语不署名。至若乱国迷民，如《太师》、《皇父》之属，方直斥不讳。斯盖情同痛哭，事类弹文，君父攸关，断难曲笔矣。而《诗》尤曰：'伊谁云从，惟暴之云。'又曰：'凡百君子，敬而听之。'其辞之不为迫遽，盖如斯也。"（毛先舒，1983：68）认为《诗》中直斥之言皆是诗人极为沉痛难过的情感的流露，是对国家现状的深切忧虑，故虽激烈但仍值得赞扬。他们并不是对温厚中和的情感持反对态度，而是以更开放的心态结合实际情况接纳其他审美特征。又如朱庭珍说："《三百篇》中'人而无礼，胡不遄死'，'投畀豺虎，豺虎不食。投畀有北，有北不受'，'文王曰咨，咨女殷商。女炰烋于中国，敛怨以为德'，皆直言不讳，怨而且怒，了无余地矣，又岂能以无含蓄而废之？"（朱庭珍，1983：2391）指出在《相鼠》《小雅·巷伯》《大雅·荡》中，虽然有些诗句的措辞直接犀利，怨怒之情十分激烈，但是也不能因此而废弃。施补华则对传统"诗忌拙直"观进行了反驳，认为《小雅》虽拙直悲愤，但也有可取之处，体现了"仁"与"真"的崇高情感，亦当纳入审美范畴。张谦宜干脆对传统情感中的"和""平"进行了重新阐说，云："人多谓诗贵和平，只要不伤触人。其实《三百篇》中有骂人极狠者，如'胡不遄死'、'豺虎不食'等句，谓之乖戾可乎？盖骂其所当骂，如敲扑加诸盗贼，正是人情中节处，故谓之'和'。又如人有痛心，便须著哭；人有冤枉，须容其诉；如此，心下才松颡，故谓之平。"（张谦宜，1983：792）认为该骂就痛快地骂，该哭就尽情地哭，合理地任情任性方是真正的"和""平"。

综观上述论说，不少诗话家们不再恪守传统的儒家诗教情感原则，不再本着善心和温情对那些怨怒激愤的诗加以曲解，而是对之加以肯定和赞赏，并努力发掘其情感的多样性的审美价值。

当然，大部分诗话家仍然表现出对温厚平和情感的认可与推崇。吴乔所言"发乎情，止乎礼义。所谓性情也"（吴乔，1978b：30），和梁章钜的"《三百篇》之性情，'温柔敦厚'四字尽之"（梁章钜，1983：1949），是很多诗话家的共识，沈德潜、纪昀、郭兆麟、吴文溥等持此说，以之为解《诗》之准则。对于《诗》中出现的直斥和怒骂之言,他们努力将之纳入温厚的审美范畴。如沈德潜云:"《巷伯》恶恶,至欲'投畀豺虎'、'投畀有北',何尝留一余地?然想其用意,正欲激发起羞恶之本心,使之同归于善,则仍是温厚和平之旨也。《墙茨》、《相鼠》诸诗,亦须本斯意读。"(沈德潜,1978:527)《巷伯》《墙茨》《相鼠》诸诗皆直斥其非,直陈怨怒之情,毫不含蓄,与儒家诗教推崇的温柔敦厚之旨相去甚远。沈氏为维护儒家诗教,主张站在儒家诗教的立场对此类诗进行解读,认为作者的意图在于激发人的羞恶本心,从而向善,故其情感仍是平和的。吴乔说《桑柔》《瞻卬》虽然有直刺之语,但是也有哀怨悱恻隐约之词,需婉曲读之,否则就会出现将孝子之诗《凯风》和《小弁》读成指责辱骂父母的不孝之诗。郭兆麟也强调《诗》中直抒胸臆者无可厚非,但要使之归于温厚和平,不然就流于刚硬直露。平等阁主人狄葆贤更是说:"诗贵立辞有体。凡感时讽刺之作,近于灌夫骂座,徒取快一时,失温柔敦厚之旨,不可轻一下笔。即已作亦不必存集中。《诗》曰:'白圭之玷,尚可磨也。斯言之玷,不可为也。'旨哉言乎?"(狄葆贤,2014:7205)反对过于激烈的怒骂之作,认为有辱温柔敦厚之诗教。

不管情感激烈抑或温柔、直露抑或含蓄,诗话家们阐说《诗经》情感时,往往爱以是否真实、正直、合乎正道或礼义对之进行评价。不少诗话家从创作的角度对诗人的真情实感加以激赏。他们认为《诗》是当时之人触物生情的自然感发,诗人既非有意获得赏识,亦非刻意欺人,只是将其内心的情感抒发出来,即便缺乏音乐性,也能让人为之动容,让人触摸到他们真实和真诚的情感。正因为如此,诗歌才拥有了动人的魅力,才能千古长新、万古长存。如钟秀云:"果其本于情之真挚,如《鸱鸮》之于君臣,《小弁》之于父子,《谷风》之于夫妇,《常棣》之于兄弟,《鹤鸣》之于朋友,反复沉吟,即不被诸管弦,亦足令人声泪俱迸。无他,情真则诗真,真则未有不动人者也。"(钟秀,2014:6153)这与清代尚"真"之诗学风气高度吻合。对《诗经》情感之真的肯定,最大限度地体现了对人性中种种合理情感诉求的包容,有力地促进了诗篇情感解读的多样化发展。

除了以真为评价标准外,情感的纯正与正直一如既往是诗话家论《诗经》情感的核心所在。潘德舆取《大雅·崧高》中的"柔惠且直"来总括诗之情感，认为心怀苍生，直言其情，直刺世诟者皆得《诗》之精髓。肯定了《诗》之正直之情。王寿昌更是说："何谓性情？曰：诗以道性情，未有性情不正而能吐劝惩之辞者。《三百篇》中，其性情亦甚不一，而总归于无邪。故虽里巷歌谣，皆可为万世之典训。"（王寿昌，1983：1857）《诗》中虽有多样情感，但都合乎正道，思想情感纯正，堪称典范。如《缁衣》《巷伯》等诗，虽言辞与情感皆过于激烈，但饱含忠正之意，故也值得学习。在归之于正的无邪情感中，忠孝之情受到了极力推赏。陆元鋐云："诗以言情，情之正者，孰有过于忠孝？故圣人教人学《诗》，兴观群怨，即继之以事父事君。谁谓诗不本之于忠孝哉！"（陆元鋐，2014：2623）吴乔引苏轼言论曰："发乎情止乎礼义，贤于无所止者而已。若夫发乎情，止乎忠孝，岂可同日而语哉！"（吴乔，1978b：582）皆以忠孝之情为正之首，体现的是对儒家思想的认同。

"真"与"正"的制约，正如笔者在《怨怒激越亦温柔——清代儒家〈诗〉教之情感论》（何海燕，2016）中所言，既认可了个体情感的个性化抒发，又有效地促进了情感的社会性与个体性的和谐统一。

在清代前期，诗话家们更多的是肯定《诗》之怨怒激愤之情，中期更欣赏温厚和平之情，晚期则更赞赏心怀家国的忠孝之情。不同时期，随着社会思潮和时代需求的变迁，诗话家们对《诗经》情感的审美特征也有着各自不同的认知。

三　情感多种表达方式的总结　　与情景关系的论说

宋代以前多局限于以赋比兴阐说《诗经》的艺术表现，宋代开始，随着对《诗经》的文学解读的重视和加强，不少人从多角度来提炼其艺术特征。明代，随着"诗道性情"观的逐渐兴盛，对《诗经》情感的品析渐趋增多，但对其表达的艺术方式的探索尚处于起步阶段。清代，随着诗学理论的日益成熟，不少诗话家对《诗经》情感的表达方式进行了多方理论总结。

含蓄婉曲的表达方式仍受到大多数人的肯定。如黄子云说："诗三百篇曷贵乎？贵其悲哀欢愉，怨苦思慕，悉有宛折抑扬之致，蕴蓄深而风神远，读之能令人畅肢体悦心志耳。"（黄子云，1978：866）在诗话家的论述中，多涉及回环往复的抒情方法、和缓迂回的曲调之美、反衬手法的运用、情景互融的表达方式等。前两者前代已探讨较多，不再赘言。后两者清人多有创获，值得详说。

　　反衬法，是指用相反性质的事物进行比较描述，能使诗文更为生动丰蕴。清代诗话家虽没有直接用反衬一词总结其情感表达方式，但从他们的论述中可完全探知。如贺贻孙言，诗家有一种至情，写未及半，忽插数语，代他人诘问，更觉情致淋漓。最妙在不做答语，一答便无味矣。如《园有桃》章云："不知我者，谓我士也骄。彼人是哉，子曰何其。"三句三折，跌宕甚妙。接以"心之忧矣"，只为不知者代嘲，绝无一语解嘲，无聊极矣。又《陟岵》章云："父曰嗟，予子行役，夙夜无已。尚慎旃哉，犹来无止。"四句中有怜爱语、有叮咛语、有慰望语，低徊宛转，似只代父母作思子诗而已，绝不说思父母，较他人作思父思母语，更为凄凉。（贺贻孙，1983：174）指出《诗》中一些诗篇不直接抒情，而是从他人的角度来言说，情韵深长。《园有桃》借言不知者的心绪抒发诗人的无奈，《陟岵》借父母念己之情传达自己独身在外的苦闷与思念。沈德潜也认为《陟岵》篇，借写父母、兄长对行役在外的亲人的思念来表达自己对亲人的思念，这一手法的运用使情感衬托得更为炽烈。陈仅云："《陟岵》篇只说父母兄之念己，而己之思亲之苦自出。《杕杜》篇只说室家之望归，而己之归家之乐自深。"（陈仅，2002：565）这一手法被朱熹目为想象或托言，明人戴君恩以之为"投胎夺舍手"（戴君恩，1997：252），即借他人言辞写自己心事，都品读出了其情感表达的曲折。清代诗话家则在此基础上，揭示了从对面或反面出发进行情感烘托的表达之妙。毛先舒曰："《大明》颂二母而未及尚父，邑姜已在其中。盖芝本醴源，文词之妙，所谓意到而笔不到耳。"（毛先舒，1983：16）"《思齐》本颂文王，却及其祖母与母及妻耳。然妙在先出太任，逆及太姜，凡手当从祖母顺叙下，无复词致。"（毛先舒，1983：16）陈仅云："《苌楚》一诗只羡草木之乐，而己之苦不言自见。"（陈仅，2002：563）这皆是对《诗经》反衬手法的揭示。

　　情景关系在情感表达方面的作用早在比兴手法的探讨就已涉及。如《周南·卷耳》"采采卷耳，不盈顷筐"，《传》曰："忧者之兴也。"（孔颖达，1999：37）指出该诗句触景生情的创作特点。宋代朱熹言："兴者，先言他物以引起所咏之辞也。"（朱熹，2007：2）仍然是注重景物对情感的感发作用。随后范晞文对情景关系进行了专门论述，他说："景无情不发，情无景不生。"（范晞文，1998：9289）认为有情入景方能感兴，情由景生，且情与景应相契合。明代谢榛言："景乃诗之媒，情乃诗之胚：合而为诗，以数言而统万形，元气浑成，其浩无涯矣。"（谢榛，1961：69）以为情景皆为构成诗歌的重要元素，两者互相渗透、互相融合方是好诗。

清代学者继承发展了这些论说，并将之贯穿于对具体诗篇的分析中。贺贻孙主张诗中应有情有景，且情景一致，不可依违。解《东山》诗曰："每章着'零雨其濛'四字，便尔悲凉。思家遇雨，别有一番无聊，不必终篇，已觉黯然魂销矣。末后只描写鹳鸣果实，蠨蛸熠燿，户庭寥落，雨景惨澹而已，此外不赘一语，愈觉悲绝。"（贺贻孙，1983：152—153）该诗通过对凄冷雨景、瓜果蔓藤、鹳鸟鸣叫、夜火闪烁等寂寥景象的描写，表达诗人孤寂苦楚的落寞和浓郁的思家之情，正是以悲景写哀情。王夫之认为情景互为依存、互为融贯，景中当有情，情中也应有景。如他曾论《出车》曰："征人归矣，度其妇方采蘩，而闻归师之凯旋，故迟迟之日，萋萋之草，鸟鸣之和，皆为助喜；而南仲之功，震于闺阁。室家之欣幸，遥想其然，而征人之意得可知矣。"（王夫之，1981：12）以诗中景象为喜情所设，有烘托之功效。再论《采薇》曰："'昔我往矣，杨柳依依；今我来思，雨雪霏霏。'以乐景写哀，以哀景写乐，一倍增其哀乐。"（王夫之，1981：10）则进一步认识到了景对情的反兴作用，颠覆了谢榛"作诗本乎情景，孤不自成，两不相背"的论说，这也是他对情景关系的新创之说。沈德潜认识到借物抒情可使诗歌浅白而情感含蓄深邃，云："政繁赋重，民不堪其苦。而《苌楚》一诗，唯羡草木之乐，诗意不在文辞中也。"（沈德潜，1978：526）他指出《隰有苌楚》善借写草木之乐反衬民之哀苦，显然是对王夫之情景论的继承。刘熙载也说："余谓诗或寓义于情而义愈至，或寓情于景而情愈深，此亦《三百五篇》之遗意也。"（刘熙载，1983：2418）他认为寓情于景的表达方式是《诗》善用的手法，可以使诗歌情感更为浓烈，意蕴深长，如解《采薇》曰："'昔我往矣，杨柳依依。今我来思，雨雪霏霏。'雅人深致，正在借景言情。"（刘熙载，1983：2444）潘德舆说："'辞达而已矣'，千古文章之大法也……以其细者论之，'杨柳依依'能达杨柳之性情者也；'蒹葭苍苍'能达蒹葭之性情者也。任举一境一物，皆能曲肖神理，托出豪素，百世之下，如在目前，此逮之妙也。"（潘德舆，1983：2035—2036）指出借景抒情的关键所在是对景物的描写能抓住其根本特征，以及景与情的关系，《采薇》和《蒹葭》两诗之美即在于此。诗话家们在总结诗中情景关系对情感表达的作用时，也深化了诗学中的情景理论。

清代诗话对《诗经》情感的细致阐说彰显了对其文学特性的认可和重视，是诗经学史和诗学史上较为突出的一个现象。本文从以上三个方面对之进行了论说，旨在抛砖引玉，以期更多的学者对之关注。尤其是情感表达方式中关于情景关系的论说尚有较大研究空间。如情景交融由心物共同感发而成，而比兴是心物感发的重要手段，诗话家们在对情景关系的阐论中又往往融入了对比兴手法的认知。诸多问题留待后文进一步探讨。

参考文献

（清）陈仅（2002）：《诗诵》，载《续修四库全书》第70册，上海：上海古籍出版社。
（明）戴君恩（1997）：《读风臆评》，载《四库全书存目》经部第61册，济南：齐鲁书社。
（清）狄葆贤（2014）：《平等阁诗话》，《清诗话三编》本，上海：上海古籍出版社。
（清）方世举（1983）：《兰丛诗话》，《清诗话续编》本，上海：上海古籍出版社。
（宋）范晞文（1998）：《对床夜话》，载吴文志《宋诗话全编》，南京：江苏古籍出版社。
黄培芳（2014）：《香石诗话》，《清诗话三编》本，上海：上海古籍出版社。
何海燕（2016）：《怨怒激越亦温柔——清代儒家〈诗〉教之情感论》，《光明日报·文学遗产版》，5月26日。
（清）贺裳（1983）：《载酒园诗话》，《清诗话续编》本，上海：上海古籍出版社。
（清）贺贻孙（1983）：《诗筏》，《清诗话续编》本，上海：上海古籍出版社。
（清）黄子云（1978）：《野鸿诗的》，《清诗话》本，上海：上海古籍出版社。
蒋方（2010）：《〈诗经〉学在三至九世纪的传播与接受》，《湖北大学学报》，（4）。
蒋寅（2003）：《清初关中理学家诗学略论》，《求索》，（2）。
（宋）孔颖达（1999）：《毛诗正义》，李学勤主编《十三经注疏》本，北京：北京大学出版社。
（清）梁章钜（1983）：《退庵随笔》，《清诗话续编》本，上海：上海古籍出版社。
（清）刘熙载（1978）：《艺概》，《清诗话》本，上海：上海古籍出版社。
——（1983）：《诗概》，《清诗话续编》本，上海：上海古籍出版社。
（清）陆元鋐（2014）：《青芙蓉阁诗话》，《清诗话三编》本，上海：上海古籍出版社。
（清）马位（1978）：《秋窗随笔》，《清诗话》本，上海：上海古籍出版社。
（清）毛先舒（1983）：《诗辩坻》，《清诗话续编》本，上海：上海古籍出版社。

（清）潘德舆（1983）：《养一斋诗话》，《清诗话续编》本，上海：上海古籍出版社。
（清）乔亿（1983）：《剑溪说诗》，《清诗话续编》本，上海：上海古籍出版社。
（清）秦朝釪（1978）：《消寒诗话》，《清诗话》本，上海：上海古籍出版社。
（清）沈德潜（1978）：《说诗晬语》，《清诗话》本，上海：上海古籍出版社。
汪祚民（2005）：《〈诗经〉文学阐释史（先秦—隋唐）》，北京：人民出版社。
（清）王夫之（1981）：《诗译》，载《姜斋诗话笺注》卷一，北京：人民出版社。
（清）王寿昌（1983）：《小清华园诗谈》，《清诗话续编》本，上海：上海古籍出版社。
（清）魏裔介（2014）：《魏裔介诗话》，《清诗话三编》本，上海：上海古籍出版社。
（清）吴乔（1978a）：《围炉诗话》，《清诗话》本，上海：上海古籍出版社。
——（1978b）：《答万季野诗问》，《清诗话》本，上海：上海古籍出版社。
（明）谢榛（1961）：《四溟诗话》，宛平校点，北京：人民文学出版社。
（清）袁枚（1982）：《随园诗话》，北京：人民文学出版社。
（清）袁祖光（2014）：《绿天香雪簃诗话》，《清诗话三编》本，上海：上海古籍出版社。
（清）张谦宜（1983）：《絸斋诗谈》，《清诗话续编》本，上海：上海古籍出版社。
（清）钟秀（2014）：《观我生斋诗话》，《清诗话三编》本，上海：上海古籍出版社。
（清）朱庭珍（1983）：《筱园诗话》，《清诗话续编》本，上海：上海古籍出版社。
（宋）朱熹（2007）：《诗集传》，南京：凤凰出版社。

The Affection in *The Book of Songs* in the Context of Qing Dynasty Poetry

He Haiyan   Liu Bo

Abstract: Influenced by the idea of "poetry expressing personality", many specialists in poetry in Qing Dynasty had discussed the emotional elements in *the Book of Songs*, which had made a great deal of achievements based on the previous researches. On the foundation of discovering various emotional connotations of *the Book of Songs*, the Qing Dynasty poetry paid more attention to the explanation on personal relationship; while recognizing the aesthetic characteristics of the emotional discovery of *the Book of Songs*, Qing Dynasty poetry made the restriction to *the Book of Songs* with the concept of being "real" and "straight"; with comprehensively summarizing the ways of expressing emotions in *the Book of Songs*, Qing Dynasty poetry had made an inject of new motive into "The Scene Theory"; The various discovery of the emotional elements in *the Book of Songs* had further promoted the explaining turn and the deep development of literary interpretation to *the Book of Songs.*

Keywords: *The Book of Songs*, Qing Dynasty Poetry, Emotional Perspective

About the Authors: He Haiyan (1975 -), Ph. D. , associate professor in School of Chinese Language and Literature, Hubei University. Research interests and specialties: Chinese ancient literature and philology. Magnum opuses: *The Study of the Book of Songs in Qing Dynasty*. Selected papers: *The Literary Interpretation of the Book of Songs in Qing Dynasty and the Meaning of Its Literary History*, *The Emotionalist of Confucianism in Qing Dynasty*, etc. E-mail: hhy2658@sina.com.

Liu Bo (1992 -), M. A. Candidate in Chinese Ancient Literature, 2015, Hubei University.

"楚些"与《红楼梦》

李春光[*]

摘 要："楚些"一词在漫长的文化演进过程中，最终定格为楚辞的代名词。曹雪芹曾在窘迫潦倒之时，读过"楚些"，并将楚辞中《离骚》《湘君》《山鬼》《九辩》等篇什付诸《红楼梦》的创作之中。这些"楚些"的构成要素，不仅极大地丰富了《红楼梦》的文本意蕴，而且于幽微之处彰显了楚文化的独特魅力，并且从更深的层次上造成了对儒家价值的潜在冲击。

关键词："楚些" 《红楼梦》 受容研究

在《红楼梦》第十七回中，曹雪芹借贾政的疑惑阐释了他题写诗词的一个基本原则："方才众人编新，你又说不如述古；如今我们述古，你又说粗陋不妥。"可见，如何处理"编新"与"述古"的关系，决定着诗词能否臻于化境。写诗词如此，写文章亦如此。一味"编新"未免有生涩隔阂之感，一味"述古"亦有陈词滥调之憾。只有"编新"与"述古"熔裁自然，"编新"作为"述古"的终极目的，"述古"作为"编新"的文化基因，二者互为表里、相得益彰，才能淬炼出好的文章。在红楼话语形成的过程当中，"楚些"作为"述古"的一种构成符号，在"编新"的过程中，在其本意的基础之上已然生发出新的文化内涵。正如福柯所言："诚然，话语是由符号构成的，但是，话语所做的，不止是使用这些符号以确指事物。正是这个'不止'使话语成为语言和话语所不可减缩的东西，正是这个'不止'才是我们应该加以显示和描述的。"（福柯，2003：

---

[*] 李春光（1986—），湖北大学文学院 2016 级博士研究生，研究方向为元明清文学。电子邮箱：281415734@qq.com。

53）曹雪芹作为稗史巨子，正是在熔裁"楚些"的基础之上，完成了红楼话语浇自家块垒的这种"不止"的过程。

一 "楚些"与曹雪芹

"楚些"语出《楚辞·招魂》"宫廷震惊，发《激楚》些"句。

关于"激楚"，王逸《楚辞章句》注曰："激，清声也。言吹竽击鼓，众乐并会，宫廷之内，莫不震动惊骇，复作《激楚》之清声，以发其音也。"可见，"激楚"是一种交响乐，是以竽鼓为主的、奏于朝堂之上的清声雅乐。司马相如《上林赋》有"荆吴郑卫之声，韶濩武象之乐，阴淫案衍之音，鄢郢缤纷，《激楚》结风"（司马迁，1959：3038）之句。《史记》集解云："郭璞曰：'《激楚》，歌曲也。'"李善《文选》注亦云："《激楚》，歌曲也。"李白《白纻辞三首（其三）》有"《激楚》《结风》醉忘归，高堂月落烛已微，玉钗挂缨君莫违"（李白，1999：265）之句。汉唐文化中，"激楚"俨然已经成为城市繁华、燕飨雅聚的重要组成部分。

关于"些"，洪兴祖在《楚辞补注》中言："些，苏贺切。《说文》云：'语词也。'沈存中云：'今夔峡、湖、湘及南北江獠人，凡禁咒句尾皆称"些"，乃楚人旧俗。'"（洪兴祖，1983：198）朱熹在《朱子语类》卷一百三十九中云：

> 楚些，沈存中以"些"为咒语，如今释子念"娑婆诃"三合声，而巫人之祷亦有此声。此却说得好。盖今人只求之于雅，而不求之于俗，故下一半都晓不得。道夫。《离骚》叶韵到篇终，前面只发两例。后人不晓，却谓只此两韵如此。（朱熹，1988：3298）

沈括在《梦溪笔谈》中认为，"些"乃是楚地咒语句尾所用之词。朱熹认为，"些"字与佛家咒语中"娑婆诃"相类，人们为了趋雅避俗，只知《离骚》中的"兮"，却忘了《招魂》中的"些"。宋代学者达成共识，即"些"字乃句末的语助词，是楚地巫俗中咒语的结句之词。岑仲勉先生进而认为，"些"在古突厥语中发"sa"音，有"我说"或"他说"之意，按照王逸"巫阳"之说法，"巫阳既主持招魂事物，她对魂灵的说话，自然要保持一种权威，方能有效"（岑仲勉，1961：60），故句末之"些"字是用来加重语气的。岑先生的说法虽另辟蹊径，但与前人殊途同归。

唐人（或为明人伪造）牟融的《邵公母》诗中有"搔首惊闻楚些歌，拂衣归去泪悬河"（彭定求，1980：5312）之句。宋人范成大的《公安渡江》诗中有"伴愁多楚些，吟病独吴音"（北京大学古文献研究所，1998：25886）之句。在唐宋的文化语境中，"楚些"仍然是与"吴音"相类的歌曲，或抒对发先人驾鹤之哀思，或寄托对羁旅幽迁之愤懑。故洪兴祖补注认为此时的"楚些"，已经变成与"清声"相对的、"浊汛哀切"的浊声。金人元好问在《摸鱼儿·雁丘词》中有"招魂楚些何嗟及，山鬼暗啼风雨"（元好问，1990：128）之句，故金元时期，"楚些"开始与《招魂》《山鬼》相并列，并暗喻《招魂》。明人田汝成《西湖游览志》中，仇仁近有歌哭孙季蕃"花翁墓""欲把管弦歌楚些，却怜度曲不如君"（田汝成，1980：91）之句。归有光的《与沈敬甫七首（其三）》云：

> 痛苦之极，死者数矣。吾妻之贤，虽史传所无，非溺惑也。寄去僧疏，仆书二句，盖天问楚些之意，偶于此发之。前后有六首，又有偈一首，别有答人小柬，连书一道，敬甫就五弟处观，知我悲也。（归有光，1981：873）

可见，在明代的文化语境中，不论是仇仁近歌哭孙花翁之诗，还是归有光悼念亡妻之文，均用"楚些"代指与《天问》并称的《招魂》。证泪生评清人朱锡绶所著《幽梦续影》有"焚香供梅，宜读陶诗；垂帘供兰，宜读楚些"之句。故清代后期，"楚些"已与"陶诗"相对，成为《楚辞》的代称。杨鸣键认为："《招魂》因'些'的通篇使用，而被称为'楚些'。'楚些'又因所具有的典型性和代表性，而泛指《楚辞》。"（杨鸣建，1988：88）

敦敏的《赠芹圃》初稿有云："新愁旧恨知多少，一醉酕醄读楚些。"（一粟，1964：7）敦敏亦在《吊宅三卜孝廉》诗中有"招魂赋楚些，辞哀不能写。大暮安可醒？一痛成千古"（敦敏，1984：49）之句。卜宅三曾是曹雪芹在右翼宗学时的同事，亦是二敦好友。卜宅三去世后，敦敏可以用"楚些"为其招魂，而现通行的《赠芹圃》一诗则将"读楚些""贴改"作"白眼斜",可见,这是有人有意为之。究其原因,"大概是因为'楚辞'是伤时怨君之作,醉后去读当然更忌讳"(张小泉,2002:6)。现行的《懋斋诗抄》本是被后人剪贴挖改过的残本,悼念卜宅三的诗未改,而赠送给曹雪芹的诗却被改过,证明曹雪芹确实读过"楚些"。同样,敦诚《挽曹雪芹》一诗(未见于《四松堂集》,仅存于张次溪抄本《鹪鹩庵杂记》)中有"故人欲有生刍吊,何处招魂赋楚蘅"(一粟,1964:2)之句。

关于"楚蘅",明人李时珍在《本草纲目·草三·杜若》的"释名"引苏颂云:

> 此草一名"杜蘅",而草部中品自有"杜蘅"条,即《尔雅》所谓"土卤"者也。杜若,即《广雅》所谓"楚蘅"者也。其类自别,古人多相杂引用。故《九歌》云:"采芳洲兮杜若。"《离骚》云:"杂杜蘅与芳芷。"王逸辈皆不分别,但云香草,故二名相混。

故后世文人多用"楚蘅"代指《九歌》《离骚》等屈原的作品。陈毓罴先生认为,"何处招魂赋楚蘅"中,敦诚"以宋玉自比而以屈原喻曹雪芹"(陈毓罴,1993:266)。刘鹗在《老残游记自叙》中亦有"《离骚》为屈大夫之哭泣……曹雪芹寄哭于《红楼梦》"(刘鹗,1982:1)之句。可见,曹雪芹与屈原有诸多相似之处。

从曹雪芹的挚友敦诚、敦敏的诗句可以看出,曹雪芹有屈原的流风遗韵,且又在酩酊大醉之时读过"楚些"。故而,在曹雪芹的思想中,也势必留有以"楚些"为代表的楚文化的流风遗韵,《红楼梦》中势必也会有"楚些"的要素作为其建构文本的文化基因。故脂砚斋在甲戌本第一回眉批中称《红楼梦》是"《离骚》之亚"(曹雪芹,2006:4)。解盦居士在《石头臆说》中称《红楼梦》一书得《离骚》遗意(一粟,1964:184)。而个中显者,当属被评为"三生石上旧精魂"的绛珠仙草幻化的凡胎——林黛玉。

二 "楚些"与林黛玉

神话故事是人类文明的共同源头,只是因时地之变迁而发生变异而已。婚恋是情欲之一种，乃人之共情，正如钱穆先生所言：

> 中国则重情轻欲。但情中必有欲，欲中亦必有情。大体言之，对物则欲多于情，对人则情多于欲。对未得则有欲，对已得始有情。故男女恋爱多在欲，夫妇结合乃见情。果有情则欲自淡，至于无，斯见情之纯。（钱穆，2004：396）

同样以婚恋神话作为文学母题，西方文学大多是坦率直白，欲多于情。如但丁《神曲·地狱篇》中，弗兰齐斯嘉与她的小叔保罗坐在花园的树下，共读12世纪法国骑士传奇《湖上的朗斯洛》的情节：

> 有一天，我们为了消遣，共同阅读朗斯洛怎样被爱所俘虏的故事；只有我们俩在一起，全无一点疑惧。那次阅读促使我们的目光屡屡相遇，彼此相顾失色，但是使我们无法抵抗的，只是书中的一点。当我们读到那渴望吻到的微笑的嘴被这样一位情人亲吻时，这个永远不会和我分离的人就全身颤抖着亲我的嘴。那本书和写书的人就是我们的加勒奥托：那一天，我们没有再读下去。（但丁，1990：33—34）

亚瑟王的第一个圆桌骑士朗斯洛，在王后的管家加勒奥托的帮助之下，成功地在菜园与亚瑟王后圭尼维尔幽会。因此，后世常把加勒奥托看作是"淫媒"的同义词。弗兰齐斯嘉与保罗之所以在地狱受审，就是因为他们看了导淫之书而犯下罪过。可同样的情节，在中国则变成发乎情、止乎礼的灵魂默契，如《红楼梦》中宝黛共读《西厢记》一事：

> 林黛玉把花具且都放下，接书来瞧，从头看去，越看越爱看，不到一顿饭工夫，将十六出俱已看完，自觉词藻警人，余香满口。虽看完了书，却只管出神，心内还默默记诵。宝玉笑道："妹妹，你说好不好？"林黛玉笑道："果然有趣。"宝玉笑道："我就是个'多愁多病身'，你就是那'倾国倾城貌'。"林黛玉听了，不觉带腮连耳通红，登时直竖起两道似蹙非蹙的眉，瞪了两只似睁非睁的眼，微腮带怒，薄面含嗔，指宝玉道："你这该死的胡说！好好的把这淫词艳曲弄了

来,还学了这些混话来欺负我。我告诉舅舅舅母去。"

单就情节之大概而言,《西厢记》与《湖上的朗斯洛》可谓异曲同工。但宝黛并没有因为共读"淫词艳曲"而走进罪恶的深渊,庚辰本侧批"看官说宝玉忘情有之,若认作有心取笑,则看不得《石头记》",蒙古王府本侧批亦云:"儿女情态,毫无淫念,韵雅之至。"(曹雪芹,2006:299)这十分契合《红楼梦》"谈情"的"大旨"。

不同于西方以"原罪"神话建构婚恋文学文本,中国的婚恋神话大多含蓄隐晦,故而后世婚恋文学文本只能借其神髓、通其窍,以铺排陈缀、敷衍人情。蒋观云在《神话历史养成之人物》一文中有言:

> 一国之神话与一国之历史,皆于人心上有莫大之影响。印度之神话深玄,故印度多深玄之思。希腊之神话优美,故希腊尚优美之风。……夫社会万事之显现,若活版之印刷文字,然撮其种种之植字,排列而成。而古往今来,英雄豪杰,其一言一行,一举一动,即铸成之植字,而留以为后世排列文字之用者也。植字清明,其印成之书亦清明;植字漫漶,其印成之书亦漫漶。而荟萃此植字者,于古为神话,于今为历史。(马昌仪,1994:18)

显而易见,作为"印成之书"的《红楼梦》,其重要的"植字"便是"楚些"中的神话故事,由于"植字漫漶",所以"印成之书亦漫漶"。

第一,"木石前盟"与《山鬼》。据学者考证,青埂峰顽石的原型,乃是曹雪芹祖父曹寅笔下《巫峡石歌》中"娲皇采炼古所遗,廉角磨砻用不得"的巫峡石。而绛珠仙草的原型则是灵芝仙草,即宋玉《高唐赋》和《山海经·中次七经》中被册封为巫山神女的卉胎(朱淡文,1985:5—10)。而"木石前盟"的神话原型很有可能就是巫峡石与灵芝仙草的纠葛,即《九歌·山鬼》中的"采三秀兮于山间,石磊磊兮葛蔓蔓"。朱熹目"三秀"为"芝草",视《山鬼》为《国语》中所言"木石之怪夔、魍魉"(朱熹,2001:45)。郭沫若认为"于山"即"巫山",马茂元从"兮"字的用法出发,力证"'于'古音巫,是同声假借字"(马茂元,1998:80)。"于山"的"三秀"与"巫峡石"间"葛蔓蔓"的情感纠缠,很有可能为曹雪芹创作"木石前盟"提供了灵感。

第二,"潇湘妃子"与《湘君》《湘夫人》。秋爽斋海棠诗社中,探春为林黛玉起了一个"极妥当的美号":

> 当日娥皇女英洒泪在竹上成斑,故今斑竹又叫湘妃竹。如今他住的是潇湘馆,他又爱哭,将来他想林姐夫,那些竹子也是要变成斑竹的,以后都叫他"潇湘妃子"就完了。

湘君、湘夫人本为湘水之女神,本是初民万物有灵、多神崇拜的具体表征。到《九歌》产生的时代,二妃故事的演进已基本定型,先民遂将二妃故事附着到湘君、湘夫人身上,在漫长的文化演变中,二妃已与湘水女神合二为一。郦道元《水经·湘水注》云:"大舜之陟方也,二妃从征,溺于湘水,神游洞庭之渊,出入潇湘之浦。"(郦道元,2007:896)张华《博物志》云:"尧之二女,舜之二妃,曰湘夫人。舜崩,二妃啼,以涕挥竹,竹尽斑。"(张华,1980:93)正是"扬灵兮未极,女婵媛兮为余太息。横流涕兮潺湲,隐思君兮陫侧"。心仪的人没有如约而至,侍女为湘君叹息,湘君泪涕潺湲的画面,与《红楼梦》五十七回中紫鹃为黛玉筹划未来是何其的相像:

> 林黛玉近日闻得宝玉如此形景,未免又添些病症,多哭几场。夜间人定后,紫鹃已宽衣卧下之时,悄向黛玉笑道:"宝玉的心倒实,听见咱们去就那样起来。趁早儿老太太还明白硬朗的时节,作定了大事要紧。若娘家有人有势的还好些,若是姑娘这样的人,有老太太一日还好一日,若没了老太太,也只是凭人去欺负了。所以说,拿主意要紧。姑娘是个明白人,岂不闻俗语说:'万两黄金容易得,知心一个也难求。'"说着,竟自睡了。黛玉听了这话,心内未尝不伤感,待他睡了,便直泣了一夜。

而"沅有芷兮澧有兰,思公子兮未敢言"又何尝不是林黛玉内心缱绻的呼喊。娥皇、女英二妃为舜泪尽湘江而亡,林黛玉则为贾宝玉"泪尽而逝",绛珠仙草还泪报恩,故有《葬花词》中"独倚花锄偷洒泪,洒上空枝见血痕",以及《题帕三绝》中"彩线难收面上珠,湘江旧迹已模糊。窗前亦有千竿竹,不识香痕渍也无"之叹。故戚蓼生评《题帕三绝》为"三首新诗,万行珠泪"。

第三,"春怨秋悲"与《离骚》《九辩》。太虚幻境"薄命司"之对联云:"春怨秋悲皆自惹,花容月貌为谁妍。"林黛玉作为金陵十二钗正册之首,用"春怨秋悲"描摹其个性与经验并无太多不妥之处。她的"春怨"体现在《葬花词》里,她的"秋悲"蕴涵于《秋窗风雨夕》中。

关于《葬花词》的创作缘起,第二十八回开篇明言:

> 话说林黛玉只因昨夜晴雯不开门一事,错疑在宝玉身上。至次日又可巧遇见饯花之期,正是一腔无明正未发泄,又勾起伤春愁思。因把些残花落瓣去掩埋,由不得感花伤己,哭了几声,便随口念了几句。

黛玉一腔心事全在宝玉身上,结果却是明月沟渠之叹。《史记·屈原贾生列传》明言,"屈平疾王听之不聪也,谗谄之蔽明也,邪曲之害公也,方正之不容也,故忧愁幽思而作《离骚》"。"信而见疑,忠而被谤"且"忧愁幽思"的屈原与"一腔无明正未发泄,又勾起伤春愁思"的黛玉是何其的神似。"被发行吟泽畔,颜色憔悴,形容枯槁"的屈原与伴随着"呜咽之声,一行数落着,哭的好不伤感"的黛玉又是何其的形似。"一年三百六十日,风刀霜剑严相逼。明媚鲜妍能几时,一朝飘泊难寻觅",可与《离骚》中"日月忽其不淹兮,春与秋其代序""汩余若将不及兮,恐年岁之不吾与"相对照。风霜逼仄,鲜妍难觅;春秋代序,时不我与。"未若锦囊收艳骨,一堆净土掩风流。质本洁来还洁去,强如污淖陷渠沟",可与《离骚》中"虽萎绝其亦何伤兮,哀众芳之芜秽""宁溘死以流亡兮,余不忍为此态也"相对照。艳骨质洁,不入污淖之渠沟;萎绝溘死,不为众芳之芜秽。"一朝春尽红颜老,花落人亡两不知",可与《离骚》中"惟草木之零落兮,恐美人之迟暮"相对照。林黛玉比屈原更加决绝,花落之时,便是人亡之日。屈林二人均有严重的精神洁癖,宁愿随风化雨,也不同流合污。

关于《秋窗风雨夕》的创作缘起,第四十五回篇中明言:

93

日未落时天就变了，渐渐沥沥下起雨来。秋霖霢霢，阴晴不定，那天渐渐的黄昏，且阴的沉黑，兼着那雨滴竹梢，更觉凄凉。知宝钗不能来，便在灯下随便拿了一本书，却是《乐府杂稿》，有《秋闺怨》《别离怨》等词。黛玉不觉心有所感，亦不禁发于章句，遂成《代别离》一首，拟《春江花月夜》之格，乃名其词曰《秋窗风雨夕》。

可见，触发林黛玉创作灵感的关键词乃是"秋闺"与"别离"，而此二者之共情乃是女子对男子不知己心之幽怨，即"徒劳妾辛苦，终言君不知"，"只怨红颜改，宁辞玉簟空"。而触发林黛玉"秋悲"的根本原因，乃是浮萍无根、寄人篱下的羁旅之愁。正如钱锺书先生所言："举远行、送归、失职、羁旅者，以人当秋则感其事更深，亦人当其事而悲秋逾甚。"（钱锺书，1986：628）赵敏俐同样认为："中国文学的悲秋作品，并不仅仅是一种生命意识的自然感应，而始终比较明显地和相思与怀归的母题有着不解之缘。"（赵敏俐，1990：63）而这一切"秋悲"的源头均可以漫溯到《九辩》。明人贺贻孙在《骚筏》中指出《九辩》：

"悲哉，秋之为气也"，遂开无限文心。后人言秋声、秋色、秋梦、秋光、秋水、秋江、秋叶、秋砧、秋蛩、秋云、秋月、秋烟、秋灯，种种秋意，皆从"气"字内指其一种以为秋耳。（吴广平，2003：103）

反观《秋窗风雨夕》，"秋花惨淡秋草黄"与"萧瑟兮草木摇落而变衰"，"寒烟小院转萧条，疏竹虚窗时滴沥"与"憯凄增欷兮薄寒之中人"，"牵愁照恨动离情""灯前似伴离人泣"与"廓落兮羁旅而无友生，惆怅兮而私自怜""去乡离家兮徕远客，超逍遥兮今焉薄"，"耿耿秋灯秋夜长""那堪风雨助凄凉"与"靓杪秋之遥夜兮，心缭悷而有哀"，均是借助萧瑟之秋景言说无限之离愁别恨。

《秋窗风雨夕》虽以《九辩》为宗，究其渊薮则在《离骚》。司马迁认为宋玉"祖屈原之从容辞令"，王逸在《〈九辩〉序》中称"宋玉者，屈原弟子也，闵惜其师忠而放逐，故作《九辩》以述其志"，唐人陆龟蒙在《读襄阳耆旧传》中称"《离骚》既日月，《九辩》即列宿。卓哉悲秋辞，合在风雅右"，明人陆时雍《楚辞疏·读楚辞语》称"《九辩》得《离骚》之情"。《葬花词》与《秋窗风雨夕》，虽为二辞，情则一处，即幽怨自艾、离忧自赏之无奈。

涂瀛在《红楼梦论赞》中有林黛玉"似贾长沙"之喻，江顺怡的《读红楼梦杂记》亦持此说。贾谊是楚辞的重要作家之一，在《史记》中与屈原并列入传，其人生经历大略与屈原相类。朱熹认为，贾谊的《吊屈原赋》乃是"因以自喻"之作。

综上所述，林黛玉从神话建构层面追魂摄魄于《山鬼》，从现实社会人物建构层面远追《湘君》《湘夫人》，从个体存在以及情感体验上借径《离骚》《九辩》，从"古今人孰似"的史的层面上大类贾谊。因此，林黛玉从神话和历史两个维度，均深得"楚些"真传。纵观《红楼梦》文本，大凡与林黛玉相类的女子，或多或少均有些"楚些"的韵味，个中显者首推作为黛玉影子的晴雯。

三 "楚些"与晴雯

后世学者大多认为"晴为黛副"，"晴雯，黛玉之影子也"。

涂瀛、江顺怡均认为晴雯"似杨德祖"。杨德祖即杨修，《世说新语》纳杨修于"捷悟"篇，足见其聪慧异常。罗贯中于《三国演义》中称其"为人恃才放旷，数犯曹操之忌"。晴雯与杨修相类，王夫人认为晴雯是"有本事的人，未免有些调歪……他色色比人强，只是不大沉重"。颜之推在《颜氏家训·文章》中认为，杨修与屈原有相似之处：

> 然而自古文人，多陷轻薄：屈原露才扬己，显暴君过；宋玉体貌容冶，见遇俳优……杨修、丁廙，扇动取毙……凡此诸人，皆其翘秀者，不能悉记，大较如此。（颜之推，1993：237）

杨修与屈原作为文人翘秀，失败的原因都是"轻薄"，即才华太显，不能安时守分。"博闻强志，明于治乱，娴于辞令"的屈原，因上官大夫"争宠而心害其能"，终致楚怀王怒而疏之。晴雯"风流灵巧招人怨，寿夭多因毁谤生"的结局，可与屈原遥相呼应。

《红楼梦》里真正的"楚些",乃是贾宝玉"远师楚人之《大言》、《招魂》、《离骚》、《九辩》等法,或杂参单句,或偶成短联,或用实典,或设譬寓,随意所之,信笔而去"为晴雯所作的《芙蓉女儿诔》。故沈慕韩《红楼百咏·晴雯》有"为赋楚些招未得"(一粟,1964:559)之句,直接把《芙蓉女儿诔》等同于"楚些"《招魂》。庚辰本曾将诔文中师法"楚些"的典故,逐一批出,现开列如下:

孰料鸠鸩恶其高,鹰鸷翻遭罦罬。(《离骚》:"鸷鸟之不群兮。"又:"吾令鸩为媒兮,鸩告余以不好。雄鸠之鸣逝兮,余犹恶其佻巧。"注:鸷特立不群,故不于。鸩羽毒杀人。雄鸠多声,有如人之多言不实。)

葹菉妒其臭,茝兰竟被芟鉏。(《离骚》葹、菉皆恶草,以别邪佞;茝、兰芳草,以别君子。)

杏脸香枯,色陈颜顩。(《离骚》:"长顑颔亦何伤。"面黄色。)

岂招尤则替,实攘诟而终。(《离骚》:"朝谇夕替。"替,废也。"恐尤而攘诟。"攘,取也。)

高标见嫉,闺帏恨比长沙。(汲黯辈嫉贾谊之才,谪贬长沙。)

直烈遭危,巾帼惨于羽野。(鲧刚直自命,舜殛于羽山。《离骚》曰:"鲧婞直以亡身兮,终然夭乎羽之野。")

天何如是之苍苍兮,乘玉虬以游乎穹窿耶?(《楚辞》:"驷玉虬以乘鹥兮。")按:语出《离骚》。

地何如是之茫茫兮,驾瑶象以降乎泉壤耶?(《楚辞》:"驾瑶象以为车。")按:语出《离骚》"为余驾飞龙兮,杂瑶象以为车"句。

驱丰隆以为庇从兮,望舒月以临耶?(丰隆:雷师。望舒:月御也。)按:"丰隆"出《离骚》"吾令丰隆乘云兮,求宓妃之所在"句;"望舒"出《离骚》"前望舒使先驱兮,后飞廉使奔属"句。

首先,被王善保家的陷害的晴雯,与被汲黯嫉妒的贾谊,均是"高标见嫉",可谓"同命相怜"。黛玉似贾谊,贾谊似屈原,且晴为黛副,把晴雯与贾谊相并,又神随屈原,亦算合理。其次,诔文中所引物象"鸠鸩"与"鹰鸷"、"葹菉"与"茝兰"均二元对立。贾宝玉以"鸠鸩"

"蘡薁"等恶禽毒草，比喻王善保家的等诸多长舌妇；以"鹰鸷""茝兰"等高鸟香草比喻"心比天高"的晴雯。正是由于"鸠鸩"厌恶"鹰鸷"飞得高，所以"鹰鸷"才惨遭"罦罭"；正是由于"蘡薁"嫉妒"茝兰"香气浓，所以"茝兰"才惨遭"芟荑"。最后，晴雯死后化为芙蓉女神逍遥天界，过着"乘玉虬游穷窿""驾瑶象降泉壤""丰隆庇、望舒临"的自在生活。故冯家昚在《红楼梦小品》中有云："'邦无道，危行言逊'，晴雯非不能之，读《离骚》众女之句，吾哀吾晴雯矣。"（一粟，1964：234）或许"众女嫉余之蛾眉兮，谣诼谓余以善淫"，正是晴雯"夭寿"的根本原因。

关于诔文，《文心雕龙·诔碑》云："诔者，累也；累其德行，旌之不朽也……论其人也，暧乎若可觌；道其哀也，凄焉如可伤。"（刘勰，1981：127）桓范在《世要论·铭诔》中说："赏生以爵禄，荣死以诔谥。"（郁源、张明高，1996：62）故从诔文的本体论层面看，贾宝玉为晴雯作诔，是表彰其德行的"荣死"的表现，是对其"心比天高""风流灵巧"性格的潜在肯定。但是，作诔文是有规矩的。《礼记·曾子问》云："贱不诔贵，幼不诔长，礼也。"（阮元，1980：1398）在儒家早期的礼仪构想之中，只有比死者地位高的人、年纪大的人，才有资格作诔文。但事实上，后世诔文大多没有遵循这一准则。这些诔文大多是人臣诔颂帝后，或同级僚属追赠同僚或朋友（及其内眷）而作。故徐师曾在《文体明辨序说》中言："盖古之诔本为定谥，而今之诔惟以寓哀，则不必问其谥之有无，而皆可为之。至于贵贱长幼之节，亦不复论矣。"（徐师曾，1998：154）故从诔文的伦理层面看，贾宝玉为自家奴婢作诔的行为，十分意味深长。

首先，贾宝玉想起晴雯"作了芙蓉之神"，遂以有香草美人文化基因的"楚些"作为其建构诔文的最佳选择。而《红楼梦》中，真正的芙蓉花乃是"潇湘妃子"林黛玉，故祭奠晴雯的《芙蓉女儿诔》乃是为林黛玉招魂的预演。清人陈其泰目"拟骚一段，尤飘然有凌云之气"的《芙蓉女儿诔》"是黛玉祭文。恐人不觉，故于落下处小婢大呼有鬼。以黛玉当晴雯，其意尤明"（朱一玄，2001：746）。

其次，林黛玉称此诔文可与《曹娥碑》并传，贾宝玉明言"世上这些祭文都蹈于熟滥了，所以改个新样"。《曹娥碑》的实质是褒扬曹娥之

97

"孝"，宝玉不蹈熟滥、别出心裁的潜在目的，便是对儒家伦理之忠孝节义的不屑与逆反。贾宝玉认为今人作诔文"全切于功名二字"，他"自放手眼"、不"蹈袭前人套头"的目的，更是对儒家强调积极入世的价值观念的质疑与揶揄。故李劼对此诔文评价甚高：

> 不仅历史经由这样的悲悼被全然重新构写，而且文学本身也因此获得观念上的巨大颠覆。过去为正史所忽略不计的冤屈悲剧，于此得以昭雪伸张；同样，当年屈原在《离骚》中那样的满腹牢骚，在此不过是悼念一个不见经传的屈死的丫鬟。文学的内涵连同定义随着历史的颠覆和重新命名从忠君报国之类的圭臬转向怜香惜玉式的人文主题。（李劼，2016：122）

最后，贾宝玉"远师楚人之《大言》、《招魂》、《离骚》、《九辩》等法"为晴雯作《芙蓉女儿诔》，且行文独钟《离骚》，可见曹雪芹对以"楚些"为代表的南方文化的青睐。王国维曾在《屈子文学之精神》一文中，强调南北文化的不可调和性。即"北方派之理想，置于当日之社会中；南方派之理想，则树于当日之社会外"，因此"南方学派之思想，本与当时封建贵族之制度不能相容"（王国维，2009：100）。郭希汾译日本学者盐谷温《中国小说史略》亦云：

> 中国太古民族之所居，在于黄河流域，比较的缺少天惠，故汉人之性质每务于实际，力田励业，只知从事于利用厚生之日常生活，而排斥空理空想；……加以孔子又为纯然汉民族思想之代表者，生平绝不语怪力乱神。其设教专讲修身治国之实用，对于高尚深远之死生之理与天命之论，不轻易授其弟子，以此排斥太古荒唐不羁之传说。（盐谷温，2014：11）

与其说曹雪芹借《离骚》浇自家之块垒，倒不如说是曹雪芹对以"楚些"为代表的楚文化的高度赞誉。以孔子的儒家思想为代表的北方思想，在封建时代的文化语境当中，长期压制着以"楚些"、老庄为代表的南方思想。曹雪芹力主"楚些"，从文学的角度看，是有清一代浪漫主义文学传统对"文以载道"文学传统的一次有力驳击；康乾时期，封建君主专制达到顶峰，从文化的角度看，是"伤时怨君"的"楚些"在被儒家价值碾为齑粉之前的回光返照。

海德格尔说："在格外强调的意义上被当作历史的则是：在相互共在中'过去了的'而却又'流传下来的'和继续起作用的历事。"（海德格尔，1987：446）诚然，作为事件本身的历史已去当代甚远，但是作为符号的、"继续起作用的"历史仍然流淌在文化的血液中。有人将"读楚些"改为"白眼斜"，与其说是曹雪芹的不由自主地让步，倒不如说是曹雪芹抛给时下的一个白眼。"楚些"的伤时怨君、悲士不遇的大旨，幻化为曹雪芹对国贼禄蠹、文死谏武死战的嘲讽与唾弃。故李泽厚先生论及"屈骚传统"的审美内涵时直言："《离骚》把最为生动鲜艳、只有在原始神话中才能出现的那种无羁而多义的浪漫想象，与最为炽热深沉、只有在理性觉醒时刻才能有的个体人格和情操，最完满地溶化成了有机整体。由是，它开创了中国抒情诗的真正光辉的起点和无可比拟的典范。几千年来，能够在艺术水平上与之相比配的，可能只有散文文学《红楼梦》。"（李泽厚，1981：67—68）

参考文献

〔意〕但丁（1990）：《神曲·地狱篇》，田德望译，北京：人民文学出版社。
〔法〕福柯，米歇尔（2003）：《知识考古学》，谢强、马月译，北京：三联书店。
〔德〕海德格尔（1987）：《存在与时间》，陈嘉映等译，上海：三联书店。
〔日〕盐谷温（2014）：《中国小说史略》，郭希汾译，天津：南开大学出版社。
北京大学古文献研究所（1998）：《全宋诗》，第41册，北京：北京大学出版社。
曹雪芹（2006）：《脂砚斋全评石头记》，霍国玲、紫军校勘，北京：东方出版社。
岑仲勉（1961）：《楚辞注要翻案的有几十条》，《中山大学学报》，（2）。
陈毓罴（1993）：《何处招魂赋楚蘅》，《红楼梦学刊》，（1）。
爱新觉罗敦敏（1984）：《懋斋诗抄》，上海：上海古籍出版社。
归有光（1981）：《震川先生集》，下册，上海：上海古籍出版社。
洪兴祖（1983）：《楚辞补注》，白化文等点校，北京：中华书局。
郦道元（2007）：《水经注校证》，陈桥驿校证，北京：中华书局。
李白（1999）：《李太白全集》，王琦注，北京：中华书局。
李劼（2016）：《历史文化的全息图像：论红楼梦》，桂林：广西师范大学出版社。
李泽厚（1981）：《美的历程》，北京：文物出版社。

刘鹗（1982）：《老残游记》，北京：人民文学出版社。
刘勰（1981）：《文心雕龙注释》，周振甫注，北京：人民文学出版社。
马昌仪（1994）：《中国神话学文论选萃》，上编，北京：中国广播电视出版社。
马茂元（1998）：《楚辞选》，北京：人民文学出版社。
彭定求（1980）：《全唐诗》，第14册，北京：中华书局。
钱穆（2004）：《晚学盲言》，桂林：广西师范大学出版社。
钱锺书（1986）：《管锥编》，北京：中华书局。
司马迁（1959）：《史记》，第9册，北京：中华书局。
田汝成（1980）：《西湖游览志》，杭州：浙江人民出版社。
王国维（2009）：《王国维全集》，第14卷，谢维扬、房鑫亮主编，杭州：浙江教育出版社。
吴广平（2003）：《明代宋玉研究述评》，《淮阴师范学院学报》，（1）。
徐师曾（1998）：《文体明辨序说》，罗根泽校点，北京：人民文学出版社。
颜之推（1993）：《颜氏家训集解》，王利器撰，北京：中华书局。
杨鸣键（1988）：《"楚些"今踪——谈白马藏族民歌中出现的"些"》，《中央民族学院学报》，（6）。
一粟（1964）：《红楼梦资料汇编》，北京：中华书局。
郁源、张明高（1996）：《魏晋南北朝文论选》，北京：人民文学出版社。
阮元（1980）：《十三经注疏·礼记正义》，北京：中华书局。
元好问（1990）：《元好问全集》，下册，太原：山西人民出版社。
赵敏俐（1990）：《秋与中国文学的相思怀归母题》，《中国社会科学》，（4）。
张华（1980）：《博物志校证》，范宁校证，北京：中华书局。
张小泉（2002）：《试论〈红楼梦〉与〈史记〉〈离骚〉的关系》，《吕梁教育学院学报》，（4）。
朱淡文（1985）：《〈红楼梦〉神话论源》，《红楼梦学刊》，（1）。
朱熹（1988）：《朱子语类》，第8册，王星贤点校，北京：中华书局。
——（2001）：《楚辞集注》，蒋立甫校点，上海：上海古籍出版社。
朱一玄（2001）：《红楼梦资料汇编》，天津：南开大学出版社。

"Chuxie" and *A Dream of Red Mansions*

Li Chunguang

Abstract：In the process of the cultural evolution, *Chuxie* freeze-frames as the pronoun of *Chuci*. Cao Xue-qin have read it, infusing *Lisao*, *Xiangjun*, *Shangui*, and *Jiubian* into the creation of *A Dream of Red Mansions*. These constituent elements in *Chuxie*, not only extremely expand the textual connotations, but also manifest the unique charm of Chu culture indirectly, potentially impacting the universal values of Confucian philosophy on a deeper level.

Keywords: "Chuxie", *A Dream of Red Mansions*, Reception Study

About the Author: Li Chun-guang (1986 −), Ph. D. Candidate in School of Chinese Language and Literature, Hubei University. Research interests and specialties: Literature of Yuan, Ming and Qing Dynasty. E-mail: 281415734@qq.com.

于繁盛之时注目

——新世纪 15 年古代赋学研究学术图景

彭安湘[*]

摘 要：21世纪的前15年中国大陆古代赋学研究取得了骄人的成绩，呈现繁盛的学术图景。（一）赋学研究成果丰硕。具体表现在：赋文献辑录整理的迅速发展、文艺学文本阐释的多面化与深细化、学术史研究的系统化、交叉和边缘研究的不断开拓与创新以及数千篇赋学论文的深度掘进和多面拓展。（二）形成了一支稳步壮盛的赋学学术研究队伍。从空间地域上看，这支赋学队伍的人员分布出现了由东部沿海向中西部内陆扩展的趋势，并逐步形成了以济南、南京、长沙、武汉、兰州、成都、贵阳为中心的七大学术研究重镇。从内因上看，其形成与国内外辞赋学学术会议的带动、各级课题项目的促进以及学缘师承、代际传承的推动有关。（三）21世纪的古代赋学研究继续推进着"新赋学"的嬗变并呈现求同趋全、求异创新、开放互鉴等鲜明的学术特点。

关键词：21世纪 古代赋学 学术图景

基金项目：湖北省2016年度教育厅人文社会科学重点项目"汉魏六朝地记与辞赋研究"（16D002）；2016年湖北省社科基金项目"中国传统文化的大众化研究——以选本学视野下的《古文苑》辞赋研究为例"

---

[*] 彭安湘（1974—），博士，湖北大学文学院副教授，主要从事先秦汉魏六朝文学研究，已出版《中国赋论史》（合作）、《中古赋论研究》两部专著。电子邮箱：penganxiang06@126.com。

在步入21世纪的15个多年头里，中国大陆的古代赋学研究自20个世纪由传统的批评方法向现代科学论证的转型成功之后，又及时融入新时代学术文化思潮而"与时俱进"，绘制出了一幅欣欣向荣的学术图景，从而把古代赋学研究推向了一个全新的历史阶段。

一　学术成果：百卉千葩、异彩纷呈

21世纪15年来出版和发表的辞赋学论著和论文可谓林林总总、异彩纷呈，其中大有创获的成果更是不胜枚举。下面分五个方面觑缕如下。

（一）新的大型辞赋总集、历代赋选的问世，是赋文献辑录整理迅速发展的一个重要标志

21世纪的头15年间，赋文献在整理、辑录和释评等方面迈上一个新的台阶。不但各种各类辞赋选本纷纷涌现，数量上远超20世纪，如古代小赋、军事赋、骚体赋、律赋、地域赋、赋家文集等各类内容、形式不同的赋选、译释、评注本，就多达近50余种；而且改变了之前断代赋总集近乎空芜的局面，出现了像《全汉赋评注》《全三国赋评注》《全魏晋赋校注》《宋代辞赋全编》这样的断代赋总集；还出现了两部大型通代赋总集，如《历代赋评注》《历代辞赋总汇》；另外，重新校点、校证了《历代赋话》、《见星庐赋话》以及《历代赋汇》这样的古代赋话和赋总集，从而呈现迅速发展的态势。

20世纪唯一一部断代赋总集是费振刚等辑录的《全汉赋》。全书收汉赋83家、293篇，其中完整者约100篇，存目24篇，余为残篇。出版后，在赋学界反响很大。2005年费先生又对该书加以补充修订并以《全汉赋校注》之名出版。该书较前本多收汉赋8家（包括佚名作者），作品26篇（包括残篇、残句、存目），又新增了注释和历代赋评，使之更完备、准确。

21世纪则出现了4部断代赋总集，落点分别在汉、三国、晋与宋代四个时期。其中，龚克昌编注的《全汉赋评注》，全书100余万字，共评注汉赋70余家、195篇（不含建安赋）。包括未曾注及残赋、残句全部纳入注释的范畴，新近出土的赋篇如尹湾汉墓出土的《神乌赋》也详加注评，仅存篇目的赋作则略加介绍，收录资料相当广泛。《全三国赋评注》共收

录三国时期（含建安时代）赋作53家、282篇（含残篇、存目）。这是第一部将三国时期所有辞赋作品进行全面汇辑、校注、评析、研究的重要著作。两部书在体例设置、思想内容、艺术特色的评析上颇多中肯、精当的见解，具有鲜明的资料性、学术性和开创性，嘉惠后学而泽被广远。

新的大型通代赋总集，有赵逵夫主编的《历代赋评注》。全书分为"先秦、汉代、魏晋、南北朝、唐五代、宋元金、明清"七卷七大册，共计420万字。选录历代赋家329人、583篇赋。该书各卷卷首，均有一篇"概述"。各篇"概述"，因时论赋，对该时期赋的创作成就、主要特点及重要赋家、赋作等有简略而精当的论述，以与各卷中的赋家简介、赋篇注释品评形成点、线、面结合的关系。所收各赋均有赋前《题解》、赋中详注、赋篇尾《评》，或介绍内容，或诠释词语，或品鉴辞章，大多平实精详、新意纷呈、引人入胜。这是一部体制宏大、内容富博，且兼有普及使用与学术价值的赋学专书。还有由著名赋史专家马积高先生牵头、众多学者集体编纂而成，迄今为止最为完备、宏大的通代辞赋文学总集《历代辞赋总汇》。全书共26册，总字数达2800多万字。收录先秦至清末7391位作者的辞赋30789篇，将作家作品按时代先后次序排列，分为《先秦汉魏晋南北朝卷》《唐代卷》《宋代卷》《金元卷》《明代卷》《清代卷》。是书收集广博，凡题目标明"辞"或"赋"、"骚"者，及"七""问答""文"一并收入，意图正如马先生所述，"将其辑录起来，编入一书，这就给研究这些文体及其演变发展的历史轨迹提供了比较完备的资料"（马积高，2014：前言）。如此宏大的赋学工程，其出版的意义正如中国辞赋学会会长许结所言："《历代辞赋总汇》是古典辞赋的集成，是首次全面而系统地展现'中国赋'的风采，为赋学研究与辞赋爱好者提供了最完整的创作库存。"（转引自李国斌，2014）

（二）赋史、赋论史的书写与研究，是古代赋学研究在21世纪的持续亮点

赋史及赋论史的书写与研究，20世纪已取得了较为丰硕的成果。21世纪前15年里大陆学者在这方面的探讨热情依然持续走高，出版了一系列断代赋史、赋论史和通代赋论史专著，使之在21世纪继续成为研究的亮点。

21世纪以来从"史"的角度研究或以"史"名书的断代史赋学著作共5部。分别是：韩晖的《隋及初盛唐赋风研究》，刘培的《北宋辞赋研究》《两宋辞赋史》，牛海蓉的《金元赋史》，孙海洋的《明代辞赋述略》。这些论著均资料丰赡，内容充实，史论并重，试图准确地描述和阐释研究时段辞赋的特点和轨迹。如刘培的《两宋辞赋史》（上、下），上编为北宋赋史，分初、中、后期三部分，下编为南宋赋史，分期同前。著者力图以辞赋为中心来展示与之相关的宋代社会、政治、学术等各个侧面的流变，并运用实证的方法，钩沉考订，考论并重地阐释各时期辞赋的不同风貌，体现了宋代辞赋研究的新进展。从五部断代赋史的时间跨度来看，已经突破了20世纪以汉魏六朝赋史为主的局限，扩展到了隋唐、两宋、金元和明代，并关注到其时赋的创作与其他文体及社会文化政治等多方面的关联，较之通代赋史的粗线勾勒，体现出深入掘进和精微细密的论述特色。至此，自20世纪30年代陶秋英第一部断代赋史性质的《汉赋之史的研究》出版以来，赋创作史除清代尚缺外，基本上实现了代代有史的状貌，标志着一个相对完整的赋史研究体系的建立。

赋学理论研究自20世纪90年代复兴后，在21世纪更加得到大陆学者的重视并开始发展成最为热门的研究领域，相关论著竟多达18部。其中尤为醒目的是9部断代赋论史[1]和7部通代赋论史[2]。较引人注目的是几部通代赋论史。一是许结教授的《中国赋学历史与批评》。是书凡分三编：上编"本体论"，以文化学的批评方法对古代赋体创作和赋论作总体考察；中编"因革论"，将赋史、赋论史交互结合，通过对汉赋至清赋的艺术流变等问题的概括和分析，以彰显其因革规律；下编"批评论"，是对一些重要赋家赋作以及历代重要赋学类型的批评论析。本书有较强的理论色

---

[1] 踪凡《汉赋研究史论》（2007年版）；胡大雷《中古赋学研究》（2011年版）；冷卫国《汉魏六朝赋学批评研究》（2012年版）；彭安湘《中古赋论研究》（2013年版）；何玉兰《宋人赋论及作品散论》（2002年版）；詹杭伦《唐宋赋学研究》（2004年版）；李新宇《元代辞赋研究》（2008年版）；詹杭伦《清代赋论研究》（2002年版）；孙福轩《清代赋学研究》（2008年版）。

[2] 许结《中国赋学历史与批评》（2001年版）；曹明纲《赋学概论》（2010年版）；何新文、苏瑞隆、彭安湘《中国赋论史》（2012年版）；许杰《赋的形成拓展与研究》（2012年版）；孙福轩《中国古体赋学史论》（2013年版）；徐志啸《简明中国赋学史》（2015年版）；许结《中国辞赋理论通史》（2016年版）。

彩，尤其梳理了古代赋论的发展历史，叙述了其批评形态与理论范畴，在赋学界颇具影响。二是何新文等著的《中国赋论史》。该著是作者对20年前出版的《中国赋论史稿》的扩充、深化和提升，字数由《史稿》的22万字而增至56万字。另有徐志啸的《简明中国赋学史》，全面地概括了自西汉以迄20世纪末赋学发展的轨迹，勾勒了简明而清晰的中国赋学的"史"的线索。

（三）历代赋家赋作研究依然保持 20 世纪的热度且更趋多面化、深细化

关于历代辞赋作家和作品的研究，是21世纪辞赋学中更为丰富复杂的课题。大致分为如下几个方面。

首先，立足于赋文本，进行辞赋本体的艺术、审美解读。如李炳海的《黄钟大吕之音——古代辞赋的文本阐释》，抛开辞赋外围或背景方面的问题，对京都赋、咏物赋、言志赋、行旅神游赋的文本和文化内涵以及辞赋的唯审美倾向、文体兼容性做了详细探究。刘朝谦的《赋文本的艺术研究》也是牢固把握文学本位，主要围绕赋文本的体裁、语言、赋象、文化背景要素几个论题进行了深入探讨。

其次，对单个或某个时期的赋家或特定家族赋的研究。单个赋家研究的代表作有吴广平的《宋玉研究》、李天道的《司马相如赋的美学思想与地域文化心态》、招祥麒的《潘尼赋研究》、盛鸿郎的《谢灵运与〈山居〉赋》、谢育争的《李白古赋研究》等。其中，李天道《司马相如赋的美学思想与地域文化心态》以28万字的篇幅对司马相如的美学思想进行现代阐释。孙晶《东晋南朝时期王谢家族诗赋研究》以琅玡临沂王氏与陈国阳夏谢氏这两大历史上有名的世族为考察对象，整体介绍了王氏辞赋创作群体、赋颂意识、创作风气、赋作风貌以及《文选》《玉台新咏》对王谢家族诗歌的收录与接受情况，重点探讨了谢氏家族谢灵运和谢朓的代表赋作、辞赋观、互文性特征以及近代的陶谢优劣论评，并对现代谢灵运诗赋研究状况进行了细致的考察。

最后，从风格趣味、题材内容及体制形式角度的辞赋类型研究。辞赋在风格趣味上有雅赋、俗赋之分。其中杂赋和俗赋的研究是21世纪辞赋类型研究的新现象。如胡立华对敦煌文献中俗赋的研究，伏俊琏在《俗赋研究》中对唐前俗赋渊源的系统考论和发展历程的描述，对文学史上不被重视的重要俗赋作品的深入挖掘和解读等。按题材内容作研究的著作有余江的《汉唐艺术赋研究》和孙旭辉的《山水赋生成史研究》。赋之体制形式的研究也是 21 世纪赋类研究的亮点，代表作如：尹占华的《律赋论稿》、詹杭伦的《清代律赋新论》、赵俊波的《中晚唐赋分体研究》、王良友的《中唐五大家律赋研究》、赵成林的《唐赋分体叙论》、王德华的《唐前辞赋：类型化特征与辞赋分体研究》以及池万兴的《六朝抒情小赋概论》等。学者们已将注意力集中到汉散体大赋以外的骚体赋、魏晋六朝的小赋及唐以后的律赋研究上，探讨其体制的发生、形成，骚体赋的抒情性，律赋的文学性、叙事特征、韵律、"丽"与"雅"的美学特征等。

（四）从文化学视角进行交叉和边缘研究是 21 世纪赋学研究开拓创新的趋势和途径

中国大陆学者们在丰硕雄厚的既有成果基础上，进一步从文化学的视角进行交叉和边缘研究，在拓展赋学研究的领域和深度上已做出了喜人的成绩。尤为典型的是对汉赋的研究，如程世和的《汉初士风与汉初文学》、李志慧的《古都西安：汉赋与长安》、冯良方的《汉赋与经学》、王焕然的《汉代士风与赋风研究》、曹胜高的《汉赋与汉代制度》《汉赋与汉代文明》、郑明璋的《汉赋文化学》等。他们分别从历史、哲学、地理、考古、军事、建筑、礼仪、政治等方面入手，对汉赋进行了全新的诠释和解读。显然，上述作者均是对汉赋的认识价值有足够的认同感并以之为逻辑起点而展开研究的。综合来看，几部论著全面地展示了汉代的政治环境、社会思潮、学术思想、士人心理、士风演变、典章制度、民风民俗、舆服地理等方面，并深入地阐述了它们与汉赋的内容变化、体制演变和审美趋向之间互相滋养、主次分明又相得益彰的关系。可以说，文学研究为文化研究提供了血肉，文化研究则为文学研究提升了品格。

除了尝试对汉赋进行文化学研究外，还有王士祥的《唐代试赋研究》，亦从文学与文化互动的角度展现了唐赋的风貌。许结的《赋体文学的文化阐释》则意在通过文化的视角全面阐释赋的产生、发展与衍变，并探讨赋体文学与政治、学术、宗教、制度、外交、科技、礼俗、艺术文化等方面的关联。

（五）赋学论文夯实了 21 世纪赋学研究的基础并展现了古代赋学研究的活络态势

除了专著外，将 21 世纪古代赋学研究活络态势展现得淋漓尽致的还有众多赋学论文。这些赋学论文，第一，发表数据庞大。据知网上的数据统计，中国大陆 21 世纪前 15 年发表的辞赋期刊论文共 6145 篇，硕博学位论文共 487 篇。如此庞大的数目确能说明：这些论文如同各式各样的"细胞"，展现了 21 世纪赋学研究的新发展、新趋势，它们产生了一种"集聚"性的效果，共同夯实了 21 世纪赋学研究基础，使之更坚固扎实，并与数百种赋学专著一道共同展示了赋学研究繁盛的气象。第二，挖掘程度深入。可以说，从先秦到近现代，从中国到域外许多已经或未曾解读、研究过的赋家、赋作、赋论、赋学现象均不同程度地得到了诠释、解读和开掘。第三，涉及层面广泛。这些论文关涉到了文献学、文艺学、社会学、美学、比较学、传播学、辞赋学史及海外辞赋学等领域和范畴。下面就第二、第三点略加说明。

如对赋体属性的探究。就包含有赋之起源、功能、性质、特点等诸层面。对赋的渊源的分析，20 世纪即主要有一源说和多源说，至今似无人能出其右。但 21 世纪的作者们或从文学地理角度（邓稳，2015），或从倡优话语体系（赵辉，2015）进行巩固认证，或对多源说进行辨析和反思，从而得出"凡此种种于赋体之形成似皆有所相涉，皆难免有以偏概全之弊，其实质是只看到了赋在思想或形式某一个方面对前代文学或艺术形式的继承"的宽宏见解（余江，2014）。对"赋"的界定，不同时代人们有不同的认识，故赋体特征是一个不断发展变化的概念，但构成赋体的充要条件则是"铺采摛文，体物写志"（程章灿，2001：12）。然有学者一反常见，认为从宋玉赋弃情主物，至开汉赋始，到律赋定型种种限定的发展过程，导致了铺陈的丧失与赋义的销亡（易闻晓，2015）。

同时，赋学理论研究类文章的数量也是激增。包括对汉代班固、扬雄、刘勰等著名赋家赋论的研究，更有对以往关注度不高的赋家，如刘宋檀道鸾，唐代杜甫，元代祝尧，清代康熙、章学诚以及刘咸炘等赋论的新颖探究；还有对子部、集部文献中赋论资料的挖掘与研究，如对《世说新语》的载赋言事，对《文选》《古文苑》等赋选本，对姚鼐的《古文辞类纂》、刘熙载《赋概》，以及《青云梯》《赋珍》《赋苑》《辞赋标义》《赋学正鹄》《七十家赋钞》等的赋学观点进行了新的诠释和发明。

又如，赋与其他文体，如赋与诗、楚辞、颂、诸子、骈文、传记、乐府等的源流与渗透问题，赋与词、曲、戏剧、小说等的互相影响与接受问题，也取得了许多可贵的收获。重要论文如：伏俊琏的《杂赋与乐府诗的关系》、徐君辉的《汉大赋与先秦诸子叙事》、王思豪的《小说文本视阈中的赋学形态与批评：以〈镜花缘〉中的赋与赋论为中心》等。王文以的《镜花缘》中《天女散花赋》等为例，认为小说文本中赋作、赋论、赋韵集体呈现，雅俗结合、韵散兼行，是连缀章回、襄助叙事的自觉选择。援辞赋入小说，有尊体之考量，辞赋以写物图貌的描绘性文体加入小说的创作，呈现出一幅参差错落的"文类互渗图景"。而且，赋与雕塑、书法、乐舞、绘画等其他艺术门类的类比研究，[①] 也成为这一研究面的新走向。

二　学术队伍稳步壮大、七大研究重镇形成

21世纪赋学研究风气浓厚，研究成果丰硕，从学术层面来说，既与赋学研究者个体的学术品质、学术视野以及学术实践相关，又与赋学界拥有一支老、中、青学术梯队比例分配合理、人员稳定的学术队伍分不开。

（一）21世纪前15年赋学研究队伍稳步壮大，七大学术研究圈逐步形成

第一，是学术队伍的空间地域性变化。在20世纪百年赋学研究历程中，依据研究者的空间分布，其研究重镇曾发生过三次迁移。大略言之：由前50年的中国大陆与日本、到中间30年的中国港台地区与海外、再到后20年重回中国大陆兼港台。20世纪八九十年代大陆赋学研究的重心落在了中南部及东部沿海区域，并以长沙、济南、南京为中心。21世纪前15年则形成了包括中国大陆、港台地区，日韩与欧美的全球格局。当然，中国大陆是全球赋学研究格局中最重要的区域，且出现了由东部沿海向中西

[①] 韦渊：《千古绝唱：洛神赋》，重庆：重庆出版社，2012；李永明等：《中国历代名赋之乐舞论》，西安：陕西师范大学出版社总公司有限公司，2015；周殿富编著《洛神赋图人物传》，合肥：安徽人民出版社，2013。

部内陆扩展的趋势，呈现东部、中部、西部竞相斗艳的局面，并逐步形成了以济南、南京、长沙、武汉、兰州、成都、贵阳七大学术研究重镇。

21世纪前15年召开了11次赋学研讨会，1次在新加坡，10次在国内。另外，还分别在湖北襄阳及河南信阳召开了三次宋玉国际辞赋研讨会，也形成了一定的规模，并取得了许多重要的学术成果。这些无疑也从另一个角度呈现了当今赋学研究的空间地域由东南沿海（山东、江苏、北京、浙江、福建）和长江流域（湖南、湖北、安徽、四川）向西北（甘肃、陕西）、西南（云南、贵州）地区扩散的趋势。

第二，是学术队伍人员分布及组成。21世纪辞赋学术队伍人员分布形成了地跨东、中、西三部的七大学术研究带。东部赋学研究重镇，其一是济南。济南的赋学研究队伍，以山东大学为基地，以龚克昌先生为龙头，真可谓人才济济，成果丰硕。其二是南京。20世纪在赋学研究领域颇有建树的是南京大学的程章灿、许结和曹虹三位学者。另外，辽宁的毕庶春、北京的费振刚、上海的徐志啸、杭州的王德华、孙福轩等也是东部知名的赋学研究者。

中部赋学研究，以长沙和武汉为中心。20世纪长沙赋学研究的领军人物是马积高（1925—2001）先生。受其影响，叶幼明（1935—2014）、李生龙治赋特点亦与马先生相近。21世纪湖南治赋的中坚人物则有郭建勋、吴广平、孙海洋、牛海蓉、刘伟生等。武汉赋学研究的代表人物是何新文先生。

西部赋学研究，一是西北的学术重镇兰州，领军人物是西北师范大学的赵逵夫先生。二是西南的成都与贵阳，20世纪以万光治先生为领军人物，21世纪则以熊良治、刘朝谦、赵俊波为代表。另外，桂林的胡大雷、莫道才，昆明的冯良方、冯小禄等也是西南地区颇具影响力的赋学研究者。

（二）学术会议、课题项目、学缘师承和代际传承是21世纪辞赋学术群体形成的三大原因

21世纪七大赋学研究圈成员或依籍贯或依单位成为一个个学术群体的原因，主要有三。

首先，国内外学术会议的带动。学术研讨会作为赋学活动的主要形式，能最大范围地把国内外的赋学研究人员联系起来，打破地域的隔阂，促进会员间的联系与交流。同时,能提供广大赋学研究者一个展示成果、施展才华的平台。

其次,各级课题、项目的促进。通过查阅知网,① 发现许多赋学研究成果来源于国家社会科学基金、中国博士后科学基金、跨世纪优秀人才培养计划、教育部以及各省社科或教育厅基金等项目的中期或结题成果。

最后,学缘师承和代际传承的推动。学缘师承是一种重要的文化现象,自古有之。赋学传承也不例外,其师承主要在导师与所带硕博士间进行。学缘师承对学术群体的形成所起的推动作用是非常大的。

三 学术特点:求同趋全、求异创新、开放互鉴

21世纪的中国大陆古代赋学研究,硕果累累,人才济济,而且,发展成为一个具有现代学术意识和科学精神的"新赋学"。它具备较完备的学科体系和较完整的理论框架,与时代学术文化思潮息息相通而呈现鲜明的学术特点。

(一)求同趋全:具有总结性的学术自觉

中国古代赋学研究发展到21世纪,进入了繁盛和总结的时期。繁盛的状况已如前文所述,不再赘言。所谓"总结"表现为赋学研究者为呈现赋学的发展历程,保存历史记忆,重现学术精华,厘清发展脉络,总结内在规律,为今后赋学的发展打下坚实的基础,而自觉地进行总结性的学术实践。具体体现在:利用团队、集体的力量,编纂《历代辞赋总汇》《历代赋评注》《历代辞赋鉴赏辞典》式的大型通代赋总集和图书,全面汇综现有的古典辞赋作品和学术成果;编纂《全汉赋评注》《全汉赋评注》《全三国赋评注》《全魏晋赋校注》《宋代辞赋全编》等断代赋选集,"网罗放佚,使零章残什,并有所归"(永瑢等,1997:2598),以求全面整理某个时期赋作资料;还以一种洪炉鼓铸的气势,在赋史、赋论史书写上,总结、概括赋学研究总体性的历史特征及发展的基本线索,全面综汇前人的

---

① 检索方法:在"中国知网"上检索"哲学与人文科学"学科,检索内容"篇名:赋"。

学术成果。除前文已举例的《中国赋论史》《简明中国赋学史》外，新近出版的许结教授的《中国辞赋理论通史》上下两册，更是视野宏通、综论古今、体大思精。书名中"历代""总汇""全""通"等称谓，均表明学者们对两千余年来的赋学文献和研究进行全面性总结而求同趋全的斑斑心迹。

21 世纪还有一类总结性的赋学成果——论文集，这是对研究者本人某个时段或一生赋学研究的学术总结，重视义例和举要，也是总结性学术自觉意识的体现。

（二）求异创新：宏通视野下的微观深入

21 世纪 15 年古代赋学研究，既延续 20 世纪百年赋学的发展历程，自觉地把之前经过时间考验的赋学文献和研究成果进行学术性的总结，为辞赋学术文化的积累和传承做出了有意义的工作；又有开拓 21 世纪赋学研究新局面，体现"新赋学"研究特色的重要使命。所以，在宏通视野下进行微观深入、求异创新，也是这 15 年赋学学术研究上的一个特点。主要表现有两点。

一个是立足于前人的成功经验，运用多元化的研究思路和方法，同中求异。一方面，有研究者仍然采用了传统的文献学的索隐考证，与文艺学文本阐释分析相结合的方法；另一方面，也借鉴了西方传播学、接受美学、原型批评、文化学批评、文体学研究的理论，并进行了成功的运用。如程章灿在《赋学论丛》中《赋学文献拾零》对陆云"碑文似赋"说的考证，梅运生的《皇甫谧〈三都赋序〉之真伪及其价值趋向》对《三都赋序》的真伪考辨，顾农的《左思〈三都赋〉及其序注综考》等，运用的是传统的文献学的索隐考证方法。而吴广平的《宋玉研究》，结合历史文献、考古发掘及古今已有的研究成果，运用语言学、神话学、宗教学、原型批评等理论与方法，对宋玉辞赋成就及其在文学史上的价值地位进行了综合研究；侯立兵的《汉魏六朝赋多维研究》，采用"文化阐释、人本立场、文学本位和多维透视"的多角度的研究方法，全面阐述了汉魏六朝赋体文学的文学价值与文化内涵。

另一个是在前人没有触及的领域另辟蹊径，进行独树一帜地创新。如冯小禄的《汉赋书写策略与心态建构》"阐论了各体类汉赋载传汉人人格心态的重要作用，将赋中的汉人（人格心态，即性灵）和汉人的赋（书写策略，即文术）做了紧密而恰切的勾连"（李鹏，2011），视角别开生面，创新度颇高。又如孙福轩的《中国古体赋学史论》，采用纵横结合的理论框架，在立体交叉的文化视野中展现赋家和赋论的时代意义和赋学史价值；其他如对辞赋之音韵、跨文体、跨学科的研究均具有十分重要的学术开拓意义和价值。

（三）开放互鉴：赋学交流、创研互动频繁

21世纪中国大陆古代赋学研究是一个包容开放的领域，学术间的交流互动相当频繁。

首先，许多精通和爱好辞赋的域外人士和中国港澳台地区的学者，参加了大陆举办的多次国际性的辞赋学会议并通过会议和出版期刊平台，交流发表了许多学术成果。

其次，各类辞赋创作研讨会、学术刊物、网络报纸等媒体辞赋专栏的创立更是为当代赋创作与古代赋学研究提供了大力支持。如21世纪召开的8次国际辞赋学会议，其中有5次以"当代辞赋创作研究与评论"为议题；21世纪还创办了《中国赋学》《中国辞赋》两大纸质赋学刊物以及《中国辞赋网》《中华辞赋网》等大型网站并设立了对外交流与联络、辞赋创作与研究、辞赋评论与评审等栏目。

最后，值得提出的是，21世纪还有一批研究古代赋学的学者如王晓卫[①]、易闻晓[②]、许结[③]、钱明锵[④]、彭红卫[⑤]等也积极参与到当代辞赋创作队伍，为"新辞赋"创作添砖加瓦；而当代一批赋作家也主动学习赋学理论知识，提升学养，积极参加赋学研讨会，与学者们互评共议，在某种程度上，形成了创作与研究互鉴互促的态势。

总之，21世纪15年中国大陆古代赋学研究以迥异的学术思维、研究方法、范围与语言表述，继续推进着"新赋学"的嬗变进程，取得了骄人

---

① 其代表作品如《百年贵大赋》。
② 其代表作品如《海口赋》《相如盛览问对赋》《临邛赋》《学苑春秋赋》《周公赋》《钱宋金婚赋》《哀闻一多辞》。
③ 其代表作品如《栖霞山赋》《草堂古邑赋》。
④ 其代表作品如《盘龙湖赋》《梅花赋》。
⑤ 其代表作品如《长盛川赋》。

的成绩，标示着这一领域达到了空前辉煌的状态。我们期待更多精通现代文艺理论的域外人士，来壮大我们的队伍，也期待中国的赋学研究者，能涉猎更多中外相关领域的相关理论，以便掌握学术发展的脉动，运用更多的研究利器，开发更多的研究面向，共同为21世纪的赋学研究做出更大的贡献。

参考文献

程章灿（2001）：《魏晋南北朝赋史》，南京：江苏古籍出版社。
邓稳（2015）：《赋体缘起的文学地理探源》，《天中学刊》，（3）。
何新文（2016）：《博观而约取　厚积而薄发——读徐志啸教授的〈简明赋学史〉》，《辽东学院学报》，（1）。
李国斌（2014）：《〈历代辞赋总汇〉出版》，《湖南日报》，1月24日。
李鹏（2011）：《回归文学研究本位，阐扬一代之性灵与文术——评冯小禄〈汉赋书写策略与心态建构〉》，《辽东学院学报》，（6）。
马积高（2014）：《历代辞赋总汇》，长沙：湖南文艺出版社。
易闻晓（2015）：《"赋亡"：铺陈的丧失》，《文学评论》，（3）。
（清）永瑢等（1997）：《钦定四库全书总目》，卷一八六，北京：中华书局。
余江（2014）：《赋源诸说新析》，《云梦学刊》，（5）。
赵辉（2015）：《宋玉赋与倡优话语体系及赋的创始》，《中南民族大学学报》，（1）。
踪训国（2013）：《中国赋论研究的重大突破——从〈中国赋论史稿〉到〈中国赋论史〉》，《湖北大学学报》，（2）。

Catching Eyes at Prosperous Time: The Academic Picture of Ancient Fu Study for the Beginning 15 Years of the 21th Century

Peng Anxiang

Abstract: For the beginning 15 years of the 21th century, Ancient Fu Study of mainland China has made outstanding achievements and presents the prosperous academic picture. Firstly, there has been a great number of research findings, specifically the compiling and collection of Fu literature has developed fast, the interpretation of literary texts has been multi-faceted and deeper, the study of academic history has been systemized, the cross-over study and the cutting-edge research have been extended, and thousands of academic essays on Fu study have been published. Secondly, a stable and strong academic research team has been formed. With regard to the space zone, the academic team members are not only from the eastern coast, but also from the middle and western regions, which gradually has formed seven major academic research centers in Nanjing, Ji'nan, Changsha, Wuhan, Lanzhou, Chengdu and Guiyang. In terms of the internal reason, the form of seven major academic research centers is related to the influence of academic conferences on Ci and Fu study at home and abroad, the promotions of academic projects at all levels and the motivation of intergenerational inheritance in academic area. Thirdly, Ancient Fu Study continues promoting the process of "new Fu study" evolutional development and presents distinct academic characteristics which are respectively seeking common features, looking for differences and making innovations, being open and learning from each other.

Keywords: the 21th Century, Ancient Fu Study, Academic Picture

About the Author: Peng Anxiang (1974 –), Ph. D., Associate Professor in School of Chinese Language and Literature, Hubei University. Research interests and specialties: pre-Tang literature. Magnum opuses: *A History of Chinese Fu Criticism* (cooperation), *Research on medieval Fu theory*. E-mail: penganxiang06@126. com.

五四研究

Study on May 4th Period

英语世界五四运动研究的追踪与反思（一）

——纪念五四运动100周年

李　松　舒萌之[*]

摘　要：近70年来，五四运动研究是英语世界现代中国史研究领域的热点问题，也是海外中国学研究的重要组成部分，成果丰硕、新论迭出，对国内的五四研究产生了不可忽视的影响。通过深入梳理英语世界的专著和期刊文献，可以发现主要的研究内容包括如下六个方面：历史过程、地区研究、思想观念、知识分子、文学与语言研究、文献编撰。主要的研究特点是：华裔学者是研究主体的重要组成部分；以美国著名高校为单位形成了师生承传的学缘关系；海外中国学的研究随国际政治格局的错动相应产生盛衰冷热的变化，五四研究亦然。全球化时代的五四运动研究的推进需要加强中西互动交流，追踪与反思英语世界五四运动研究的历程，旨在让五四研究成为多学科、多视角、多种方法交汇、碰撞的学术重镇。

关键词：五四运动研究　中国学　英语世界　去中心化

基金项目：武汉大学人文社会科学"70后"学者学术团队项目"海外汉学与中国文学研究的新视野"暨武汉大学自主科研项目（人文社会科学）；"中央高校基本科研业务费专项资金"资助项目

---

[*] 作者简介：李松（1974—），博士，武汉大学文学院副教授。主要从事文学理论与中国现当代文学史研究。主要著述有《文学研究的知识论依据》《红舞台的政治美学》《文学史哲学》等。电子邮箱：diamond1023@163.com。舒萌之（1982—），硕士，湘潭大学外国语学院讲师。主要从事跨文化及比较文学研究。主要著述有《略谈我国现实题材电视剧翻译及输出——以〈士兵突击〉为例》。电子邮箱：smzmi2am@126.com。

引 言

五四运动这一学术概念，从时间来看，狭义上是指1919年5月4日北京爱国学生在天安门的游行示威活动；广义上是指1919年前后中国政治、思想、文化、文学、语言等方面的新文化运动、精神启蒙运动。五四运动不仅仅指一种实践层面的社会运动，它也是观念层面的社会思潮、文化论争。五四运动是国家危亡之际民众民族意识空前觉醒的爆发期，是世纪转折之际中国新旧思想文化的决裂期，是近代中国历史跨时代的转折点，是民主与科学的启蒙革命，也是中国近现代历史剧变的轴心阶段。五四运动作为现代中国思想进步的引擎，是文化生产的特定场域，是百家争鸣的思想市场，是民主、科学、自由、启蒙、救亡、现代化等思想的策源地，也是知识分子追求自由解放、个性独立、爱国自强的精神家园。五四运动的政治运动、思想革命、文化潮流、文学创作形成了久远弥新的历史影响，作为牵动现代中国社会与文化变革的中枢神经系统，如同一个巨大的历史风向标，影响着中华民族社会改造、思想创造的命运与未来，成为中国科学与民主精神的时代象征。因而，追念五四、"回到"五四往往成了中国具有现代意识的知识分子的原乡冲动。

本文的写作有两个缘起。第一，如果要选择一个论说纷纭、常说常新、蕴含原创的话题，那么，很难拒绝五四运动这一历史命题的思想诱惑。第二，目前笔者所见的国内30余篇五四运动研究述评以及十多篇会议综述，绝大多数集中介绍中国大陆以及中国港台地区的研究成果与动态，因此，本文试图直接深入探讨海外研究文献，追踪以美国为主的英语世界关于五四运动研究的主题、观点以及特色，从而为五四运动学术史添砖加瓦。

正因为五四运动在中国政治、社会、文化、文学等方面的多重意义，它往往是中国学者的热门课题，也是海外学界的兴奋点。在学术体系的建构上，可以称为"五四学"；在知识分子的精神世界，则有一种"五四情结"。海外近百年来出现了数量惊人的五四研究成果（吴原元，2010：3）。仅以美国为例，据吴原元的不完全统计，有关五四运动研究之博士学位论文有近40篇。至目前为止，海内外关于五四运动的研究综述就相当不少，据笔者不完全统计，论文就有至少 30 篇，详情如下：张契尼的《日本京都大学的五四运动研究》（《历史研究》1952 年第 6 期），日本学者狭间直树的《日本对五四运动的研究现状》（日本《中国研究月报》1985 年 10 月号，《国外社会科学》1986 年第 8 期），日本学者川村规夫的《日本五四运动研究的简要回顾》（《江汉论坛》1989 年第 6 期），覃艺的《新时期五四运动史研究综述》（《中共党史研究》1989 年第 3 期）、《近年来五四研究的主要问题》（《党史信息》1989 年总第 83 期），鲁振祥的《五四运动研究述评》（《近代史研究》1989 年第 2 期），赵春旸的《港台及国外学者关于五四运动的若干观点》（《中共党史研究》1989 年第 3 期）、《港台及国外学者论五四》（《中共党史通讯》1989 年第 8 期），徐胜萍的《海外与港台"五四"运动史研究综述》（《东北师大学报》1994 年第 2 期），方增泉的《近五年来五四运动史与中共建党史研究简况》（《北京党史研究》1996 年第 4 期），徐文晶、李波的《近十年五四运动研究若干问题综述》（《党史研究与教学》1999 年第 2 期），朱志敏、宁敏峰的《90 年代国内五四运动研究述评》（《教学与研究》1999 年第 5 期），黎见春的《近年五四运动研究综述》（《北京党史》2001 年第 3 期），张雪萍的《2000 年以来国内五四运动研究热点述评》（《党史研究与教学》2004 年第 3 期），朱志敏的《八十余年来国内五四运动研究》（《中共党史研究》2006 年第 2 期），智杰的《1990 年以来国内五四运动研究若干问题综述》（《沧桑》2006 年第 3 期），洪峻峰的《从思想启蒙到文化复兴——20 年来"五四"阐释的宏观考察》（《厦门大学学报》2006 年第 5 期），韩璐的《近年来国内五四运动研究述评》（《北京党史》2007 年第 3 期），陈阳的《近十年国内五四运动若干问题研究综述》（《湖北财经高等专科学校学报》2008 年第 1 期），李明蔚的《近百年来国内五四运动研究回顾与前瞻》（硕士学位论文，山东大学，2008 年），王琼的《近年来国内五四运动研究趋向综述》（《河北青年管理干部学院学报》2009 年第 6 期），欧阳哲生、赵倩的《近十年来五四运动研究的新进展》（《百年潮》2009 年第 5 期），周延胜的《国外学术界对五四运动的研究》（《党史研究与教学》2009 年第 3 期），赵入坤的《五四运动 90 周年学术综述》（《江苏大学学报》2009 年第 3 期），邢浩的《五四运动研究史上若干论争综述》（《北京党史》2009 年第 3 期），王晴佳的《五四运动在西方中国研究中的式微？——浅析中外学术兴趣之异同》（《北京大学学报》2009年第6期），韩璐的《五四运动研究之新进展》（《北京日报》2009年5月4日第19版），李庆刚的《"五四运动研究的现状与前瞻"学术座谈会综述》（《理论前沿》2009年第11期），许巍的《近年来五四运动研究综述》（《山东省青年管理干部学院学报》2010年第3期），吴原元的《试析美国的五四运动研究——以博士论文为考察中心》（《济南大学学报》2010年第3期），吴小雪的《五四运动研究综述》（《改革与开放》2011年第6期），余艳红的《近三十年学术界反思"五四"述评》（《学术界》2011年第4期），徐姝丽的《近百年来我国五四运动的探究》（《前沿》2012年第22期），崔英杰、郭鑫、赵金元的《关于五四运动的研究综述》（《学理论》2014年第27期），李春来的《西方学者视野中的五四运动》（《西安建筑科技大学学报》2016年第1期）。著作有两部：刘桂生的《台港及海外五四研究论著撷要》（教育科学出版社，1989）、王晴佳（Q. Edward Wang）的《在历史中发明中国：五四的史学取径》（纽约州立大学出版社，2001）。

由此可见五四研究这一领域知识生产之火热。与本文主题最相关的是赵春晨、徐胜萍、朱志敏、周延胜、吴原元、李春来、王晴佳等人的研究成果。在充分了解前人研究贡献的基础上，本论文试图做到：第一，对海外英语文献呈现的研究成果进行一网打尽地搜集和整理；第二，凡是国内已有文章或者专著介绍过的研究内容，本文不再重复；第三，对于收入本文的研究文献，为方便读者准确理解其内容，通过直接翻译原文的关键段落，呈现其观点和思路，同时笔者并不进行主观性过强的论断；第四，通过对众多研究文献进行分析，试图解读海外五四运动研究的基本轨迹与趋势；第五，引入国内的研究动态，从中外比较的角度介绍中西方研究观念的异同以及成因。总之，综合现有成果，既有信息的汇聚，又有解读的开拓。介绍、了解英语世界的五四运动研究成果与进展，既可以为国内学界获得他山之石的启示，又有利于开展跨文化的国际对话。需要说明的是，"英语世界"其原意是指以英语作为母语的国家和地区，而本文主要特指以英文形式发表成果的国际学术期刊与著作，这些期刊与出版物供大众阅读、交流，是学术界的组成部分。

一 历史过程

五四运动的历史起源，是一个海内外众说纷纭的话题，海外最早进行这一探索的是周策纵（Chow Tse-tsung），他在密歇根大学的博士学位论文基于历史事实对五四运动的前因后果进行了详细的史料梳理，他一生进行的五四研究也奠定了他在这一领域的权威地位。但是，关于这一话题的百家争鸣并未停息。德国弗莱堡大学的伊丽莎白·佛斯特（Elizabeth Forster）属于当今德国青年汉学家行列，硕士和博士均毕业于牛津大学，博士学位论文为《新文化运动在1919年的发明》（博士学位论文，牛津大学，2014），先后任教于牛津大学和弗莱堡大学。主要研究兴趣是现代中国的知识、文化、政治与媒介史；中国20世纪的"和平"观念；五四新文化运动等。伊丽莎白·佛斯特以媒介为视角，梳理了在五四运动从少数学者的学术争辩到广泛社会性的"新文化运动"的演化过程中，报纸这一传播媒介如何将学术辩论变成五四"风暴"的中心话语。她认为："1919年初，胡适和陈独秀等被当作象牙塔'学派'的代表，卷入了和持反对意见的另一'学派'[①]的论辩。五四运动后，他们被奉为'新文化运动'的明星人物。但是，并没有明确证据显示胡适和陈独秀的圈子跟五四运动有直接联系。我们可以从当时报纸如《申报》对五四期间学术论辩和政治事件的报道一窥究竟。《申报》将当时的学术论辩定性为'学派'之争后，又将其归于军阀政治影响的结果。这使得胡、陈看似受了政府的迫害，而他们'学派'之争成了军阀派系斗争的映射。五四期间，当民众和政府之间的关系恶化之后，胡适的'学派'便和同样被迫害的五四示威者联系了起来。他们的观点（此时已被广泛传播）被视为反政府宣言，随后被标榜为新文化运动的内核。幸得学术论辩、报纸渲染和政治事件三者结合，中国'新文化运动'的思想和理念得以横空出世。"（Forster, 2014: 4）上述看法揭示了学术论争、军阀派系和新文化运动之间复杂的纠缠关系，同时也可以看出，伊丽莎白·佛斯特将作为政治运动的学生示威活动与作为思想争鸣的新文化运动分别看待，从当时报刊的历史信息中寻找二者的耦合与关联。

---

① 指学衡派，笔者注。

五四运动由政治示威活动激起社会运动的雪崩式反应，新民主主义革命的市民运动、妇女运动、知识分子抗议连续不断，影响到中国以市民为主的不同阶层。如果说伊丽莎白·佛斯特的文章是研究五四运动的起因与开端的复杂机理的话，亚利桑那州立大学历史系的法比奥·兰泽（Fabio Lanza）则是探讨这一运动是如何结束的。法比奥·兰泽是研究中国20世纪思想文化文化史的学家，其主要关注点是政治运动和城市空间。她的第一本独立专著《门的背后：发明北京学生》（哥伦比亚大学出版社，2010），追溯了"学生"一词的起源和范畴，其恰与中国的现代性并肩而行。通过对现代中国历史的关键一页——1919年五四运动——的新颖分析，她展示了为何"学生"这一能指是历史进程的结果。简单来说，不论在中国还是别的地方，总有一些人在上学读书，但所谓"学生"的政治范畴远非前定的那样，而是由一个特定历史时期的政治运动制造出来的。这些中国"学生"之所以横空出世，关键是因为大学和学习本身、国家以及"学生"之定义的关系发生了冲突。她和同事哈德维佳·E.皮蓬·穆尼（Hadwiga E. Pieper Mooney）共同编辑了《去中心化的冷战历史：本土和全球的变迁》（劳特里奇出版社，2012）。法比奥·兰泽讲授现代中国和现代东亚的导论性课程，还有一门课是关于如何从电影、回忆录和小说描写中解读共产主义中国。她同时计划的新课名为"全球的60年代"。法比奥·兰泽的论文认为："本文将五四结束的问题假定为一个合理的政治性结果。如果我们认为五四运动是一场政治运动，研究它如何结束，就意味着研究'什么'政治主题和政治组织当时很活跃，并在一定时间之后不再活跃。关心五四运动何时结束和怎么结束，也就是关心到底是'什么'结束了。本文分析了一系列对五四的'结局'或'败局'的表述行为，意在弄清到底有没有适用于五四时期的共同实践、地点和范畴，以及它们是如何不再适用的。本文有两个很关键的因素：'学会'的组织架构和'学生'的范畴。"（Lanza, 2013：1）她的研究思路是，通过考虑学生如何挑战文化与政治，知识分子和日常生活之间的区别，来重新思考学生的行动。在学生生活实践中表达和实现的政治行动主义包括：在改革的教学和学习习惯中，在校园的日常生活中，在城市与其民众之间的交融关系中，最后，在"文化"的学生组织中。通过观察所有这些方面，她将政治历史纳入日常生活的实践中来考察。

中国社会科学院近代史研究所研究员李长莉（Li Changli）从女性财产权的实现探讨五四运动的社会影响，她认为："五四运动对妇女解放的舆论环境贡献良多。然而，两性平等的概念是否确实改善了女性生活，这还是有争议的。"她的研究"意在为当时的女性财产权问题提供个案，以说明从晚清开始，女性已拥有部分法律赋予的权利，包括拥有财产。由于五四时期女权运动的影响，人们多已知道两性平等的概念，国民政府在20世纪20年代后期亦终于通过了保障妇女财产权的法案。尽管如此，在法案生效后的很长一段时间，中国很多地方的女性仍然无法拥有财产权。尽管这个法案的通过确乎是重要历史事件，但看来也似乎是个时代的错误。"（Li，2010：4）李长莉指出，观念、制度和习俗变革之间需要有一定的"超前"梯度，这是中国社会现代化变革的特殊性。她基于历史事实的反思性批判，体现了鸟瞰历史整体的后见之明。

二　地区研究

五四运动作为爱国运动肇始于京沪两地，但是作为新文化运动、社会改造运动则影响波及整个中国乃至近邻日本、新加坡等国。至今为止，中国境内出版了如下以地区为视野的五四研究成果：《五四运动在天津》（天津历史博物馆、南开大学历史系编，1979）、《五四运动在上海史料选辑》（上海社会科学院历史研究所编，1980）、《五四运动在山东资料选辑》（胡汉本编，1980）、《五四运动在武汉史料选辑》（张影辉、孔祥征编，1981）、《五四运动在河南》（庞守信、林烷芬编，1981）、《五四运动与北京高师》（北京师范大学校史资料室编，1984）等，这些成果既有史料整理，也有问题探讨。

上海和北京是公认的五四运动的中心，但是这两地在运动的历史进程、功能等方面并不完全一致。华裔学者陈真道（Joseph T. Chen）1971年开始在加州州立大学北岭分校任教（1964—1968年任副教授，1968—1971年任副教授）。1963—1964年任加州大学伯克利分校中国研究中心图书馆馆长；1970—1973年任加州大学圣塔芭芭拉分校客座讲师。陈真道在1971年出版了《上海的五四运动：现代中国一场社会运动的形成》一书，试图探讨上海的五四运动历史状况。他在该书的前言中说："多年以来，我一直对五四运动深感兴趣，并且总感觉现代的中外学者没有用一个合适的角度去看待它。此外，我还意识到上海的五四运动和北京的五四运动，文化导向的新文化运动和政治导向的五四运动有着极大的差异。本研究是对上海五四运动的历史分析，以及一次小小的尝试，意在奠定一个基调，即五四运动首先是一场中国人民完全的、大众的爱国抵抗运动，有着直接的政治目的，它和'思想'驱动的、偶像破坏式的、中国知识分子的新文化运动截然不同。"（Chen，1971：1）该书对五四运动和新文化运动进行了区分，对于学界关于五四运动发生的各种解释提出了质疑。该书的导论写道："很久以来，学界就常把中国的五四运动和新文化运动联系在一起。后者在1919年前就已经开始，并在北京爆发的五四运动中汲取了强大的动力。在过去，有些研究五四运动的学者倾向于强调运动中整体的知识分子因素，并开始将五四运动等同于新文化运动，认为它就是知识分子的活动。一部分学者更进一步，直接把五四运动称为'中国的启蒙运动'，一场'现代中国的知识分子革命'。其他学者，特别是中国共产主义作家，则把五四运动解读为'世界大革命浪潮，俄国革命和列宁召唤'的直接结果。这种纯粹关心五四运动的文化或政治因素的做法很可能会扭曲它的真实面目，并掩盖它同时作为一种社会现象的重要性。"（Chen，1971：1）陈真道的研究建立在全面了解海内外成果的基础上，试图呈现五四运动在上海和北京的不同特点，进而刷新关于五四运动的不同理解。"本书将会在当时社会真实情况的基础上，对五四运动进行区域性分析研究。特别之处在于，它是对上海五四运动形成的内在机制的研究，对照北京的五四运动，它试图将这场运动还原为一场真实、理性、审慎、有序和全部阶层参与其中的非暴力的大众运动。因此，上海的五四运动也可以被理解为发生在整个中国历史上的第一场真正的全民运动。"（Chen，1971：1）陈真道的观点有破有立，展示了五四运动在不同地区的多重面相。

叶文心（Wen-hsin Yeh）是加州大学伯克利分校历史系讲座教授，其代表作是：《上海传奇：经济情怀和现代中国的缔造，1843—1949》（加州大学伯克利出版社，2008）、《外省的通道：文化，空间和中国共产主义的起源，1919—1927》（加州大学伯克利出版社，1996）、《中庸之国的激进者：五四运动在浙江》（《中国季刊》第140期，1994年，第903—925页）。叶文心聚焦的是中国东中部地区——激进主义盛行的杭州。她指出了两种关于五四运动的不同理解，第一种看法认为："1919年的五四运动是两种历史结构交汇的产物，在研究现代中国的学者心中占有特殊的位置。根据新中国 50 年代官方出版的教科书对中华民国成立的解释，1919 年是一个起点，当时打破文化传统和反帝反封建的政治运动相结合，成为后面全部革命史的分水岭。"她的第二种看法强调五四运动的多源与多元。"在西方，如周策纵先生 1964 年的传世名著所言，五四运动前后，正是知识分子们接触到西方自由主义价值观比如科学、民主、自由和个人主义之时，由此激发了爱国热情的觉醒。五四运动因此被视为打上了西方自由主义的烙印，或被认为是留学日美欧的影响，国际布尔什维克主义感召的产物，以及对儒家传统权威价值观不认同的结果。无论以上主张是自由主义或革命派的，都不啻一颗火种，使全国性的政治运动从京沪向各省蔓延。"叶文心认为无论哪种解释都无法否认的是，五四运动在现代中国历史结构中作为分水岭的界标性意义。"由于五四运动在两个历史结构中的战略重要性，每次有新的政治事件发生，1919 年的这场运动都会被反复提起和研究。最近，为了解决建构现代中国史的叙事传统中若干未经证实的假设，中国学者在对'文化大革命'和 1989 年事件进行反思，而五四运动的代表性又作为一个新起点出现在他们的著述里。"（Yeh，1994：140）实际上，五四运动在不断后移的历史视点中，往往会成为学者论述现实政治、获取思想武器的历史资源。

大卫·L. 肯利（David L. Kenley）博士是宾夕法尼亚州伊丽莎白敦学院的中国史教授和世界促进理解与和平中心主任。作为中心主任，他运作了三个跨学科项目：国际研究、和平与冲突研究以及亚洲研究。他的个人著述包括：《新世界中的新文化：五四运动和中国流亡者，1919—1932》（劳特里奇出版社，2003 年精装本，2007 年 kindle 版，2013 年平装本）、《现代中国，亚洲研究中的关键问题》（亚洲研究协会，2012）等。大卫·L. 肯利主要从事中国移民和海外身份认同研究，他探讨的是不为人注意的域外之地新加坡，他聚焦的是 1919—1932 年间五四运动和新加坡的离散社群的关系问题。大卫·L. 肯利认为："在 20 世纪 20 年代，中国知识界在呼唤一种新文学，一种新的思想体系，和一种新的现代生活观念。他们认为，只有对文化进行整体变革，才能让中华民族渡过此时的难关。这场文化风潮也被称为五四运动或新文化运动，它势头越来越强劲，影响力蔓延至海外如新加坡和东南亚等地的华人社群。然而，由于这场运动和民族主义联系密切,新加坡华人想要真正参与进来,就得先把自己当成中华民族的一分子。新加坡的华人知识分子把自己当成广义的中国离散社群的一部分,声称他们也有权参与五四运动。同时,新加坡的新文化拥护者接受并修订了五四运动的基本精神,以符合他们在海外的具体情况。这么一来,新加坡的新文化运动引发了对'中国性'的重新定义,并促使了跨民族主义的滋长。"(Kenley,2003:X)他的著作"意在深化对跨民族主义的历史理解,并在我们忙着解构民族的时候提醒我们当心民族主义的话语力量——它既可强化又可限制其倡导者的权威"。(Kenley,2003:X)大卫·L.肯利认为,作为离散社群居民的新加坡华人在异域国土面临着本土与他乡之间的文化乡愁和认同焦虑。他提出的看法是:"从新加坡新文化运动的过程来看,它展现了出版界知识分子思及自身和大陆联系时的左右为难之情。一方面,他们写作时俨然以海外华人自居,思念着故土,仍然关注着祖国,想要有朝一日踏上归途。他们似乎仍然对自己的'局外人'身份很在意。然而到1927年的时候,他们已经开始重视本土主题,甚至宣称自己已经和祖国分道扬镳。这个时期的文学有了所谓的'乡土色彩'。这种明显的矛盾在背井离乡的中国人语境中并不难理解。新加坡的中国离散社群居民毕竟不是'中国人'或'马来人',我们也不应把他们的文学视为中国性或模仿中国性的代表。在一个离散社群中,文化认同总是在变。文化超越不了它的时空,也不能罔顾历史和社会环境,学者们亦不能提炼它,给它分类,或驯服它。相反地,文化是背景,是一套符号,甚而一种语言,个人可以用它来和光怪陆离的社会万象进行交流。就像语言一样,文化往往是多变和芜杂的,随着历史,环境和政权的变化而变化。因此,文化认同不是被发现的,而是被创造的,也可以因为强大的话语叙事而改变。"(Kenley,2003:181-182)大卫·L.肯利以五四的海外本土化过程揭示了文化认同是一种外在建构的结果。他具体分析了新加坡华人的复杂叙事状况:"在新加坡,中国移民至少置身于三个不同的叙事中。每一个叙事都和民族主义以及民族国家相关联,也和它们一样问题重重。每个叙事——中国的、马来西亚的、英国的——都参与塑造了新加坡的中国南洋客。记住这一点,就能更好地理解很多新加坡作家经历的在文化身份和故土之间徘徊的两难情结。如第一章所说,对离散社群的定义依靠积极和消极两种因素。由于华侨们离开中国时日已久,相隔茫茫,他们知道自己已不完全是中国人了。同时，歧视和隔离使得他们这些新加坡移民既非英国人也非马来人，完全被同化至少在当时是不可能的。""不过，由于一些宗教的因素，移民的隔离政策执行得并不总是很彻底。大多数中国移民甫一登陆就主动选择和新加坡的其他族群隔离开来。而且，隔离也并不总是意味着边缘化和经济不平等，毕竟新加坡的中国商人常常是家财万贯呼风唤雨的。但即使是最富裕的中国人，也知道自己的财富是建立在外族政权时常不牢靠的许可之上，因而对自己朝不保夕的地位有着清醒的认识。"（Kenley，2003：182）基于上述现实历史状况，大卫·L. 肯利认为："我们也可以用积极因素来定义一个离散社群。家谱、领地和语言只是新加坡离散社群所共有的一部分正面特质。每个人都有一个共同的过去，通向他或她的'祖国'。他们还共同拥有从中国背井离乡到新加坡的经历，那些适应环境生存下来的艰辛。即使在新加坡的第二代和第三代移民中，这种'传统'也是他们的共同'遗产'。但并不就是说他们想要回到'祖国'，实际上，真的回到中国往往会让人沮丧失望得很。大多数新加坡的中国移民是用'另一条路'回到他们的故乡的，比如讲故事、复制和记忆。因此，在离散社群中，移民们根据各自的政治思想、记忆和心愿逐渐重塑了他们的故乡。所以，新文化运动中的新加坡文学并不仅仅是中国本土作家的镜子。虽然参与了'祖国'的文化运动，但他们是其实用新加坡民族—国家多种叙事的相互作用重新塑造和创造了这个'祖国'。"（Kenley，2003：182－183）大卫·L. 肯利的上述看法实际上揭示了海外华人在全球各地如何适应、融入当地环境的普遍性状况，也就是如何在文化上改造自我从而获得在地化的身份。他具体探讨了严酷政治环境下作家的文学叙事的适应性策略。"新加坡的中国作家不仅写他们的故土，也写他们的背井离乡。对他们来说，做'中国人'和做'海外华人'是互相重叠和交融的。因此，作为一个新加坡作家，既强调'本土色彩'又抵制'土著化'并不矛盾。他们在创造一种'南洋文化'或曰'华侨文化'，而并不是中国文化、马来文化或英国文化。他们的叙事在很多方面都和民族—国家叙事不一样，因此属于离散社群叙事。到1932年的时候，新加坡的新文化运动也到了尾声。根据现行移民法，英国当局顺利让中国移民数量大为减少，那些被认为有闹事嫌疑的更是被扫荡一空。其结果是，过去曾十分重要的新思想的宝贵源头和新领导者就这么被他们釜底抽薪地解决了。同时,殖民政府对镇压殖民地内部发生的异议和骚乱越来越得心应手。他们突然搜捕学校,限制公共场所,在潜在示威者可能组织串联抗议活动之前就把他们消灭在萌芽状态。"(Kenley,2003:183)"英国人还取缔了城里的中国报纸和副刊。在1930年,殖民政府修订了《印刷出版法》,将他们的手伸向了报业。新法令要求所有的印刷厂要申请年检和在政府登记。如果政府认为某份报纸内容不合适,他们就会收回违法经营者的执照,推迟出版日期,甚至将责任人遭送回中国。大家很快发现,英国当局非常乐意行使这部法令。1931年,英国人以出版 *The Street Intersection* 为由解散了《繁星》,并强迫 Le Bao 撤换编辑人员,因为它传播了反殖民主义的观点。做新加坡方面的论文不愁找不到英国审查的例子,比如愤怒的殖民当局解散了槟榔屿的报纸《南洋时报》和《光华杂志》。总督 Cecil Clementi 甚至会专门关照报纸编辑们哪些可以写、哪些不可以写。如学者 Fang Xiu 所说,这日益严格的审查迫使作者只能'退而执笔无关紧要的东西,比如谐谑小品、坊间闲话和庸俗智慧。即使那些曾经写过伟大作品的……比如 Li Xilang 和 Zeng Shengti 也在劫难逃'。也许比起其他因素来,审查才是欣欣向荣的新文化运动的真正终结者。随着日本越来越蠢蠢欲动,新加坡和中国的知识分子意识到,仅仅打破旧习和引进'新文化'不足以解决国家面对的极为具体的军国主义威胁。因此在1932年,新加坡的作家开始对抨击日本,更加关注局势并积极备战,引进新文化已经不那么重要了。由于以上这些原因,新加坡的新文化运动告一段落。"(Kenley,2003:183 – 184)大卫·L. 肯利展现了新文化运动在新加坡的复杂嬗变历程,擅长研究移民群体离散身份的他基于历史事实和认同理论的研究,为探讨五四新文化的跨文化流动提供了范例。

三 思想观念

(一) 重读五四

加州州立大学北岭分校的陈真道(Joseph T. Chen)1970年发表的论文试图重新定义五四运动,首先,他简要回顾了五四运动的历史过程,以及影响不同观点形成的因素:"1919年的五四运动是现代中国历史上划时代的大事件。它标志着中国现代革命时代的到来，以及1911年民国革命后的新阶段。它既反对帝国主义，也反对军阀混战，代表着中国民众对一战后世界风云新格局的反应态度。出于对侵害中国利益的《凡尔赛和约》和丧权辱国的《二十一条》的强烈抵制，1919年5月4日无数学生在北京举行游行示威，以谴责亲日的北洋政府。这场革命浪潮很快席卷全国，激起了如火如荼的大众觉醒和文化变革，并最终促成中国共产党于1921年成立，国民党于1924年重组，以及接下来的国共合作。正是由于五四运动的重要性以及它在各方面的震荡和余波，使定义、解读和评价它本身变得相当复杂。它真正的本质和特点是什么，它实际的领导者是谁，如何对它的范围和成就进行确切评估都是充满争议的。意识形态归属，政治关系和专业兴趣都足以影响个人在研究和解读五四运动时的客观性。"接下来，他从比较角度提出了自己的观点："在这篇文章中，我将对五四运动的性质阐明若干要点。在我的研究基础上，五四运动既不会被当作和新文化运动相等同，也不会像一些共产党员作家宣称的那样，是一场由俄国革命和共产主义知识分子影响而生的运动。不如说，五四运动起先是由中国人民直接参与政治的一场爱国抵抗运动，随后它和新文化思想运动互为激荡，一力促成了旧中国传统的最终瓦解和新中华民族的诞生。"（Chen，1979：1）

1972年，哈佛大学教授史华慈（Benjamin I. Schwartz）编撰了一本《反思五四运动：专题论文集》。史华慈在该书的导论中介绍了该论文集编撰的缘起："在1969年春天，一群对现代中国感兴趣的学者相会于哈佛大学东亚研究中心，在五四运动50周年纪念会上互相交流了观点。他们感兴趣的当然不只那些事件的材料，还包括与之相关的整个历史运动。"该论文集就是本次会议反思的思想结果。该书包括的论文有：《五四运动中的文化破坏主义、民族主义和国际主义》（马思乐），《五四运动中的激进破坏主义及中国自由主义的未来》（林毓生），《历史中的五四》（费侠莉），《五四作家的浪漫作风》（李欧梵），《左翼批评和白话运动》（梅谷），《五四时期的"政治"问题》（贾祖麟）。史华慈在论文集的前言中从五四运动的美国因素出发，简要介绍了他对于五四运动发生原因、过程和结果的理解："现代中国民族主义在1919年5月4日正式诞生，那一天3000多个大学生从北京的十几所高校中走出来，聚集在天安门（那时候伟大的天安门广场当然还不存在）声援抗议巴黎和会上关于日本在山东省利益的决议。威尔逊总统和其他媾和者发觉他们掉进了日本和协约国的陷阱,它们就德国力量撤出山东之后的接管问题达成了秘密条约。对日本帝国主义的支持当然是对每个中国爱国者的极大冒犯。学生们在5月4号的示威演变成了一场暴力行动,招来了警察的镇压。然而学生们的爱国榜样激起了其他城区中心类似的抗议活动,有商人也有其他爱国者。因此,五四是民族主义发展的一块里程碑。它也远不止是一个政治事件,因为中国在民族主义高涨的同时还伴随了文化运动和社会改革。因此五四给整整一个时代冠上了名字,这个时代有文化启蒙,标志是开始于1917年的白话文运动;这个时代有着对苏联革命日益增长的兴趣,最后促成中国共产党在1921年成立。五四这个词变得可代表种类繁多的思想和行动,对五四的解读也成为理解普遍意义上现代中国革命的试金石。"(Schwartz,1972:vii)史华慈的上述看法见微知著、高屋建瓴,体现了历史学者的远见卓识。他着眼五四的当下影响以及未来愿景,认为五四运动的历史意义并未消失,至今仍然是中国人重要的思想背景。"1919年5月4日之后逝去的半个世纪并没有让评价这场运动变得更轻松。那些参加过五四运动的人们,很多都还健在或刚刚离我们而去。这些人中不乏至今仍在中国两岸富有影响力的政治和文化人物。整体上,我们发现在这些人们对五四运动的反思和评价中,仍然十分强调它对他们个人生活和现代中国人生活的重要影响力。还有值得注意的是,于1949成立的中华人民共和国也非常重视五四运动。当所有看法都围绕政党路线起伏时,这本关于该主题的文学研究就非常引人注目了。"史华慈赞成周策纵对五四运动的解释:"在表面上看,坚定的马列主义者会把仅影响了一小撮知识分子和学生的运动当成现代中国史上的举足轻重的事件,似乎有些说不过去。确切地说,如周策纵等学者所坚持认为的那样,五四运动激起的民族主义热情至少在一段时间内席卷了城市中的非知识分子阶层。然而,几乎没有证据显示广大内陆乡村的生活也受到了它的影响,而城市工商阶层的反帝国主义热情也只是一时奋起,并没有持续下去。"(Schwartz,1972:1)

米列娜·杜勒兹乐娃-维林洁洛瓦(Milena Doleželová-Velingerová)(1932—2012)是多伦多大学中国文学教授。米列娜1955年在布拉格的查理大学获得文学硕士学位,1955年在捷克斯洛伐克科学院获得博士学位。主要著述如下:《刘知远诸宫调》〔由米列娜和柯润璞(James I. Crump)

翻译，牛津大学出版社，1971]、《从传统到现代：19至20世纪转折时期的中国长篇小说》（米列娜编，多伦多大学出版社，1980）、《1900—1949年的中国文学精选导读，第一卷：小说》（E. J. Brill和米列娜共同编撰，1988）、《追怀吴晓铃》（韩南与米列娜共同编辑，1998，Dharma Gaia）、《文化资本的挪用：中国的五四运动工程》（米列娜与奥·克拉尔共同编辑，哈佛大学东亚中心出版，2001）、《近代中国的百科全书（1870—1930）》（米列娜、鲁道夫·瓦格纳共同编辑，斯普林格出版社）等。米列娜和捷克汉学家奥·克拉尔（Oldřich Král）主编了《文化资本的挪用：中国五四运动工程》，该书收入八位著名学者的论文，涉及"重新书写中国文学史""历史辩证法：五四运动和当代中国文学""既非文艺复兴也非启蒙运动"等主题。该书中的论文分别是：《不完整的现代性：重新思考"五四"知识分子课题》（李欧梵），《五四运动的神圣化》（鲁道夫·瓦格纳），《中国（1904—1928）：文学回忆的构建》（米列娜），《过去的终结：重写民国早期的中国文学史》（宇文所安）；《回顾的修辞：五四文学史和明清女性作家》（魏爱莲），《20世纪80年代的寻根文学：作为双重历史包袱的"五四"》（叶凯蒂），《回来重新出发：中国晚清和20世纪晚期的小说创新手法》（王德威），《既非文艺复兴，也非启蒙运动：一个历史学家对五四运动的反思》（余英时）。

该书的编者之一奥·克拉尔在前言中介绍了本书的缘起，本书的论文来自一场纪念捷克著名汉学家普实克的国际会议。"本书收入的一系列文章来自'五四运动的历史包袱'会议，该会于1994年8月29日至9月1日召开于布拉格的查理大学。对捷克汉学界来说，在颠沛动荡的20年后，能够重拾其奠基者雅罗斯拉夫·普实克的薪火，这次著名学者云集的国际盛会是一块里程碑。普实克拓展了欧洲汉学的视野——在他的年代仅限于研究中国古典文化——在查理大学东方研究所创立了现代中国文学研究，因而我们的会议致力于探讨如何另辟蹊径来研究中国文化和文学。布拉格会议组织方相信，以之前30年的沉淀，我们能够通过对五四文化工程要旨的研究打开新的视野。这个工程深刻影响了当下我们对中国文化和现代文化的整体认知。"本次会议是由普实克曾经指导过的博士生米列娜提出来的，之所以选择普实克工作过的查理大学，对于欧洲汉学来说具有复兴汉学的象征意义。1991年5月11日，北美汉学重镇哈佛大学东亚研究所、费正清中国研究中心召开了学术会议"五四运动的历史负担"。查理大学的这次会议意味着欧洲汉学对话北美汉学的一个标志。米列娜和王德威在导论中并不仅仅局限于五四这一阶段,而是紧密联系晚清与五四的血脉延续进行论述:"五四时期(1910—1930年代),以及清朝最后30年(1898—1911),构成了中国现代性语篇形成的一个关键时期。在这个时期,中国知识分子怀着极大热情引进了西方文化和制度,批判自己的文化遗产,并面对民族危机重新审视自己的位置。由此,他们为中国踏入名为'现代'的全球化时期奠定了基础。为了在中国语境下把握现代性,我们需要了解关于现代主义的中国语篇,它形成时期的历史条件,以及引导它成型的目标和理念。"(Doleželová-Velingerová,2001:1)与那些持五四运动决裂传统的看法相左的是,米列娜和王德威揭示了知识分子在处理传统与现代时的两难处境。"本书讨论了五四遗产的两难困境。从晚清和20世纪10年代被中国文人和知识分子中断的地方开始,五四运动支持者开辟了孕育现代性的平民主义的场域,但同时他们也为后来统治了现代中国文学、文化和政治语篇的一言堂式霸权埋下了伏笔。这本书真正的主题是关注这种进退两难是如何产生的,以及它的建立、反复、传播和后续反应是如何影响我们书写中国大半个20世纪的。"米列娜和王德威具体论述了不能仅仅局限于五四谈五四的理由:"需要强调一点,我们并不是要否认五四运动的伟大贡献。相反,我们相信一旦'五四包袱'被正确理解了,我们就能和五四遗产进行更丰富的对话。我们希望能对中国文学作品以更宽广的视角进行新的解读,曾经被诋毁的文化和政治议题可以重回视野。这就包括20世纪10年代蓬勃发展的短篇小说,同一时期复杂的文学理论,现代中国人写作的古体诗,前卫派和流行文学范畴,文学文本和非文学文本的融合,大陆以外中国人社群的文学作品等。我们希望有一天,这些新的研究领域可以促成对该时期研究的复兴,重现新文学运动的开放和平民主义的理想。从这个观点出发,20世纪的中国文学史将不再被局限在五四运动的篇幅,而终究可以扩展到五四和其后所有种类和势头的作品。"(Doleželová-Velingerová,2001:23)上述观点虽然是米列娜和王德威二人的论述,但是确实体现了北美汉学界"去五四运动中心化"的共同理念与思潮,这一观点在本文下面将要提及的一本学人访谈录《革命·启蒙·抒情》(郑文惠、颜健富,2014)中有鲜明体现。

英语世界五四运动研究的追踪与反思（一）

加拿大维多利亚大学中国研究和亚太关系讲座教授吴国光认为，五四运动发生于后帝国时期，它与20世纪90年代中国的共产主义的民族主义并不一致，他梳理了中国从五四到20世纪90年代的民族主义的历史变迁。吴国光指出："后帝国时期的五四民族主义于1910年代起萌生于贫穷落后的旧中国，渴求民族富强；而90年代民族主义的重新活跃则植根于后期共产党政权的昌盛强大。本文沿着韦伯的框架来看民族主义与物质利益、政治权力、文化导向三者的关系，发现中国九十年代的民族主义几乎违背了20世纪早期发展的世界化民族主义的一切关键因素"，它积极从中国传统文化中寻找正统和身份认同（Wu，2008：3）。

新加坡国立大学王庚武等人编撰的论文集《思想的冲突：从五四运动到当代中国》（Wang Gungwu & Zheng Yongnian，2009），作为敬献五四运动90周年的纪念。澳大利亚国立大学的葛立果·乌比里亚（Grigol Ubiria）为该书写了一篇评论，他首先分析了五四运动在当代中国的影响，以及中国社会发展所面临的现实问题。"收入的十四篇文章，主题都是关于如何探索五四遗产的现实意义。总体上，这些文字呈现了当代中国生机勃勃、多样化的知识图景。编辑者发现今日中国的争鸣和民国时期一般无二，各种思潮（国内和国外）竞相登场以获政治青眼。社会主义最终胜出，至今仍是官方思想体系。然而随着自由主义成为中国经济改革的理论导向，它显然开始失去对社会的掌控。虽然官方努力在过去的苏联式社会主义体系中植入人文主义元素（如以人为本），30年马力全开的市场经济改革已经创造出了一个多元化社会，有着多元利益和矛盾重重的需求。中国需要发展出一个能兼顾各方的体系。相应的，一个被既得利益严重分裂、似乎已不可调和的社会造就了思想和价值观的多姿多态。"其次，他针对序言中简单给出的背景，认为本书讨论的主题是五四精神遗产与当今中国的关系。他对该书所有的论文的主题进行了分类整理："文章可以依主题和关注点分为四类。由于诸位作者的写作原则不同，他们的观点和方法论也大相径庭。前面三章由历史学者完成，其中两章专门写五四新文化运动。丁伟志对当时运动中的论辩进行重新评价，比如文化保守主义者和反传统者，渐进主义者和革命主义者分别是怎样实现社会变革的（第二章）。第三章（顾昕撰写）追述了'民主'作为一个舶来的概念，如何从卢梭的人民主权思想演化成中国激进知识分子所全心拥戴的马列主义的理论根基。

值得注意的是，本书开篇出人意表而富有启迪意义。黄贤强谈到中国晚清时期的反传教士风潮，当时很多广为流传的招贴画和民谣把耶稣和上帝进行了妖魔化。此章意在描述中国人在新文化运动之前是何等排外，对于目标读者——尤其政治学家来说，是很有可读性的。郑永年和王庚武的文章重点在研究中国民族主义的复兴，特别是在经济改革之后。郑的研究（第四章）扎根于他对欧洲各国民族国家和民族主义的演变过程的把握，以及他对演变过程和其他政治概念如民主、国家主义、主权及其衍生物互相作用的深刻理解。他总结道，中国的民族主义并不是发展中的经济力量的反映，而是外部压力的产物。"最后，葛立果·乌比里亚的总结是："这本书呈现了五四运动90年后中国知识界的大致图景。编辑者承认，这确凿无疑是一个'巨大的工程'。基本上所有的主要思想源流都涵盖到了，每一章都给我们理解当代中国极为活跃和流动的知识界的争鸣局面提供了一些思路。虽然五四运动过去和现在的关系仍充满争议，本书依然证明了它的深远影响。五四精神仍然和当今争鸣的各种思想息息相关，它留给我们的经验是，谁能够成功解释中国的现实并解决其问题，谁就是赢家。"（Ubiria，2012：2）

日本是海外研究五四运动成果最为卓著的国家之一，他们的学术成果也出现在英文国际刊物上。沟口雄三（Mizoguchi Yuzo）的《另一个"五四"》认为："五四运动通常被认为是毛泽东和共产党治下新中国的先声。"在本文中，沟口雄三提供了五四运动的另类解读，即梁漱溟的观点，"与其说它启发于马克思主义和阶级理论，以致后来被奉为'文化大革命'之起源，不如认为它更多地脱胎于中国传统。我们希望能够证明，走梁漱溟路线从五四到新中国，是和陈独秀、李大钊和毛泽东等人迥异的'另一条'道路。梁漱溟没有像他们一样走中国共产党的路，而是在党外另辟蹊径。同样，梁氏的路线不以阶级斗争为要务，而是反对阶级斗争。就目前已知的情况而言，这条另类的'第二条'路线改良和传承了传统的儒家宗法思想，这就和那些想要彻底推翻儒家宗法制度的思想相对抗了。也就是说，梁漱溟走的是一条和毫不妥协相对立的另类道路。然而，虽然这两条路线在中国是否存在阶级这个革命基本问题上相冲突，当真正开始建设新的中华民族时，他们又戮力同心，正如两股稻草拧成一根绳一样。"（Mizoguchi Yuzo，2016：4）沟口雄三以梁漱溟的另类道路探索了实践五四精神的可能性，也是对现代中国思想差异性的深刻揭示。

（二）观念研究

顾昕（Edward X. Gu）以1915—1922年期间五四语境中的民粹式民主和中国知识分子的激进化，提出谁是"德先生"的话题。他认为："'民主'是五四时期的符号之一，也是所谓'五四精神'的两个核心之一，几代中国自由派知识分子为之抖擞并希冀发扬光大以促进中国民主自由进程。新文化运动领袖之一的陈独秀在1919年庆祝《新青年》创刊三周年的一篇文章中，充满敬意地给'民主'和'科学'起了两个绰号——'德先生'和'赛先生'，并声称'我们现在认定只有这两位先生，可以救治中国政治上道德学术上思想上一切的黑暗'。"70年后，"中国知识分子们发表了大量文章讨论'五四精神'的遗产，挑战官方诠释历史的权威"（Gu，2001：3）。顾昕的历史回顾，试图召唤中国新一代年轻知识分子以争取自由、民主、科学来继承"五四精神"。

罗文大学历史系教授王晴佳主要研究比较史学史、史学理论和比较文化史，是目前国际史学理论界活跃的、有影响的中青年史学理论与史学史研究专家。出版的中文著作主要有：《西方的历史观念：从古希腊到现代》（台湾允晨文化公司，1998；华东师范大学出版社，2002）、《后现代与历史学：中西比较》（与古伟瀛合著，台湾巨流出版公司，2000；山东大学出版社，2003）和《台湾史学五十年：传承、方法、趋向》（台湾麦田出版社，2002）。英文著作有：《世鉴：中国传统史学》（与伍安祖合著，美国夏威夷大学出版社，2005）。又与依格尔斯教授主编《史学史上的转折点：一个比较文化的观察》（美国罗切斯特大学出版社，2002）。王晴佳的著作《在历史中发明中国：五四的史学取径》，是由他的博士学位论文修改而成，从五四运动的研究中梳理历史学的问题。该书包括的主题如下。从历史和现代性的角度探讨中国语境、传统和身份；从新的视野、新的态度辨析过去和现在，感知西方新历史学；从科学调查的角度，创新或是翻新，美国模式的历史和文献学；从等同和不同的角度，方法论探索、发现古代中国、寻找现代史；从寻找中国的民族认同，重新思索基于中国的现代文化、历史和公共领域、历史和政治、体和用。首先，王晴佳回顾了五四学人的历史学方法论。"五四运动对现代历史学的影响，如本书所言，对新一代的学者研究传统和现代之间本质联系有着典范性的价值。在梁启超和何炳松的中国历史学方法论研究、胡适和顾颉刚的古代中国史批判性研究、陈寅恪对佛教影响中国文化变迁的文献学研究中，都可以清楚看到他们对中华文明之期望的关注。这种关注是年轻一代所共有的，他们不像自己的祖先，没有经过儒家教条的洗礼，而是从'文化大革命'岁月和政治动乱中走过来。当他们终于走出了'黑屋子'，他们突然发现自己置身于一个崭新而缤纷的世界，并对'发现'西方充满了雀跃期待。"（Wang，2001：205）其次，他揭示了后代学人基于现实政治对于五四精神的不同阐发。"热播电视连续剧《河殇》就描绘了这种兴奋劲儿，制片者力劝观众们去拥抱'蓝色的大海'，即西方世界。在这苏醒了的'文化热'中，西方翻译过来的作品也吸引了一大批读者。不光是西方小说（很多书在'文化大革命'之前就已经有译本了），西方学术书籍的译本，内容从政治、经济、心理学到历史、文学批评、阐释学等，都十分畅销。"（Wang，2001：206）对此，王晴佳的批判性分析是："不过，这场'文化热'并不仅限瞩目西方，它也同样关注中国文化传统。虽然人们对西方文化和经济发展相当狂热，他们的狂热却是明显源于对中国文化前景的忧虑。这种担忧正说明中国继承了五四遗产。如五四史学家一样，'文化热'的参与者积极寻求改变中国传统，使之与西方安然并存的办法。比如张旭东注意到，'中国文化主义学派'以尝试协调现代与传统而闻名于世。"（Wang，2001：206）如果说绝大多数五四运动研究成果是聚焦历史本身的研究的话，王晴佳则是基于史学理论针对关于五四的历史阐释本身进行了反思性批判。

关于五四精神的研究，学界通常围绕民主、科学、理性、自由追求等方面展开，日本学者坂元弘子（Sakamoto Hiroko）则揭示了"爱与优生学"的主题，阐述了这一思想与国家救亡的紧密关系。坂元弘子探讨了五四语境下的"爱与优生学"崇拜，她首先陈述了五四精神的缘起："'伟大的老师，德先生！伟大的老师，赛先生！'民国成立是中国作为现代国家的第一个顶峰，而这句口号正是其后1919年五四运动期间对政治气候最有力的表达。然而它发生在比五四运动稍前的新文化运动的萌芽中，并非在文化为新'想象国度'抬轿的政治较量领域。在代表时代精神的《新青年》杂志发刊词中，创始人暨主编陈独秀表达了这种精神，用后来他著名的使命宣言来说，不是为了号召'评议时事'，而是为了'改革和培育青年人的思想'。这种思想的激进化表达为'劳工神圣，恋爱神圣'。"其次，她揭示五四运动思想中的优生学表征:"儒家思想传统中,'鄙视体力劳动'一直是中国文化精英深植于心的概念,他们认为'脑力劳动'更优越。有鉴于此,当时人们对锻炼体魄的兴趣,开始以参加'体力劳动'的方式滋长,并与更民主的概念'劳工神圣'和呼吁'泛劳工主义'联系在一起。"最后,她介绍了优生学对后世的影响:"本着这种精神,无政府主义者李石曾等赴法留学时也同时在当地工作,这是前所未有过的事。虽然后来这套说法被拿来教化和控制作为国家单位机构一分子的国民,文学文化领域却显然被从一个特权阶级和特殊性别——男性文化精英——的垄断中解放了出来。""为了普及教育,清末科举制度被废除以后,这种理念同样也促进了学校制度的规范化。印刷品的风行和教育系统的建立,让包括女性在内的读者人数大幅增加。"(Sakamoto Hiroko,2004:2)坂元弘子从异域视角出发,揭示了五四精神所呈现的多元复杂面貌。

奥斯陆大学文化研究与东方语言系路思·斯瓦尔路德(Rune Svarverud)的主要研究兴趣是中国语言、历史和思想文化史。他的研究聚焦中国历史上两个不相连的时期。一个是中国先秦时期和汉代的哲学思潮研究,另一个则是1840年鸦片战争之后接踵而来的中西方文化、语言和思想交汇。在这两个历史时期中,他着力于探索概念的历史、文本的历史、中国哲学思想的历史、文化交流、现代性和个人主义。路恩·斯瓦尔路德探讨了中国五四期间的自杀问题、道德问题以及个人的觉醒,并视之为一种"危险的人生观"。他首先陈述了中国现代个人主义的历史渊源以及不同阐释:"个人主义作为西方的舶来品,在19、20世纪之交进入了中国的文化语境。早期中国人对个人主义的理解和表达是和民族存亡联系在一起的。从1919年的五四运动开始,一些著名学者对个人主义有了新的解释,认为个人是政治和社会生活的终端。然而随着马克思主义的引入和社会主义运动的兴起,个人主义又一次和社会共同利益挂钩,进而和民族、和世界社会主义阵营联系在一起。"其次,他联系当时关于自杀问题的讨论,探讨个人主义与道德的关系。"本文意在解释什么是个人、道德以及个人的社会责任,背景是1919年五四运动时期关于自杀的一场论辩。借由辩论自杀的正确与否,我希望能够说明当时'个人'与他们的家庭社会关系的概念是如何从中国早期个人主义的形式中获得内涵,同时能够为其后几十年中国对马克思主义社会理论明显高涨的兴趣作见证。我想要证明五四时期人们对个人和个人道德有着多样化的理解，而这些理解可能和中国当时的数代知识分子有着关联。我对这次论辩的解释将说明在1919年的中国，个人主义是学生知识分子中一股强大的潮流。由于教师一代知识分子更关注共同的社会政治问题，使社会主义占领了未来20年代和30年代的理论风头，这股潮流并没有持续很长时间。"（Svarverud，2009：70）他以自杀的观念争辩为切入口，揭示了个人主义与道德意识的不同面相。

伦敦政治经济学院政府系的李蕾（Leigh Jenco）本科就读于巴德学院，其后先到南京的中美文化研究中心学习一年，再到芝加哥大学政治系攻读政治理论，2007年获得博士学位。她的论文《个人、制度、与政治改革：章士钊之政治理论》获得美国政治学学会的优秀博士学位论文奖。2007—2008年担任布朗大学助研究员，2008—2012任新加坡国立大学政治系的助理教授。李蕾从事研究工作的领域大致有两个，一是中国政治思想，特别是清末民初的民主思想与中西文化交流；二是西方现代政治理论。李蕾从五四运动期间中西文化的交汇与嬗变出发，指出文化亦是历史。她认为："本文研究的是中国五四运动时期（1915—1927）影响深远的一场论辩，即'东方'与'西方'文化特性之辩。当时不论温和派还是激进派都全力投入，并逐渐意识到文化不仅是空间上的概念，更是一种历史的事业。一些文化机构和其思想借此得以蓬勃发展，另一些则抱残守缺，江河日下。空间方位术语不仅标示了知识的由来，也是中国学者们承前之特殊，启后之发展的共同发力点。如众多评论家所言，厘清'东'与'西'，使五四学者们不仅可将文化特点分为寰宇所同和我所独有，还使得文化产品和文化实践虽然乍看受到空间和时间约束，却可以跨越它们的界限自由往来。"（Jenco，2013：1）她从思想流动出发，揭示了文化交流的过程实际上也是历史创造的过程。

香港中文大学的黄克武（Huang Ko-wu）是牛津大学东方学系硕士、斯坦福大学历史系博士，他的研究方向为中国近现代思想史和文化史，明清文化与思想史。与前面研究文化流动异曲同工的是黄克武从翻译角度出发的概念史研究，他从"迷信"一词的起源和演变，回顾五四科学观。他认为："本文的研究将从'迷信'一词的内涵演变开始，直到'迷信研究'的确立。在西方科学的影响下，早期中国现代思想经历了世俗化进程，研究即以此为主题。在传统文本中，中文词'迷信'（意为迷妄的信仰），现在翻译为'superstition'，有着多重多变的含义。它不但指合理或不合理的思想和信念，还有着政治内涵，广义上指和官方教条相悖的信仰或行为。在意识形态方面，传统意义上的'迷信'指的是和儒家观念相背离的天、地、人、宇宙观，或可表述为'非其鬼而祭之，谄也'。晚清时期，与'科学'这一概念相对的'迷信'一词是由日本传过来的，传统意义上的'迷信'概念被消解，并和其他新词一起盛行于世。从晚清到民国早期，'迷信'的范围已扩展到任何和'理性'相反的事物。这也可以被视为中国从'古典时代'进入'科学时代'的标志，既然儒家思想给科学思想腾了一席之地，对'迷信'的判断标准自然也就时移事易了。目前我们尚有一个共识需要达成，即如何区分'宗教'与'迷信'。本文亦将辨析不同的语境下的'迷信'或'superstition'，以及它们和时局变幻的关系，或许可以对理解这个问题有所助益。"（Huang Ko-wu，2016：2）黄克武对于19世纪和20世纪早期东亚的翻译与现代化关系进行了严谨深入的事实考辨，丰富了跨语际书写的研究方法。

正如本文将在第七部分将要讨论到的，美国的五四运动研究者有相当一部分来自中国大陆和港台地区，因为语言的优势、文化传统的延续以及文献理解的便利，同时又熟悉西方最新的思想与文化以及研究方法，他们在美国高校的中国学研究往往一方面具有隔岸观火的疏离感，另一方面又具有自身身份带来的倾向性关切，而自然带有文化中国的本源性忧思。2014年5月9日余英时发表的谈话比较了五四运动与中国当代社会运动和思潮"直接的思想上的关系"，重申了民主和科学的内涵。"五四提出的最重要的两个口号到今天我们大家还一致接受的。第一个是科学，科学是很广义的意思。就是用一种科学精神、科学方法研究一切问题。五四的科学研究后来被落实在研究中国历史文化思想各方面。当时叫作以科学方法整理国故，所以我们要提到五四的科学的意识，就是一种现代人研究学问的方法。"关于第二个纲领"民主"，余英时认为，虽然当代中国对于民主的理解有不同的意义的解释，但是依然是主流观念。他认为，"新文化运动，五四运动作为一个思想运动，还能在北京大学为中心发展出来"，这与北洋政府较少施行压迫的统治方式有关，"而且他们也不懂思想的重要性，所以就不大注意思想界"。余英时主张创造一个自由的思想环境，他比较西方的状况说："因为这几十年来西方的政治思想、社会思想、科学与哲学各方面都是有自由发展思想的地方、发展新知识的地方，必须是要有一个相当民主的环境。"（余英时，2014）余英时上述看法与王若水（Wang Ruoshui）2003 年提出的观点如出一辙，体现了关注现实的思想情怀。王若水从整风压倒启蒙的角度探讨五四精神遭遇的挫折，他认为："中国已迈入 21 世纪，值此回望 20 世纪初五四新文化运动时期中国提出的各种口号，我们发现不论是'科学''民主'或自由主义，还是人性解放、人权和人文主义，都仍然是当前社会的关注焦点。五四作为一个启蒙运动，可被视为中国走向现代化的思想准备，而实践现代化的第一步便是政治变革。"（Wang Ruoshui，2013：4）王若水以五四的思想成果作为历史资源，试图为当下的改革寻找出路和药方。

（三）去五四中心化

清史研究在美国中国学研究中是热点领域，而针对晚清这一时段的研究不仅仅集中在政治、经济、文化角度的研究视野，还在文学研究方面集中了大量的学者。因为五四与晚清之间的延续性关系，因而许多研究者对历史过渡阶段的嬗变事实与意识颇为重视。

俄勒冈州州立大学叶红玉（Hung-yok Ip）的研究包括共产主义的起源、中国观念中的民主、知识分子和农民之间的关系、共产主义政治文化，性别与女性外表等。她于 2005 年出版专著《1921—1949 年中国革命中的知识分子：领袖、英雄和老于世故者》。叶红玉等人以王德威、李欧梵、刘禾、叶文心的四部作品为中心（王德威：《世纪末的华丽：晚清小说被压抑的现代性》，斯坦福大学出版社，1997；刘禾：《跨语际书写：文学，民族文化与中国翻译的现代性，1900—1937》，斯坦福大学出版社，1995；李欧梵：《摩登上海：一种新都市文化在中国，1930—1945》，哈佛大学出版社，1999；叶文心编《成为中国：现代性及其他》，加州大学出版社，2000），他们指出，学界通常认为五四运动是 20 世纪中国现代化进程的枢纽，他们认为现在是超越这一认识范式的时候了，应该展现中国现代性的多元性。他们分析这四位学者如何超越现有的关于五四运动及其历史含义的解释，此外，还比较了美国和中国关于五四运动研究去中心化（decentering of the May Fourth Movement）的方法。最后，他们指出了四本美国出版物的缺点是：他们坚持对五四运动、中国现代性以及两者进行的假设，削弱了对中国多样现代性的探索（Hung-Yok Ip，2003：4）。

正如王晴佳对美国五四运动研究进行总体概观之后得出的结论，美国本土学者的五四研究总体上呈冷却趋势，即使是华人学者对于五四研究的态度也呈现为扩大时限、解构元叙事的趋势。王晴佳认为："华裔人士对五四研究的热忱，反衬出的却是西方中国学界其他族裔的学者对五四的兴味索然。这一变化，表现出五四运动的重要性在西方中国学界的衰微。而更重要的一点是，这一衰微又体现了西方中国学者对中国近现代历史解释角度的根本转换，用最新一部研究五四的论文集的口吻来说，那就是要'将五四去中心化'，即要把五四运动原来在中国现代史的中心位置，做弱化的调整，以走出五四范式的制约，因此颇有意味，值得细究。"（王晴佳，2009：6）王晴佳此处指的文集是由周启荣（Kai-wing Chow）所著《超越五四范式：探寻中国的现代性》（Chow，2008）一书。伊利诺伊大学香槟分校历史系的周启荣是伊利诺伊大学历史系、东亚系教授。主要著作有：《中国晚期帝国儒家礼教的兴起：伦理、阶级及其话语》（斯坦福大学出版社，1994）、《早期中国的文化与权力》（斯坦福大学出版社，2004）。周启荣等人编撰了《超越五四范式：探寻中国的现代性》，该书认为："中国从何时开始了从传统到现代的决定性转型？数十年来，人们广为接受的研究成果是从五四运动起。五四期间，砸烂传统的先驱者和守旧主义者厮杀得惊心动魄，其政治形态变得越发平民主义。然而，近期越来越多的研究开始关注如下问题：这个转捩点到底有多重要？它什么时候发生的？随之产生的现代性和当时自命为传统破坏先锋的人们之间究竟存在什么样的联系？这些研究似乎或明或暗地偏离了五四本身，而给我们留下一个任务，即解释无论有或没有（显然同样重要）五四运动的影响，作为一系列人物和思潮对话辩论、互相作用的结果，中国的现代性何以是这般模样。"（Chow，2008：back cover）该书的具体篇目如下：胡志德（Ted Huters）的《文化、资本和想象市场的诱惑：商业出版实例》；陈建华的《经典的形成和语言学转向：中华民国的文学辩论，1919—1949》；熊月之的《晚清时期上海妇女权利的理论与实践，1843—1911》；丹尼斯·吉姆佩尔（Denise Gimpel）的《以锻炼实现女权：19世纪晚期以降关于体育文化的辩论》；司昆仑（Kristin Stapleton）的《五四运动中代际和文化的裂痕：吴虞（1872—1949）和家庭改革之政治》；慕维仁（Viren Murthy），《晚清和民国时期的封建政治》；范发迪（Fa-ti Fan）的《中国人如何变成本地人？

五四时期的科学和民族溯源》；刘长江（Frederick Lau）的《接近中国现代性边缘的民族化呼声》；（叶红玉）（Hung-yok Ip）的《佛教、文学和中国现代性：苏曼殊对爱情的想象（1911—1916）》；韩子奇（Tze-ki Hon）的《从Babbitt到白璧德：学衡派对新人文主义的解释》；孙隆基的《另一个五四：旧秩序的黄昏》。

在西方学界，超越五四范式是一个响亮的口号，它体现了学者对于旧模式无法提供新思想的不满。在文学研究领域鲜明提出晚清重要性的是著名的华裔学者王德威，他提出的"没有晚清，何来五四"成为学界的名言，甚至被复制为一种研究模式来探讨"十七年"与"文化大革命"的关系。王德威认为，在中国近现代史上启蒙与革命并非仅有的两大主题。"近代、现代中国文学研究在以往学术领域里泾渭分明。多年以来，以五四运动为坐标的现代文学独领风骚。其中尤以'革命''启蒙'两大主题成为论述典范，影响至今不息。"（王德威，2014a：7）尽管如此，王德威突破五四范式的理由如下。第一，五四文学之所以具有活力，并非启蒙与革命所能解释得通。"五四时代风起云涌，所带来的种种现代性的憧憬和实践自然值得持续重视。但如果这真是一个众声喧哗的时代，当年文学创造的活力和多样性就不能被轻易地简化为'革命'和'启蒙'两个选项，更何况是日后被高度政治化、意识形态化的'革命'和'启蒙'。"（王德威，2014a：7—8）王德威认为，启蒙固然有对个人的发现，但这是主体性的价值内涵之一。第二，近代、现代、当代作为一种政治角度的时代分期，限制了现代的历史内涵。"现代文学的分期每以1919年的五四运动为起点，而以1949年新中国的建立为高潮。随着中华人民共和国的建立，1949以后的文学被归类为当代，而晚清到'五四'前夕的文学被定位为近代。这样的近、现、当代是高度政治性的分期法。时至今日，当代的时间表被不断延伸，而所谓的现代反而被局限在短短的30年里。如果现代性承诺了大破与大立，这样僵化的分期法无疑阻碍了我们思考中国文学现代化的复杂脉络。"（王德威，2014a：8）认为政治史的分期方式某种意义上遮蔽了历史脉络的本身，而解决问题的办法在于把历史还原给历史。第三，王德威认为现代中国历史除了革命与启蒙，另一个被忽略的传统是抒情。"不仅'革命''启蒙'的定义和结果成为重新问难的对象，'革命''启蒙'之外，主体情性的抒发更成为新的探讨方向。事实上，'抒情'原本就是中国古典文论的重要主题,从思想到感官——或套句左翼的修辞,从唯心到唯物——都有深远的渊源。"(王德威,2014a:8—9)关于抒情传统的论述,他延续了海外学者陈世骧、高友工以及新儒家唐君毅等人的思想传统。最后,他认为跳出五四这一现有论述方式将有利于重新焕发中国近现代历史阐释的活力。"另一方面,近现代的界限一旦打通,我们对于中国文学近两百年的流变于是有了峰回路转的看法。现代不必等到五四或任何一个黄道吉日才莅临中国,而是始自19世纪以来一个漫长而曲折的蜕变过程。中学和西学的交互对话充满了始料未及的挫折和兴奋,也充满了创造性的了解和误解。近代文学可能内蕴着被压抑的现代性,蓄势待发;而现代文学在呐喊和彷徨之余,也可能对传统不断频频回顾。因为有了这些纵横交错的脉络,近现代文学才能成为一窥中国文学在19、20世纪蜕变的最佳门径。"(王德威,2014a:9—10)王德威的治学思路受到福柯、德里达、巴赫金等理论家的影响,具有强烈的解构主义色彩,他自己也并不否认这一点。

  王德威提出上述观点,来自于他文本细读的积累。他从对晚清小说具体地细读出发,发现无法解释的问题是:晚清的传统"为什么五四之后全部被否定了?当然五四的精神是全盘否定传统,但是以我文学方法的训练,我觉得没有一个文学史是可以用全盘否定的方式来论述的"(王德威,2014b:25)。他认为文化断裂论这一看法,过于简单粗暴,并不符合历史实际情形。"过去总是以'五四'为Bing Bang Theory(大爆炸理论),但是现在大家开始觉得这个问题应该扩大了。"(王德威,2014b:26)他的专著《被压抑的现代性》特别关注的问题却是中国文学的历时性(historicity)。那么,怎么去评价晚清?王德威说:"我想在此之前我们对于现代中国文学的兴起,有个非常制式的方法:'五四的传统','反传统'。对五四那个时代的人,打倒传统是他们建立他们的现代性的一个必要手段,但这里面的反讽是:五四当时的学者其实是承接着晚清的反传统意识而来的,而他们所得到的传统的资源,其实远比我们的时代丰富,所以我们千万不要人云亦云地说五四是'反传统'。"(王德威,2014b:27)他认为最值得思考和反省的一点是,文学专家是比较晚才注意到晚清小说和现代的纠葛,但是政治史、文化史、思想史等学界,却从来没有轻忽晚清。对他们来讲:"晚清一直是看待现代的角度,一直是重要的环节,所以这个领域是本来就有的。为什么在文学史我们有这样一个奇怪的自我设限的做法?"（王德威，2014b：27—28）王德威认为中国现代性因素已经孕育在晚清传统之中，并且持续影响到五四及其后来者。"并不能说没有了卡夫卡，没有了乔伊斯，现在的中国文学就会显得特别脆弱，或者鲁迅要学会了果戈理才能够写出他的《狂人日记》。鲁迅显然经历了各种各样晚清的奇怪的事件。原来在西学大举侵入之前，中国文学的实践者也做出了一些自为的发明和有趣的突破。"（王德威，2014b：29）实际上，王德威认为中国现代性的发生并非仅仅是冲击—反应模式所能解释，中国文化内部具有创造与转化的能量。他认为整个晚清历史是各种力量竞争、抗衡的过程，而我们今天看到的结果并不意味着揭示了过程本身的复杂性。"我在书中强调的是晚清的能量爆发。有很多很多的可能都在那个时候相互竞争，最后不见得是一个达尔文式的优胜劣败的结果。我想是远比那个复杂。有太多的历史中的偶然事件（contingency）造成了文学领域里的突变、选择和淘汰。一百年后你回过来看，你会觉得这么精彩的东西为什么后来没有继续下来呢？最后的结果是很奇怪的，用中国的老话来讲：'过了这个村，没有那个店。'历史就是那样：你过了就过了。但是这并不妨碍我们用一个后见之明的眼光（historical hindsight），或者用一个假设的方式来看待它，挖掘当时的可能性。所以历史本身不再是个单线进行的形式了。很多时候我们看20世纪末期的中国文学会觉得：'怎么这么像晚清的那种经验和想象力？'"（王德威，2014b：30）王德威提出的一种有意思的历史观照方式是"后见之明"，这一看法基于历史假设的各种可能性。

加州大学洛杉矶分校的胡志德（Theodore Huters）近年出版了一本新著《带世界回家：晚清和共和国早期对西方的挪用》（*Bringing the world home: appropriating the West in late Qing and early Republican China* 以下简称《带世界回家》），他在该书中认为："19世纪的中国是一个矛盾的国度。一方面，风起云涌的呼声决心进行改革，使清帝国能够应付强大的西方；另一方面，知识分子和绝大多数公众同意保留旧的方式。《带世界回家》揭示了1895年至1919年间中国活跃的文化生活的新亮点——标志着保守的旧政权和20世纪20年代表面上破坏性的新文化之间的分水岭的关键时期。虽然在理解现代中国历史的过程中普遍忽略了这个时代，但是，这个时代对教育文化的空间有很大的帮助，其特点是拥有自己独特的知识生活。这个基于原始资料和作品的探索，追溯到1895年后的新话语，集中探讨一个复杂的文化转型过程中固有的焦虑。"（Huters，2005：back cover）胡志德指出，近代的多元性很特别，相对而言，五四是比较封闭的——在这一点上，他跟王德威教授的看法相近，但是对于王教授所谓"被压抑的现代性"的观念，胡教授仍有所保留。他认为，如果把近代加上了"现代性"的观念，就等于是给它定位，而他对于近代文化最欣赏、最感兴趣的，却正是那种犹豫不决、不能被定位的特质："它既不是现代，又不是古代，但是他们的思想丰富，像严复、章太炎，一直到1914年的《东方杂志》里的那些人都是，可是他们都被胡适跟五四那批人骂得一文不值，所以我特别对他们感兴趣。"（胡志德，2014：118）

李欧梵主张延续王德威"被压抑的现代性"重视晚清的思路，进一步将五四和晚清混合起来看，也不能一刀断流，会发现二者并非对立，反而是犬牙交错的，要将这种抒情模式和叙事模式芜杂的状况描绘出来，才是真正表现了当时的"众声喧哗"（李欧梵，2014：489）。他说："张灏等学者将晚清认定为转折期或过渡期，我并不完全同意。我想，晚清是一个暧昧、混杂的时代，是介于两个不同时代之间的世界，像是踩在门槛上一样，鹳鸟踟蹰。"他指出，他接触到一些研究生，仍然想用五四家国想象去诠释晚清，这样可能会把晚清研究搞得太狭窄或偏颇。"晚清所包含的时域，恰好跨越了世纪末与世纪初，是颓废和新生的混合物，整个文化是一只脚还陷在旧日的云泥里，另一只脚已经跨出去找寻新方向。我们尤其要注意1900年至1910年间，多数小说都在这个时间中出版，目前还没有人对这个部分做理论化的处理。在实际研究上，则大概把这个时间前后各推五年左右，以增加弹性。"（李欧梵，2014：489—490）上述王德威、胡志德、李欧梵的观点大同小异，并非简单的趋同，各人的学术方法、研究旨趣、思想关怀也有侧重点的差异。

参考文献

北京师范大学校史资料室编（1984）：《五四运动与北京高师》，北京：北京师范大学出版社。
胡汉本（1980）：《五四运动在山东资料选辑》，济南：山东人民出版社。
胡志德（2014）：《走出"五四"，寻回近代——专访胡志德教授》，载郑文惠、颜健富编《革命・启蒙・抒情——中国近现代文学与文化研究学思录》，北京：三联书店。

李欧梵（2014）：《破旧声论——专访李欧梵教授》，载郑文惠、颜健富编《革命·启蒙·抒情——中国近现代文学与文化研究学思录》，北京：三联书店。

庞守信、林烷芬（1983）：《五四运动在河南》，郑州：中州书画社。

上海社会科学院历史研究所（1980）：《五四运动在上海史料选辑》，上海：上海人民出版社。

天津历史博物馆、南开大学历史系（1979）：《五四运动在天津》，天津：天津人民出版社。

王德威（2014a）：《序二革命，启蒙，抒情》，载郑文惠、颜健富编《革命·启蒙·抒情——中国近现代文学与文化研究学思录》，北京：三联书店。

——（2014b）：《没有文学想象，何来历史书写？——追溯王德威教授文学观的来龙去脉》，载郑文惠、颜健富编《革命·启蒙·抒情——中国近现代文学与文化研究学思录》，北京：三联书店。

王晴佳（2009）：《五四运动在西方中国研究中的式微？——浅析中外学术兴趣之异同》，《北京大学学报》（哲学社会科学版），（6）。

吴原元（2010）：《试析美国的五四运动研究——以博士论文为考察中心》，《济南大学学报》，（3）。

余英时（2014）：《余英时的谈话》（RFA 根据作者 2014 年 5 月 9 日录音整理，未经作者审校），新世纪 New Century Net（http://2newcenturynet.blogspot.com/2014/05/blog-post_15.html）。

张影辉、孔祥征（1981）：《五四运动在武汉》，武汉：湖北人民出版社。

郑文惠、颜健富编（2014）：《革命·启蒙·抒情——中国近现代文学与文化研究学思录》，北京：三联书店。

Chen, Joseph T. (1970): "The May Fourth Movement Redefined," *Modern Asian Studies* 4 (1).

—— (1971): *The May Fourth Movement in Shanghai: The Making of a Social Movement in Modern China*. BRILL.

Chow, Kai-wing etc. (2008): *Beyond the May Fourth Paradigm: In Search of Chinese Modernity*. Lexington Books.

Doleželová-Velingerová, Milena etc. (2001): *The Appropriation of Cultural Capital: China's May Fourth Project*. Harvard University Asia Center.

Hiroko Sakamoto (2004): "The Cult of 'Love and Eugenics' in May Fourth Movement Discourse," *Positions* 12 (2).

Forster, Elisabeth (2014a). *The Invention of the New Culture Movement in 1919*. DPhil. University of Oxford.

—— (2014b): "From Academic Nitpicking to a 'New Culture Movement': How Newspapers Turned Academic Debates into the Center of 'May Fourth'," *Frontiers of History in China* 9 (4).

Gu, Edward X. (2001): "Who was Mr Democracy? The May Fourth Discourse of Populist Democracy and the Radicalization of Chinese Intellectuals (1915–1922)," *Modern Asian Studies* 35 (3).

Huang Ko-wu (2016): "The origin and evolution of the concept of mixin (superstition): A review of May Fourth scientific views," *Chinese Studies in History* 49 (2).

Hung-Yok Ip etc. (2003): "The Plurality of Chinese Modernity: A Review of Recent Scholarship on the May Fourth Movement," *Modern China* 29 (4).

Huters, Theodore (2005). *Bringing the world home: appropriating the West in late Qing and early Republican China*. Honolulu: University of Hawaii Press.

Jenco, Leigh (2013): "Culture As History: Envisioning Change across and Beyond 'EASTERN' and 'WESTERN' Civilizations in the May Fourth Era," *Twentieth-Century China* 38 (1).

Kenley, D. L. (2003): *New Culture in a New World, The May Fourth Movement and the Chinese Diaspora in Singapore, 1919-1932*. New York & London: Routledge.

Lanza, Fabio (2010): *Behind the Gate: Inventing Students in Beijing*. Columbia University Press.

—— (2013): "Of Chronology, Failure, and Fidelity: When did the May Fourth Movement End?", *Twentieth-Century China* 38 (1).

Li, Li Chang (2010). "The Social Consequences of the May Fourth Movement: The Establishment of Women's Property Rights," *Chinese Studies in History* 43 (4).

Mizoguchi Yūzō (2016): "Another May Fourth," *Inter-Asia Cultural Studies* 17 (4).

Schwartz, B. I. (1972): *Reflections on the May Fourth Movement: A Symposium*. Harvard East Asian Monographs, Harvard University Press.

Svarverud, Rune (2009): "Perilous Life Views: Suicide, Morality and the Rise of the Individual in May Fourth China," *Acta Orientalia* 70.

Ubiria, Grigol (2010): "Ideas in Conflict: From May Fourth Movement to Contemporary China," in Wang Gungwu & ZhengYongnian (eds.) *Asian Politics & Policy* 2 (4). Singapore: World Scientific.

Wang, Q. E. (2001a): *Inventing China Through History: The May Fourth Approach to Historiography*. State University of New York Press.

Wang Ruoshui (2003): "Work-Style Rectification Overwhelms Enlightenment: The Collision Between the May Fourth Spirit and 'Party Culture'," *Contemporary Chinese Thought* 34 (4).

Wu, Guoguang (2008): "From Post-imperial to Late Communist Nationalism: Historical Change in Chinese Nationalism from May Fourth to the 1990s," *Third World Quarterly* 29 (3).

Yeh, Wen-hsin (1994): "Middle County Radicalism: The May Fourth Movement in Hangzhou," *The China Quarterly* 140.

A Retrospective Pursuit of May Fourth Movement in the World of English (Part One): To Commemorate the 100th Anniversary of May Fourth

Li Song   Shu Mengzhi

Abstract: In the past seventy years, the study of May Fourth has been a hot issue of Modern Chinese History in the world of English as well as an important issue for oversea China studies. The plentiful achievements and new theories of this field has profoundly influenced the ideology of many domestic subjects. By going deep through volumes and journals of the English world, we can conclude that the main study is about the following six subjects: historical process, regional research, ideology, intelligentsia, literature and language study, and document compiling. The features of this research are as follows: the majority of researchers are ethnic Chinese; the academic tie of mentor-student inheritance has been built in renowned American universities; oversea China Studies has been under the direct impact of Cold War politics, hence having the unpredictable wavering accordant with international upheavals. May Fourth study in the age of globalization needs to be promoted when strengthening the China-Western communication, to pursue and reflect on the proceeding of May Fourth Study in the world of English, with an aim of making the May Fourth study a crucial field where a multiplicity of subjects, perspectives and methodologies clash and scintillate.

Keywords: May Fourth Movement, China Studies, the World of English, De-centering

About the Authors: Li Song (1974 –), Ph. D., Associate Professor in School of Chinese Language and Literature, Wuhan University. Research interests and specialties: literary theory and China's contemporary literary history. Magnum opuses: *Literary Research's Basis on Theory of Knowledge* (2013), *Political Aesthetics of the Red Proscenium* (2013), *Philosophy of Literary History* (2014). E-mail: diamond1023@163.com.

Shu Mengzhi (1982 –), Master of Linguistics, Lecturer in School of Foreign Language, Xiangtan University. Research interests and specialties: intercultural communication and comparative literature. Magnum opuses: *On Translation and Exportation of Chinese Contemporary TV Series—Taking shibingtuji as an Example* (2010). E-mail: smzmi2am@126.com.

五四新文化中的科学信念

许祖华[*]

摘　要：科学，作为一个近代从国外引入中国的概念，最初，主要指称自然科学。到五四新文化运动兴起，其所指发生了显然的变化，其变化主要包括概念外延的扩展与意义的提升两个方面。五四新文化中的科学信念，主要是一种知识学上的模型信念，这种模型信念不仅具有强烈的理性特征与显然的逻辑推导的特征，而且具有完整的科学形式，即严密的逻辑性、清晰的有序性、高度的整体性。正是这种完整的科学形式，在直接的意义上保证了五四新文化中的科学信念的"科学性"。

关键词：五四新文化　科学信念　模型信念

基金项目：国家社科基金项目"鲁迅的知识结构及信念的个性特征研究"（14BZW106）

科学，是五四新文化运动中最耀眼的两面旗帜之一（另一面为民主），它不仅历史地成为新文化的重要内容，而且也成为新文化在构建过程中的重要原则与方法。正是基于科学所提供的原则与方法，新文化运动的先驱们有效地引进了外来的各种文化，较为全面和深入地批判了中国固有文化的弊端。本文拟从现代知识学的层面来论述这面旗帜的基本属性以及在新文化构建中的杰出意义与价值。

---

[*] 许祖华（1955—），博士，华中师范大学文学院教授。研究方向为中国现代文学，主要著述有《智慧启示录——人的发现与新文学观的境界》《双重智慧——梁实秋的魅力》《小说新人与小说新潮》《五四文学思想论》等。电子邮箱：xuzuhua2005@163.com。

一 科学概念的所指及新文化先驱们
对科学这一概念的使用

科学作为一个描述人对客观世界的认识所形成的系统知识的概念，它不是发源于中国的概念，而是一个由国外引入中国的概念，其来源的国度是日本。日本明治维新时期，日本著名科学启蒙大师、杰出的教育家福泽谕吉，将英文的 Science 译为"科学"，1893 年，康有为则从福泽谕吉那里将科学这一概念引入中国并率先使用。之后，严复在翻译《天演论》等西方科学著作时，也开始使用科学这一概念，而这一概念也开始在近代中国的知识界广泛使用。最初，无论是康有为还是严复，在使用科学这一概念时，都"专指"关于自然的学问，即"自然科学"，他们也都严格地秉承了这一概念意指"自然科学"的规范，如 19 世纪末，严复在《群学肄言》自序中就曾如是说："群学何？用科学之律令，察民群之变端，以明既往测方来也。"（许祖华，2004：129）严复这里使用的"科学"概念就是具体指达尔文的"生物进化论"概念，他翻译成中文的《群学肄言》一书，是 19 世纪英国哲学家斯宾塞运用自然科学的生物进化的观点，"殚年力于天演之奥变，大阐其理于民群"（许祖华，2004：129）的著作。而在更为完整的意义上阐释科学这一概念意指自然科学的人物，则是鲁迅。

20 世纪初期，在日本留学的鲁迅，在使用科学这一概念的时候不仅严格地秉承了这一概念意指"自然科学"的规范，并由此撰写了《人之历史》《科学史教篇》《说铂》《中国地质略论》等关于自然科学的论文，更在 1908 年所撰写的《科学史教篇》中给科学下了一个明确的定义："盖科学者，以其知识，历探自然见象之深微，久而得效，改革遂及于社会，继复流衍，来溅远东，浸及震旦，而洪流所向，则尚浩荡而未有止也。"（鲁迅，2005a：25）在这一关于科学的定义中，鲁迅不仅高度赞扬了科学对于社会发展的巨大正面作用以及非凡的影响，而且十分明确地指出了科学探讨的对象是"自然现象"而不是社会现象的基本规范，可见，在鲁迅的意识中，科学这一概念意指的是探讨自然及其规律的学问，而不是关于人文社会及其规律的学问。关于科学这一概念意指自然科学的理解，在中国知识界一直持续到 1915 年新文化运动的发生。辛亥革命之后的 1914 年，安徽都督倪嗣冲，在给袁世凯的呈文中曾说："果能改良以读经为本，以余力习有用之科学，即戡乱之上策，治病之良方也。"① 他这里所说的"有用之科学"也主要指自然科学，特别是实用类的自然科学。

1915年对中国文化的发展来说，是一个有重要纪念意义的年头，一场改变中国文化命运的伟大运动——新文化运动，就是在这一年拉开序幕的。"一九一五年九月，陈独秀在上海创办《青年》（一九一六年起第二卷第一号起改名《新青年》）杂志，就是这场新文化运动兴起的标志。《新青年》一问世，就高举起民主和科学（即德先生和赛先生）两面大旗，向以儒家学说为代表的封建文化和封建礼教，展开了猛烈的攻击。"（李新、陈铁健，1983：13）新文化运动兴起之后，新文化运动的先驱们不仅高举"科学"的旗帜，而且，科学这一概念的所指在这场改变中国文化的运动中也发生了变化，其变化主要包括两个方面，一方面是科学这一概念的意指范围扩展了，另一方面是科学这一概念意指的意义被提升了。

科学这一概念意指范围扩展的结果是，它不仅被以陈独秀、蔡元培、鲁迅等为代表的新文化运动的先驱们拿来指称自然科学，也被他们拿来指称与自然科学并列的人文与社会科学，如五四新文化运动兴起之初，陈独秀在《敬告青年》一文中如是说："国人而欲脱蒙昧时代，羞为浅化之民也，则急起直追，当以科学与人权并重。士不知科学，故袭阴阳家符瑞五行之说，惑世诬民，地气风水之谈，乞灵枯骨。农不知科学，故无择种去虫之术。工不知科学，故货弃于地，战斗生事之所需，一一仰给于异国。商不知科学，故惟识罔取近利，未来之胜算，无容心焉。医不知科学，既不解人身之构造，复不事药性之分析，菌毒传染，更无闻焉。"（陈独秀，1915）同样，在五四新文化运动蓬勃发展之时，鲁迅也曾在杂文《热风·三十八》中写下过这么一段话："现在发明了六百零六，肉体上的病，既可医治；我希望也有一种七百零七的药，可以医治思想上的病。这药原来也已发明，就是'科学'一味。"（鲁迅，2005b：329）

如果说，陈独秀对科学这一概念的使用，既指自然科学（即"农不知科学"、"工不知科学"和"医不知科学"）又指社会科学（即"士不知科

---

① 见《生活日报》1914年5月17日，转引自胡绳武、金冲及（1983）《从辛亥革命到五四运动》，长沙：湖南人民出版社，第15—16页。

学""商不知科学")的话,那么,鲁迅这段话中所使用的科学概念,无论是从其语境还是所针对的对象来看,都意指社会科学。从语境来看,在鲁迅的这段话中,这里的"科学"是相对于自然科学的成果——"六百零六"而言的另一种"科学",即鲁迅希望能有的、与自然科学的成果相对应的"七百零七"这种"科学"的成果;从针对的对象看,这里的"科学"所针对的是医治人的"思想病"的"药"。而医治人的"思想病",较为"对症"的"药"不可能是自然科学,只能是社会科学,因为,人的"思想病"本身并不具有自然属性,而是人在社会实践中形成的某种不正常的或对人与社会的发展不具有积极意义的观念、看法等。

而新文化运动中的另一位人物刘半农,更扩大了科学这一概念的所指,最典型的是,他将文学这种最典型的非科学的精神文化也拉入了科学的行列之中,提出了"文学本身亦为各种科学之一"(刘半农,1979:35)的观点,并将文学这种"科学"与"他种科学"并列。

当然,这个时候,无论是陈独秀、刘半农还是鲁迅,尽管他们还没有明确地使用"自然科学"与"社会科学"两个概念,但很显然的是,科学这一概念的所指却被他们在实际使用过程中有意识地扩展了,并且是有意识地向社会科学领域扩展了,特别是鲁迅与刘半农。新文化先驱们明确地使用"自然科学"与"社会科学"两个清晰的概念,是到了20世纪20年代之后。如20世纪30年代初,鲁迅不仅明确地使用了"自然科学"与"社会科学"两个各有所指的"科学"概念,而且还深刻地指出,自然科学虽然是人类的伟大创举,但这种伟大的创举也是有局限的,尤其是在当时积贫积弱的中国,更是如此。即使是最先进的自然科学及其成果,有时不仅不能解决社会问题,而且也不能解决纯粹的自然问题,在这种情况下,就需要社会科学发挥作用了。鲁迅还用中国的事实说明了自己的这一观点,如关于治理沙漠化的问题,鲁迅就曾十分明确地指出:"自然科学的范围,所说就到这里为止,那给与的解答,也只是治水和造林。这是一看好像极简单,容易的事,其实却并不如此的。"鲁迅引用新闻报刊上的资料说明,在中国,虽然按照最新的科研成果,用造林的方式来治理沙漠,但造林的结果却出乎人的意料,"增加剥树皮,掘草根的人民,反而促进沙漠的出现"。所以,鲁迅深刻地认为:"接着这自然科学所论的事实之后,更进一步地来加以解决的,则有社会科学在。"(鲁迅,2005c:

255—256）在这里，鲁迅既明确地使用了"自然科学"与"社会科学"这两个概念，又根据中国的实际情况，指出了自然科学，即使是最有针对性的自然科学及其成果的局限性，肯定了社会科学在解决各类问题，包括自然科学问题方面的重要意义。

科学这一概念意指的意义被提升的结果是，它被上升为一种原则与方法。

五四时期，陈独秀在《敬告青年》中曾发表过这样一种观点："凡此无常识之思维，无理由之信仰，欲根治之，厥为科学。"（陈独秀，1915）五四时期的鲁迅则不仅认为科学具有治疗"思想病"的功能，而且，他还从总体上认为："科学能教道理明白，能教人思路清楚，不许鬼混。"（鲁迅，2005b：314）五四时期的蔡元培更是针对研究中西方文化明确指出："研究也者，非徒输入欧化，而必于欧化之中为更进之发明；非徒保存国粹，而必以科学方法，揭国粹之真相。"（蔡元培，1959：198）不仅明确地使用了"科学方法"的概念，而且有很强的针对性。很明显，无论是陈独秀，还是鲁迅、蔡元培，这一时期，在他们的言论中所使用的"科学"概念，已经不是具体地指称关于自然的科学、关于人文社会的科学或者关于思维的科学了，而是一种原则、一种方法，即科学的原则与方法。并且，这种对科学作为原则与方法的强调，在五四新文化运动时期，还不是个别人或几位新文化运动的先驱所为，而是一种普遍的倾向。关于这种倾向，新文化运动的另一位先驱李大钊就曾经做过描述，他指出："科学界过重分类的结果，几乎忘却他们只是一个全体的部分而轻视他们相互间的关系，这种弊象，呈露已久了。近来思想界才发生一种新倾向：研究各种科学，与其重在区分，毋宁重在关系；说明形成各种科学基础的社会制度，与其为解析的观察，不如为综合的观察。这种方法，可以应用于现在的事实，亦可以同样应用于过去的纪录。"（李大钊，1959a：481—482）

二　新文化先驱关于科学的信念及其属性

在新文化运动兴起之初，陈独秀在《敬告青年》一文中，曾经写下过这样一段话：

科学者何？吾人对于事物之概念，综合客观之现象，诉之主观之理性，而不矛盾之谓也。……近代欧洲之所以优越他族者，科学之兴，其功不在人权说下，若舟车之有两轮焉。（陈独秀，1915）

陈独秀这段关于科学是什么的表述，可以说是代表了新文化运动先驱们对科学的一种普遍认知，具有相当的代表性。与鲁迅在1908年为科学所下的定义相比较，这里科学这一概念所指的外延已经被扩展了，如从对象来看，鲁迅认为科学所探讨的对象是"自然现象"，而陈独秀则认为是"客观之现象"。很显然，在鲁迅那里，由于科学的对象是"自然现象"，因此，科学这一概念也主要指"自然科学"；而在陈独秀这里，科学则不仅指自然科学，也指社会科学，因为，"客观之现象"本身既包括各种自然现象，也包括形形色色的社会现象。科学这一概念意指的扩展，正反映了五四新文化运动时期，新文化先驱们对科学所指的理解的一般倾向，也当然代表了他们对科学的基本信念。

理解陈独秀这段话所表达的意思及其观念，一般说来，可以有两个基本的思路，一个是哲学本体论的思路；另一个则是狭义的哲学认识论，即知识学的思路。如果按照哲学本体论的思路理解陈独秀这段话，应该说，这段话所揭示的正是科学的本质与功能（影响），表达的是以陈独秀为代表的新文化先驱关于科学是什么的观念；而如果从陈独秀对"科学"是什么以判断的句式（判断句）和思路（基于既有"知识的原则"——理性与主体认知关系的思路）来理解，则完全可以说这段话所显示的是陈独秀对科学的一种心理认知状态，表达的是以他为代表的新文化先驱关于科学的一种知识学的信念，并且不是原型信念，而是模型信念，因为，这种信念，符合知识学所认可的模型信念的两个基本特征，即理性特征和逻辑推导的特征。

虽然国内外学人对信念在知识学中究竟所指的应该是什么见仁见智，但如果进行概括，或者说选择一个我认为比较具有说服力的解说，则似乎可以引用这样的观点或解说："比较一致的看法是把信念视为某种特殊信息产生的状态。"（陈嘉明，2003：37）也就是说，知识学中所说的信念，指的是认识主体对某个对象（包括自然对象、社会对象、理论、学说、审美对象等）认可或不认可的心理状态。而信念，一般又可以分为原型信念与模型信念两种。所谓原型信念，也就是主体从与对象的直接接触中基于经验而获得的认可，即信念。所谓模型信念，指的是认识主体思想（包括情感）世界中所储备的既有观念与认识。与原型信念相比，模型信念具有两个最为显然的特征，这就是理性特征与逻辑推导的特征。

理性特征，是模型信念最为显然和基本的特征，因为，模型信念，"它是在主体经验观察的基础上，对经验观察得到的信息进行选择、理性思考而形成的一种理性信念"（鲍宗豪，1996：143）。这种具有理性特征的信念，不仅因理性的作用具备了强劲的魅力，而且以自身特有的规范构成了与其他信念，如原型信念等之间的显然区别。如果结合陈独秀关于科学是什么的判断话语，分别从信念形成的基础、信念所包含的内容和形成信念的方式三个方面进行具体论述，也许看得更为清楚。

信念，作为认知主体面对对象的认可或者不认可的心理倾向与状况，无论是按照经验主义知识学的观点，还是按照理性主义，甚至先验主义知识学的观点来看，它的形成，都不可避免地要基于一定的事实或现实。无论这些事实或现实是由社会提供的，还是由书本等载体提供的，也不管是由事件构成的现实，还是由语言构成的"思想的现实"或者是由认知者悬定的诸如上帝、理念等所谓的现实，但不同类型的信念所基于的事实的特性与类别却是不同的。一般说来，原型信念所基于的事实，往往是"在场"的事实，是可以被个体所经验的个别事实和可以被认识主体所感知的事实，即能够被认知主体耳闻目睹和可以通过认知主体的感官感知的事实。这既是原型信念十分突出的特点，也是原型信念十分宝贵的品格，当然也是原型信念与其他信念区别的特征。而与原型信念相比，模型信念则不仅基于"在场"的事实，更基于"不在场"的事实；不仅基于可以被感知的事实，更基于无法感知的事实（如光速、分子结构等）；不仅基于个体、个别的事实，更基于普遍与整体的事实。从陈独秀关于科学是什么的判断所表达的意思看，他"相信"科学就是"综合客观之现象，诉之主观之理性"的学问。这样的判断及形成的信念，很明显，并不是基于"在场"的哪门科学（如物理学、生物学或经济学、社会学、伦理学）所提供的事实，甚至也不是基于陈独秀自己曾经习得或者熟悉的哪几门自然科学或社会科学（这些习得或熟悉的自然科学也是属于"在场"的科学，是存储于他智慧中的既有知识）所提供的事实，而是基于"所有"的科学（既包括曾经习得了的、熟悉的自然科学、社会科学，也包括未能习得，或者知之甚少甚至是完全不知的其他种种不在场的自然科学与社会科学）所提供的事实，即陈独秀并不是仅仅相信个别科学项目，如物理学、化学、政治学、哲学等是探讨客观现象的学问，而是相信"所有的科学"都是探讨客观现象（无论这些自然的、社会的现象在场还是不在场，能被感知还是无法感知）的学问（从语法学来说，这里使用的"科学"是一个地地道道的"集合"词语）。所以，陈独秀关于科学是什么的判断，所表达的并不是他对一门或几门自然科学、社会科学的特征的认知与信念，也不是仅仅表达了他对自己曾经习得或者熟悉的哪几门自然科学或社会科学的特征的认知与信念，而是表达了他对自己熟悉或不熟悉的"所有"自然科学及社会科学的共同特征的认知与具有"模型"规范的信念。

从信念所包含的内容来看，原型信念，由于主要是在关注事实"现象"的过程中认知主体基于经验形成的信念，因此，原型信念所包含的内容，主要是现象的内容。与之相比，模型信念由于不仅关注"事实"现象本身，更关注现象之中的本质与规律，尤其是关于科学的模型信念。进化论的提出者达尔文曾经指出："科学就是整理事实，以便从中得出普遍的规律或结论。"（达尔文，1994：2）因此，模型信念中所包含的内容，就不仅是关于现象的内容，更是关于现象深处的本质与规律的内容。从认识论的角度讲，要把握对象的本质规律，认知主体不能仅仅依据自我的经验，因为经验只能感知与把握"在场"对象和"在场"对象所呈现的现象特征，而对象的本质规律由于不是以具象的形式存在的——它既不具体存在于某个时间段，更不具有可以被感知的空间形态，自然无法"在场"，因此，认识主体要把握对象的本质规律并使用相应的话语来表达自己的认知，只有"诉之主观之理性"才有可能实现。而理性的思考，又恰恰是形成模型信念的基本依据。没有理性思考这个依据，认识主体不仅不能将"不在场"的对象纳入自己的思考中，而且更不可能把握并剖析"在场"与"不在场"对象的本质规律，在这种情况下，认识主体要形成关于对象本质规律的模型信念，就如要寻索"无源之水"与"无本之木"一样的不可能。以此来考察陈独秀关于科学的信念，很显然，这种信念所关注的不仅是科学的"现象性"特征，即科学总关乎"客观之现象"；更揭示了科学的本质特征，即科学不仅探讨客观现象（当然包括自然现象）是什么和是怎样的，更探讨客观现象的规律并通过"诉之理性"用"概念"的形式揭示出来。当然，不可否定的是，原型信念，包括陈独秀的原型信念也并非只具有描述"现象"的功能，也具有揭示本质的功能，而这种信念对对象本质的揭示是"通过现象"完成的，如陈独秀对"十八妖魔""复古"的信念就是如此。与之相比，陈独秀关于科学本质的揭示，却是完全"剔除"了各种丰富而生动的具体"现象"完成的，是通过理性抽象化的结果，这个结果中所包含的内容，虽然也包含了关于对象的"现象"特征的内容，但主要成分则是关于对象的本质规律的内容。

从形成信念所采用的方式来看，如果说，原型信念是主要采用直观感知的方式形成的信念的话，那么，模型信念则是主要采用逻辑推导的方式所形成的信念。陈独秀这段话所表达的关于科学的信念，很明显，不是依据自己的直观"感受"而形成的，而是经过自己的理性思考，依据逻辑推导的方式条理分明地"概括"出来的"信念"。所谓逻辑推导的方式，迄今为止，人们认可的主要有两种方式，一种是归纳法（鲁迅将其概述为"内籀之术"），另一种是演绎法（鲁迅将其概述为"外籀之术"）。在表达关于科学的信念时，陈独秀主要采用的是"内籀之术"，即归纳法（他称之为"综合"法）。他就是运用逻辑推导方式中的这种归纳法（综合），归纳了各种自然科学与社会科学的基本特征而概括出了这些科学的共同性的特征。这种由"概括"形成的模型信念，虽然不如由"经验"形成的原型信念生动、直观，但却具有由逻辑所规范的严谨与简明，而严谨与简明，正是模型信念的特征。

三　新文化先驱关于科学的模型信念的"科学形式"及特点

如果我们进一步细读陈独秀关于科学的这段话，我们还可以发现，这段话不仅表达了以陈独秀为代表的新文化先驱关于科学的模型信念，而且这种表达还有一个清晰而完整的结构，这个结构主要由四个子信念构成。第一个子信念是关于科学的"对象"的信念，即他确信科学所探讨的对象是"客观之现象"（不是概念本身）；第二个子信念是关于科学目的的信念，即他确信科学对自然现象探索的目的主要是发掘自然现象"深"处"微妙"的东西，用现在通用的概念来表述就是发掘自然现象深处的本质与规律；第三个子信念是科学探索"客观之现象"的主体性基础——理性，即已有知识提供的原理、规则；第四个子信念是科学对社会的影响（价值），即陈独秀确信，科学对各种自然与社会规律探讨的成果，不仅对人类认识自然、社会具有重要的意义与价值，而且对人类社会的发展也有直接而重要的意义与价值。这四个子信念，不仅分别从"对象""目的""方法""价值"四个方面构成了陈独秀关于科学的模型信念的完整表达，清晰地凸显了其关于科学的模型信念的所指以及完整的内容，而且使其关于科学的模型信念具有了"科学的形式"，即严密的逻辑性、清晰的有序性和高度的整体性。

逻辑性，是陈独秀关于科学的模型信念在结构上的基本规范，主要表现为，总概念"科学"统领分属于方法的"综合"概念、分属于对象的"客观之现象"和分属于认知主体的条件的"理性"三个概念，而三个概念层次分明地从不同方面，即对象、条件、方法严谨地凸显"科学"的本质与特征。

有序性，是陈独秀关于科学的模型信念"意义呈现"的显然特征，其基本表现是，先呈现科学的方法——"综合"，再呈现科学的对象——客观之现象，而后呈现研究"客观之现象"的基础——理性（既有知识提供的原理、标准），从而清晰、有序地呈现了科学是什么的所指。正因为陈独秀关于科学的模型信念的表达具有如此严密的、完善的"科学形式"，所以，陈独秀关于科学的这种模型信念，虽然是基于个体的认知所形成的、具有显然的个体特征的信念，虽然是在20世纪初期所形成的信念，却使这种个体在特定的历史时期形成的信念不仅具有了超越个体认知的功能，而且具有了突破时代限制的力量以及"科学共同体的信念"（鲍宗豪，1996：144）的属性，从而使陈独秀在20世纪初期所形成的关于科学的模型信念，即使在科学知识飞速发展和人们对科学的认识不断深化的今天，也仍然具有可以被验证的科学性，仍然能够被众多人认可和接受。

在陈独秀关于科学的模型信念的"科学形式"中，整体性，不仅是其关于科学的模型信念的"科学性"（可验证性）的最重要特征与规范，也是最有意义的特征与规范，当然也最值得关注与分析。这种具有整体性的科学形式的特点主要表现在两个方面：一个方面是，构成科学是什么的本体论判断不仅完整，而且还强调了科学的可验证性；另一个方面是，关于科学本体论内容与价值论内容有机结合，一应俱全。

就第一个方面的特征看，陈独秀关于科学是什么的判断，不仅各种因素和概念俱全，而且各个因素和概念之间的联系紧密，从而构成了一个完整的关于科学是什么及科学做什么的判断（如"综合""客观之现象""理性"这三个因素与概念，它们虽然各有所指，却不是孤立的，而是各个基于自己的所指，完整地指称"科学"的所指及内涵）。同时，"不相矛盾"概念的使用，还赋予了关于科学是什么的判断以"可以验证"的属性，从而使其模型信念较之从一般哲学本体论或科学本体论的层面给科学所下的判断［如中国当代著名的自然科学大家钱伟长给自然科学下的定义："科学是指人类通过生活、生产和科学实验而对自然现象的规律的认识之系统总结"（钱伟长，1989：2），钱先生关于"科学"的这种定义虽然也揭示了科学，尤其是自然科学的本质与特征，但所揭示的却是科学是什么的特征，没有关注科学的可验证性的特征，而可验证性，正是科学最重要的特征］更符合科学发展的历史状况。因为，科学活动，本来就是人类不断验证既往科学成果（也包括非科学的东西）的实践性活动，也更符合科学发展的未来，同时，科学的发展正未有穷期，各种科学成果还需要不断地被人们验证是不是正确的。所以，陈独秀关于科学的模型信念的整体性，不仅具有因素俱全的整体性品质，而且具有本质性与实践性（即可验证性）完好统一的"高度的整体性"品质。

当然，就我上面的论述来看，陈独秀关于科学的模型信念，即确信科学是什么和做什么的信念，的确可以看出其模型信念是完整的，也是严谨而有序的。但实事求是地看，我所论述的"完整"只是一个方面的完整，即陈独秀对科学"本体"规范概括的完整；其严谨、有序，也是主要论述了其对科学"本体"规范概括的严谨与有序，却没有论述其模型信念中的另外一个方面的内容，即与科学本体规范密切相关的价值性内容，尤其是科学的社会价值的内容。事实上，陈独秀自己早就注意了科学的社会价值问题，在上面所引用的《敬告青年》中关于科学的那段话中，他就已经论述到了科学的社会价值，所谓"近代欧洲之所以优越他族者，科学之兴，其功不在人权说下，若舟车之有两轮焉"就是直接的例证。事实上，当时新文化的先驱，几乎都关注过科学的价值问题，如李大钊就曾说："到了近世，科学日见昌明，机械发明的结果促起了工业革命。交通机关日益发达，产业规模日益宏大。"（李大钊，1959b：348）

不过，无论是陈独秀还是李大钊，这些新文化的先驱关于科学的模型信念中的价值性内容，即他们所"确信"的科学的价值，主要是科学（特别是自然科学，当然也包括社会科学，如经济学、尼采哲学）的正面价值，尤其是科学对人的全面发展的正面价值和促进社会进步的正面作用以及对于人更科学地认识对象的积极作用。陈独秀（包括新文化的其他先驱）关于科学的模型信念中的科学价值的内容，也多为正面价值内容，他们还没有清醒地反省科学（包括一些社会科学，如尼采哲学、社会达尔文主义等）的负面价值的意识，更没有对科学，特别是自然科学可能形成的压抑人性的后果以及具体的人在使用自然科学成果或社会科学成果过程中所出现的复杂情况进行关注。这虽然是很遗憾的事，但这种遗憾却主要是时代局限的结果，我们不能求全责备。更何况，新文化运动兴起之初的中国人，包括青年人，还不懂得科学，也不懂得自然科学与社会科学的重要性以及两者的密切关系。蔡元培当时就曾指出："于是治文学者，恒蔑视科学，而不知近世文学，全以科学为基础；治一国文学者，恒不肯兼涉他国，不知文学之进步，亦有资于比较；治自然科学者，局守一门，而不肯稍涉哲学，而不知哲学即科学之归宿，其中如自然哲学一部，尤为科学家所需要；治哲学者，以能读古书为足用，不耐烦于科学之实验，而不知哲学之基础不外科学，即最超然之玄学，亦不能与科学全无关系。"（蔡元培，1959：199）所以，在这样的历史背景之下，面对中国知识界的这样一种状况，当时新文化的先驱主要关注科学的正面价值，也就在情理之中了。

参考文献

〔英〕达尔文（1994）：《达尔文的生活信件》，转引自宋健主编《现代科学技术基础知识》，北京：科学出版社、中共中央党校出版社。
鲍宗豪（1996）：《知识与权利》，上海：上海人民出版社。
蔡元培（1959）：《"北京大学月刊"发刊词》，载中国社会科学院近代史研究所编《五四运动文选》，北京：三联书店。
陈独秀（1915）：《敬告青年》，《青年杂志》，1（1）。
陈嘉明（2003）：《知识与确证——当代知识论引论》，上海：上海人民出版社。
李大钊（1959a）：《由经济上解释中国近代思想变动的原因》，载中国社会科学院近代史研究所编《五四运动文选》，北京：北京三联书店。

——（1959b）：《唯物史观在现代史学上的价值》，载中国社会科学院近代史研究所编《五四运动文选》，北京：北京三联书店。

李新、陈铁健（1983）：《伟大的开端》，北京：中国社会科学出版社。

刘半农（1979）：《我之文学改良观》，载《文学运动史料选》第一卷，上海：上海教育出版社。

鲁迅（2005a）：《科学史教篇》，载《鲁迅全集》第一卷，北京：人民文学出版社。

——（2005b）：《热风》，载《鲁迅全集》第一卷，北京：人民文学出版社。

——（2005c）：《〈进化和退化〉小引》，载《鲁迅全集》第四卷，北京：人民文学出版社。

钱伟长（1989）：《现代化探索·丛书序》，载朱长超《思维——地球上最美丽的花朵》，重庆：重庆出版社。

许祖华（2004）：《严复作品精选》，武汉：长江文艺出版社。

The Scientific Belief in the May 4th New Culture

Xu Zuhua

Abstract：Science, as a modern concept introduced to China from abroad, at first, mainly referred to natural science. With the rise of the May 4th new culture movement, its meaning began to have an obvious change, mainly including the expansion of the concept extension and the promotion of the meaning. The scientific belief, in the May 4th new culture, was mainly a kind of belief model focusing on knowledge, which not only had strong rational characteristics but also had obviously logical characteristics with an integrated scientific form. In other words, it is a belief model with strict logic, clear order and high degree of integrity. Its integrated scientific form ensures the scientific nature of the scientific belief in the May 4th new culture.

Keywords：May 4th New Culture, Science, Belief

About the Author：Xu Zuhua (1955 -), Ph. D. , Professor in College of Chinese Language and Literature, Central China Normal University. Research interests and specialties：modern Chinese literature. Magnum opuses：*The Wisdom of Revelation-the Discovery of People and the State of New Literature*, *Double Wisdom-the Charm of Liang Shiqiu*, *The New Novel and the Novel Fashion*, *Ideological Theory of May 4th Literature*, etc. E-mail：xuzuhua2005@163.com.

文化学视域中的五四新文学观

王 丽[*]

摘 要：五四新文学观中的文学的文化学理论构成的基础，是新文学先驱们关于文化的思想意识，新文学先驱们在建构文学的文化学理论的过程中，没有在形而上学的意义层面展开对人与文学及文学与其他客观、主观因素的关系的探讨，而是从文学与国民性及文学与环境两组具体的关系入手，阐释文学的文化学特征，并由此形成了自己关于文学的文化学理论。在这种理论中，文学的民族化理论，又是内容最为丰富、特色最为鲜明、意义也最为重要的理论，当然也是我们最应该关注的关于文学的理论。

关键词：五四新文学观 文学的文化学 民族性

在五四新文学观中，文学的文化学，无疑是一种十分引人注目的新的文学理论。这不仅因为这种文学理论直接受惠于五四新文化运动并成为了新文化的一个有机构成部分，而且因为这种文学理论最鲜明地反映了新文学同人在五四新文化、新文学兴起之初，批判旧文学、旧文化的深邃目光，以及建设五四新文化和新文学的卓越智慧。

一

所谓文学的文化学，如果进行概括，就是将文学作为文化的产物进行研究所形成的理论形态。这种文学理论形态构建的基础，是认识主体关于

---

[*] 王丽（1968—），湖北第二师范学院副教授。主要从事中国现代文学的研究。电子邮箱：xuzuhua1983@163.com。

文化的意识。在新文学同人的意识中，有关文化的意识虽然丰富，但在我看来，主要就是道德意识。毛泽东曾精辟地指出，五四新文化运动的两大内容，一是"提倡新文学，反对旧文学"；二是"提倡新道德，反对旧道德"。可以说，重视"道德"问题，是贯穿整个新文化运动和新文学运动的文化主题。不过，新文学同人重视道德问题，着眼的却不是道德的形而上学特征，而是道德作为人的本质的一种形态以及它对于人的解放的历史与现实的意义。陈独秀曾说："吾敢断言曰，伦理的觉悟，为吾人最后觉悟之最后觉悟。"（陈独秀，1916）直接点明了道德方面的觉悟与人的解放的密切联系，他的这一观点虽具有显然的唯心色彩（因为，他只关注了人的精神解放的问题，没有关注人的精神解放的最终决定因素是社会的变革），但着眼点却是深刻的。李大钊则认为，"我们今日所需要的道德，不是神的道德……乃是人的道德"（许祖华，2002：23），在批判与赞同的对立命题中，鲜明地树起了"人"的旗帜。

新文学同人这种着眼于人的文化意识，在理论上，与现代文化人类学关于文化的理论是一致的。英国人类学家泰纳是较早对文化是什么予以界说的学者，他曾经指出，所谓文化，广义地讲就是指人的各种生活方式的总和；狭义地讲则是指人的思维方式、情感方式、习惯与传统的总和。也就是说，无论是宽泛的理解，还是狭义的界定，文化都是人的一种存在方式与活动方式。文化的本质内涵以及与之相一致的各种外在显现方式，都离不开人的活动。在这个意义上，可以说，文化就是人的活动的产物，它既包含在人的活动结果里，也包含在人的活动过程中；它既具有一定的时代风貌，又天然带着传统的某些因素。这也就构成了它的两种基本形态，即静态与动态；以及两个方面的内容，即现实与传统的内容。人的活动的结果，如形成的观念意识、理论体系，以物化的形式（如著作、论文等）留存下来，就形成了静态的传统；而人的活动过程中不断创造的新的物质财富和精神财富，就构成了文化的动态现实。然而，这两个系统又是密切联系、辩证统一的。静态的传统总会影响现实的创造，而动态范畴的现实创造，又无一不是在传统基础上的创造。从文化的本质及文化与人的关系来看，我们完全可以说，存在于一定文化环境中的文学，与其说它与文化有联系，不如说它与人有联系，因为，人不仅是文化的创造者，更是文化的载体；不仅联系着过去的文化，而且承载着现在的文化。李大钊认为：

"今日之'我'中，固明明有昨天的'我'存在。不止有昨天的'我'，昨天以前的'我'，乃至十年二十年百千万亿年的'我'，都俨然存在于'今我'的身上。"（李大钊，1918）同时，一切文化的物化形态或非物化形态的观念、习俗等，也只有与人联系才有意义，只有通过人才能作用于文学，而文学也只有通过人这一中介，才能作用于文化。

新文学观中的文学的文化学理论，就在这种意识氛围中构成。

人，既然是文化的中心，那么，作为文化产物的文学，当然首先着眼于人。新文学同人对这一问题的论述，有他们独特的角度。他们没有从抽象的人入手，也没有在形而上学的意义层面展开对人与文学关系的探讨，而是从"国民性"入手，通过论述文学与国民性的关系，阐释文学的文化学特征，并由此形成了自己关于文学的文化学理论。

最早从这一方面展开论述的是陈独秀，他在1917年发表的著名的《文学革命论》中就尖锐地指出，贵族文学等"盖与吾阿谀夸张虚伪迂阔之国民性，互为因果"。不过，他仅仅提出了问题而没有来得及将这一问题展开，但是，这一闪光的思想却成了新文学同人建设文学的文化学理论的起点。在这个问题上，最清醒而又深刻的人则是鲁迅，他不仅最全面地揭示了中国国民守旧、自大、缺乏人的观念等劣性，而且在中外文学的比较中指出了中国国民与外国的隔膜以及由此而形成的文化和文学的死寂状况。"我们只要留心……便能发见我们和别人的思想中间，的确还隔着几重铁壁。""若再留心看看别国的国民性格，国民文学，再翻一本文人的评传，便更能明白别国著作里写出的性情，作者的思想，几乎全不是中国所有。"（鲁迅，2005：371）而中国传统文学也正是在这种隔膜中渐渐走入了自己垒成的"团圆"与"瞒与骗"的"堡垒"中，无进步、无发展，而最终死寂一片。

在鲁迅开辟的道路上，新文学同人从各个方面展开了对国民性与文学关系的探讨。探讨首先是对传统中国文学的文化意义的反省。勃兰兑斯曾经说，一个民族的文学史就是一个民族的心态史。传统的中国文学所记载的当然就是中国国民的心态，反之，中国国民的心态，作为一种文化因素，也当然直接地影响中国传统文学的面貌。从这种逻辑出发，我们看到，新文学同人对中国传统文学的文化意义的反省，不仅是多方面的，而且是苛刻的，其结论更是残酷的。不过，形成这种残酷结论的出发点却是善良的、积极的。在周作人对中国传统戏剧的文化反省中，我们可以略见一斑。周作人从文化发展的阶段性特征入手，以"野蛮"与"文明"两个"文化程度上"的界碑为标准，指出中国人自以为历史悠久、体大完备的中国戏剧实际上仅处于人类文化发展的低级阶段，即野蛮阶段。"野蛮是尚未文明的民族"，而"中国戏上的精华，在野蛮民族的戏中，无不完备"，因此，他得出了这样的结论：从文化的意义上看，"中国戏是野蛮的"（周作人，1917），它正是中国国民野蛮心态的反映。如此残酷的结论，从情理上讲是一般具有自尊心的中国人难以接受的，从源远流长的中国戏剧的成就及历史来看，也是存在偏颇的，但是，周作人痛下的针砭，由于是建立在对中国传统文化的批判的基点上的，因此从他理论的本身来看，却也是能自圆其说的。同时，他对中国戏剧做出"野蛮"的否定，其意主要是在指出中国的新文学应该在新的文化基础上塑造自己的新形象，他的出发点是积极的，也是善良的。

与这种对中国传统文学"残酷"反省在方向上一致的另一类文化反省，则不仅仅限于"残酷"地示众，而是从这种反省中引出具有时代特点的主题：反封建。其中，成仿吾的理论具有一定的代表性。他从民众的普遍心理倾向和情感方式入手，以中国传统文学的结构为镜子，在两者的"异形同构"中，揭示中国传统文学的结构方式的文化意义。他说："我们中国人是最喜欢讲究等级程序的，所以中国人对于一切作品，都很严密地要求形式上的完备，而最要紧的又莫过于宾主君臣的观念了。纵或作者在创作中没有何等君臣的意识，而读者凭自己的主观，在作品中认定一种君臣的关系——象这样的事实，在我们中国的文艺界里，几乎是大家都认为了一种天经地义的。"（成仿吾，1924）英国批评家卡莱尔曾经指出，文学是一个民族的精神和存在方式的最真正的标志。成仿吾上述的论断就揭示了文学与民族精神的关系，以及国民的思想观念、心理习惯等对文学审美特征的直接制约作用。值得注意的是，在揭示这种"制约作用"的时候，成仿吾没有选择最敏感而又易变的文学的内容，特别是思想方面的内容，而是选择了具有一定独立性和稳定性的文学的形式，通过文学形式所受的国民的思想观念、心理习惯等的影响，揭示出国民性与文学千丝万缕的联系，以及文化对文学的巨大渗透力。这种揭示的角度，不仅较为新颖，也增强了观点的说服力，因为，一般说来，文学的内容与民族精神的关系较为明显，也较为人所知，而文学的形式与民族精神的关系则较为隐蔽，也鲜为人知。成仿吾从这种鲜为人知的角度切入，令人耳目一新。同时，我们知道，文学的形式与文学的内容相比，它所包容的民族精神不像文学的内容那样清晰、直接，而成仿吾却恰恰将这种不清晰、不直接的关系澄清了，这就不仅使我们更清楚地看到了中国传统文学与中国国民性的密切关系，而且也使成仿吾自己的观点显得更有说服力。

在成仿吾的上述观点中，还有一点应该注意的是，成仿吾所揭示的国民的思想观念与心理习惯并不是一般的"生活方式"，而是中国封建文化中最核心的内容：等级观念。这种等级观念，在将文学的形式导向"完备"的同时，也将封建文化的意识灌入作品的内容中，并由此反作用于国民心理，如此的循环，不仅损害了作品的形式和内容，也势必阻碍人的解放。因此，成仿吾在这里对中国国民心理与中国文学结构方式的关系的反省，在显示"反省"的文化意义的同时，也就将在思想意识中反封建的必要性逻辑地显示出来了。

二

当一部分新文学同人紧紧扣住国民性探讨文学的文化意义的时候，另一部分人则将眼光投向各种文化环境与文学的关系，在另一个层面展开了关于文学的文化学问题的探讨。

从文化的本质上讲，文化环境也是人创造的，但是，正如德国哲学家蓝德曼所说："每种文化，在人们构造它之后，就又回过头来构造人。于是人间接地在文化中构造人自身。"（蓝德曼，1988：274）蓝德曼的观点揭示了两个道理，一个道理是，文化与人的创造与被创造关系是双向的；另一个道理是，文化环境与文学的关系也离不开"人"这个主体。从这个意义上，我们完全可以说，新文学同人关于文化环境与文学的理论和他们关于文学与国民性的理论，是密切相关的。正是这两个方面的理论，共同构成了文学的文化学理论。

在关于文化环境与文学关系的理论探讨中，贡献最突出的人物，当推沈雁冰。在一般人的心目中，特别是在现代文学研究者的心目中，五四时期的沈雁冰是新文学的文学社会学理论的重要贡献者，事实上，沈雁冰也是文学的文化学的大家。他直接从法国美学家丹纳的艺术哲学中借鉴了三个核心概念，即人种、环境、时代，并在文化学的层面结合世界文学的现象，进行了创造性运用，形成了相应的理论视点与逻辑框架。从本质上讲，人种、环境、时代这三种因素或概念，分别标志着人类文化的三种形态：人种所具有的性格，是文化的主体沉淀物；环境所结晶的文化，是物质与精神的合体；时代则是文化的最新意识和形态的凝聚。沈雁冰将这三种因素分别与文学构成相应的关系，得出了这样的结论："人种不同，文学的情调也不同"；"一时代有一个环境，就有那时代环境下的文学"；"各时代的作家所以各有不同的面目"（沈雁冰，1935：151）。于是，沈雁冰以线型的逻辑推理，构成了文学与人种、环境、时代的因果判断：人种、环境、时代决定文学的面貌。文学作为文化产物的本性及特点也就在这种判断中清晰地反映出来了。

沈雁冰虽然架起了文学与三种文化载体的桥梁，并以鲜明的逻辑框架显示了两者的关系，却留下了两个课题。一个课题是丹纳关于人种、环境、时代的论说，主要侧重于这三种文化载体的精神特征，"只限于思想感情，道德宗教，政治法律，风俗人情，总之是一切属于上层建筑的东西"（丹纳，1963：译者序言3），而沈雁冰则将丰富的生活内容和实践内容输进这三种文化载体中，并要求人们"凡要研究文学，至少要有人种学的常识，至少要懂得这种文学作品的产生时其地的环境，至少要了解这种文学作品产生时代的时代精神"（沈雁冰，1935：152—153）。但沈雁冰又恰恰忽视了这三种文化载体，特别是人种与环境的"精神文化的部分"。另一个课题是，沈雁冰注意到了文学作为文化产物的一面，却相对地忽略了文学本身还具有建设文化的一面。然而，作为对这种忽略的一种补偿，沈雁冰却从文化对文学影响的关系中，引申出了一个新的课题，这就是文学的民族化课题。

事实上，不仅沈雁冰意识到了文学的民族化，当时的新文学同人也大多意识到了这一有关新文学发展方向的重要问题。这个问题的引出，与新文学同人良好的中国文学素养和外国文学知识有直接的关系，或者说，是他们从自己关于中外文学的知识出发，审视外国文学，尤其是西方文学与中国文学关系的一个发现。沈雁冰就曾经如是说："文学的背景是全人类的背景，所诉的情感自是全人类共通的情感，只因现在世界的人们还不能是纯然世界的人，多少总带着一点祖国的气味，所以文学创作品中难免要带一点本国的情调，反映的背景也难免要多偏在本国了。"（沈雁冰，1921）而新文学民族化理论产生的更直接的原因，则来自新文学同人对文学与文化逻辑关系的认识。

从前面的论述中我们可以发现，不管是鲁迅对国民性与中外文学状况的宏观反省，还是周作人对中国戏剧的文化批判；不管是成仿吾对中国文学的结构形式的文化意义的揭示，还是沈雁冰在人种、环境、时代与文学的关系中对于文学的文化意义的描述，这些理论都在揭示这样一种关系：什么样的国民，导致什么样的文学；什么样的文化形态，必然陶冶出什么样的文学。而文学的民族化，无非就是民族文化作用于文学的一种结果。正如沈雁冰曾经指出的一样："民族的性质，和文学也有关系。条顿人刻苦耐劳，并且有中庸的性质，他们的文学也如此，他们便是做爱情小说，说到苦痛的结果，总没有法国人那样的激烈。法国作家描写人物，写他们的感情，非常热烈。假如一个人心里烦闷，要喝些酒，在英人只稍饮一些啤酒，法人必须饮的是烈性的白兰地。这恰可以拿来当作比较，英法两国人的譬喻，文学上这种不同之点是显然的。"（沈雁冰，1935：207）沈雁冰的这种看法，虽然是一家之言，但不仅持之有据，而且，更为重要的是揭示了民族的生活方式、风俗习惯、性格特征等文化因素对文学的民族特点的直接作用，这种作用的结果，就是文学的民族化。新文学同人正是从对民族文化与文学的这种认识出发，展开了关于文学民族化问题的探讨，并将这种探讨集中于新文学的民族化问题上。

三

新文学的民族化问题，是一个关乎新文学发展的重要问题，这个问题，不仅在实践层面具有决定性意义，而且在理论层面也具有重要的意义。正因为如此，关于这个问题的理论探讨，可以说，在整个新文学的发展历程中从来就没有间断过，而其最初的探讨，就是在五四时期。

在五四时期，虽然很多新文学的同人都探讨了新文学的民族化问题，但对新文学民族化问题论述得最鲜明，也最有特点的代表性人物则是闻一多。

闻一多早在就读于清华学校期间，就曾从比较中西文化、文学的角度，明确地论述了新文学民族化的内容及意义，而且，一片深情，满纸抒怀。面对郭沫若五四时期的优秀诗作《女神》，他一方面给予充分的肯定，尤其是对其中所表达的时代精神，更是肯定有加，但，对于《女神》中那些欧化的词句、外国的意象，他不禁发出如此的质问："我们的中国在那里？我们四千年华胄在那里？那里是我们的大江、黄河、昆仑、泰山、洞庭、西子？又那里是我们的《三百篇》、《楚骚》、李、杜、苏、陆？"（闻一多，1982：362）回首产生《女神》的时代环境，特别是郭沫若创作《女神》中的一些主要诗篇的环境（因为，《女神》中的很多诗篇都是郭沫若在日本读书时期创作的），闻一多十分动情地发出呼吁，不仅要求郭沫若，而且是要求其他新诗人，"要时时刻刻想着我是个中国人，我要做新诗，但是中国的新诗，我并不要做个西洋人说中国话"（闻一多，1982：363）。这位后来也成为中国新诗创作的著名诗人，之所以对包括新诗在内的新文学的民族化问题如此动情、如此重视，主要是因为两个原因，一个原因是，在他看来，中国的文化是美丽的，"而且又是人类所有的最彻底的文化"；另一个原因是，在他看来，各民族有自己不同于其他民族的文化，当然也应当有自己不同于其他民族的文学，而且，正是这些具有差异性的民族文学，才构成了丰富多彩的世界文学，如果"将世界各民族底文学都归成一样的，恐怕文学要失去好多的美"，所以，他认为"要建设一个好的世界文学，只有各国文学充分发展其地方色彩"（闻一多，1982：366），从而，让异彩纷呈的民族文学构成逸趣横生的世界文学。良好的中外文化与文学的修养，以及由此形成的"双重视角"（中外的视角），使闻一多不仅形成了关于世界文学与民族文学关系的真知灼见，而且也许是因为他深通"东方的恬静美"又谙熟西方的动态美，闻一多在论述新文学民族化问题的时候，没有陷入保守的国粹主义的泥沼，恰恰相反，他是以一种开放的、具有时代色彩的眼光来看待新文学的民族化问题的，如，他认为："新诗径直是'新'的，不但新于中国固有的诗，而且新于西方固有的诗；换言之，它不要做纯粹的本地诗，但还要保存本地的色彩，它不要做纯粹的外洋诗，但又尽量的吸收外洋诗的长处；他要做中西艺术结婚后产生的宁馨儿。"（闻一多，1982：361）于是，我们透过这种开放性的民族化思想，看到了新文学的文化学的闪光内容，而这种民族化理论也正是文学的文化学的理想境界。

　　当然，诞生于五四时期的这种关于文学的民族化理论，还仅仅是一个雏形，但是，新文学同人在中西文化的比较中，根据文学的文化意义引导出的这个具有现实意义与理论价值的问题，却成为整个中国现代文学的一个重要的价值目标，以后中国现代文学的每一个阶段都试图完善它，20世纪30年代，"左联"就曾展开了三次关于文学的民族化问题的讨论；到了20世纪40年代的解放区文学时代，则使文学的民族化不仅在理论上更为明确了，而且产生了很多较为成功的实践性的成果，而这些成果的根源，不仅来自五四新文学的创作，而且也来自五四新文学的理论，特别是五四新文学的文化学理论。

参考文献

〔德〕蓝德曼（1988）：《哲学人类学》，北京：工人出版社。
〔法〕丹纳（1963）：《艺术哲学》，傅雷译，北京：人民文学出版社。
陈独秀（1916）：《吾人最后之觉悟》，《青年杂志》，1（6）。
成仿吾（1924）：《〈残春〉的批评》，《创造季刊》，1（4）。
李大钊（1918）：《今》，《新青年》，4（4）。
鲁迅（2005）：《鲁迅全集》第一卷，北京：人民文学出版社。
沈雁冰（1921）：《创作的前途》，《小说月报》，12（7）。
——（1935）：《文学与人生》，载郑振铎编《中国新文学大系·文学论争集》，上海：上海良友图书印刷公司。
闻一多（1982）：《闻一多全集》第三册，北京：三联书店。
许祖华（2002）：《五四文学思想论》，武汉：华中师范大学出版社。
周作人（1917）：《论中国旧戏之应废》，《新青年》，5（5）。

From the Perspective of Cultural Studies: The New Literature View in the May 4th Period

Wang Li

Abstract: The literature of the new literature view in the May 4th Period constitutes the foundation of the cultural theory, which is the cultural ideology of the new literature pioneers. This cultural consciousness is mainly the moral consciousness, and it is about people's moral consciousness. Without exploring the relationship between human beings and literature, and between literature and its objective as well as subjective factors at the metaphysical level, the new literature pioneers began within the specific relationship between literature and national traits, and between literature and environment to interpret the cultural feature of literature and form its own cultural theory of literature during the process of constructing the cultural theory of literature. Within this theory, the nationalization theory of literature is the theory that needs the most attention, which includes the most abundant content, reveals the most typical characteristics and can be regarded as the most meaningful theory.

Keywords: The May 4th New Literature, Cultural Studies of Literature, Nationality

About the Author: Wang Li (1968 -), Associate Professor of Hubei Second Normal College. Research interests and specialties: modern Chinese literature. E-mail: xuzuhua1983@163.com.

市场逻辑和信息技术下的文学生产

Literary Production in the Context of Market Logic and Information Technology

主持人语

陈占彪[*]

如果说20世纪90年代之前，文学的生产主要是由作者、出版方、文学批评等多方共同推动和支配的话，那么20世纪90年代以来，市场经济制度的确立，以网络技术为核心的新媒体的出现和壮大，使得这一传统的文学生产场域发生了颠覆性的变化。市场逻辑成为文学生产的支配性力量，这一方面解构了传统文学生产中主流意识形态和批评家的力量；另一方面，信息技术解构了传统文学生产中的"作家身份"以及颇具控制力的"出版机制"。可以说，传统的文学生产场域已经发生了变化，新的文学生产场域已经形成。"文学工作室"和"网络文学"是当代中国两种重要的新文学生产方式。

与传统文学的写作模式不同的是，今天出现了一批文学/文化"工作室"，这其中文化批评家朱大可先生的工作室和以写作悬疑小说著名的蔡骏的工作室较有代表性。朱大可先生提出纯文学和大众文学合流的文学发展的"第三条道路"，恐怕这也正是他组建工作室的"思想根据"；蔡骏则对IP的概念、剧本和文学的关系提出自己看法，他们两人分别介绍了自己的工作室的运作方式和经验。面对文学生产新机制，"纯文学"如何看？《收获》杂志主编程永新先生似有不同的看法，在他看来，写纯文学的作家应该向类型文学作家学习，但是，真正的文学肯定不是生产出来的，它一定是个人孤独前行者的生命当中必须要表现出来的东西。

就当代中国文学而论，网络文学异军突起，不可小觑。经过20余年的

---

[*] 陈占彪（1976—），博士，上海社会科学院文学所研究员。电子邮箱：chenzb1911@126.com。

发展，网络文学以其"野蛮的生命力"已发展成为"当代中国文学版图"一个最显著的存在。一方面，从其数量规模来看，网络文学生产和阅读规模惊人。据对阅文集团调研的"最新数据"显示，该集团有200亿元人民币估值，网络写手400万人左右，稿酬支出10亿元，拥有1000万部作品，6亿名"粉丝"。另一方面，从其影响来看，网络文学已有如美国的好莱坞、韩国的电视剧、日本的动漫，已经成为中国"文化名片"，产生了广泛的国际影响力；"网络文学"正在成为文化生产的"源动力"；网络文学正在影响和塑造青少年心理和行为模式。

对这种"网络文学爆棚"现象，学界也开始加以关注，但总的来说，由于网络文学的草根性和芜杂性，以及其正处于起步阶段，从事网络文学研究的学者屈指可数，成果有限，已有的研究体现在以下三个方面。（1）强调网络文学的与传统文学的"异质性"，进而从文学基本理论的学理原点上研究网络文学基础理论问题。（2）网络作品的细读分析和"网络文学史"的写作。（3）网络文学的伦理问题和监管问题。这是当前学界关注网络文学的几个路向，它们一个共同的特点，就是考察"已成的网络文学"，于是研究对象就是"网络文学是什么"，这也决定了"在研究室里分析"的研究方法。

而网络文学与传统文学根本的不同在于其文学生产场域及运行机制，而其所有"已然"特性的根源都在于此。显然，对"形成前、形成中的网络文学"，即对"网络文学是怎样生产的"这样的问题加以考察和讨论就显得十分必要。为此，我们邀请了身居网络文学"生产一线"相关人员（网站经营方、网络作家、监管部门等）介绍他们的"具体操作"和面临的困惑。阅文集团高级总监田志国先生和上海大学教授、运营翼书网的葛红兵先生介绍了文学网站的运作模式、收费模式、激励模式，以及所面临的网络出版、抄袭盗版等问题。云起书院热门作家夜清歌通过自己的切身经历讲述了她的网络平台助圆文学梦的故事，并介绍了作者与读者互动、网站与作者合作的情形。相信通过这些身居新文学生产的"一线"的各方代表人物的"现身说法"，一方面能为当代文学研究提供一些新鲜材料；另一方面为习惯于"在研究室里进行文本研究"的研究者提供另一种研究思路。

Comments of the Presenter

About the Author:

Chen Zhanbiao (1976 -), Ph. D. Researcher at Institute of Literature Studies, Shanghai Academy of Social Sciences. E-mail: chenzb1911@126.com.

文学的"第三种道路"

朱大可[*]

我记得最早的类型文学,在上海比较典型的应该算是《上海宝贝》,它应该算是言情小说很重要的代表。由春风文艺出版社出版,当时好像印了十多万册,印出来之后,有些人看了后,对其中的内容勃然大怒,于是十多万册正版书被打成纸浆,由此引发了上百万册盗版书的泛滥。

我不喜欢这本书,这个先河其实开得并不太好。第一,它写了三角恋,书里面有两个男人,一个男人是老外,跟女主没有什么太深的感情,但性方面特别牛,还有一个是中国男孩,跟女主很有感情,但在性方面很差。后者很符合早期西方女性主义的立场,男人的性无能,是早期女权主义最热衷的话题之一。另外她还使用了跟《小时代》很相似的元素,就是大量推出各式各样的高级名牌。但这毕竟是一个有趣的开端。从她开始,女性作家可以直接写性器、性行为和性感受,此前,这些东西都是男作家的专利,像贾平凹的《废都》。女作家虹影写的《K》,以类似劳伦斯的笔法,以隐喻的方式写了性感受,这还是在界线内的。但只有卫慧突破了这个边界,以女性作家的身份,直接描述性器和性经验,这是一个重要的转折点。也就是从 2000 年前后,文学阅读市场逐步被建立起来了,与此同时,中国互联网也开始发育,所以它们处在同步发展的状态。

其实我对网络文学了解不是太多。我们过去确实是这样,我自己是做先锋文学以及先锋文学研究的。长期以来,我都始终坚持这样一种看法,认为这是完全走不到一起的两种路径,一种是占有了广大的空间,那就是大众文化和类型文学;而另一种是占有时间,它属于先锋文化或纯文学。

---

[*] 朱大可(1957—),博士,同济大学文化批评研究所教授,朱大可工作室。电子邮箱:550609376@qq.com。

这两种文学完全是不同的品种，永远走不到一起去，但后来我逐渐改变这种看法。今天这个世界，基于互联网技术的发展，它们正在形成某种合流。像2016年诺贝尔文学奖就很有意思，再次证明了我们这种想法是正确的，实际上它要强调文学公共性的指标。1996年底，谢冕和钱理群，把崔健的《一无所有》《这儿的空间》的歌词，编入《百年中国文学经典》第七卷，当时大家觉得有些惊讶，但仔细想想还是有道理的，那是对崔健在公共话语领域所做的贡献的一种认可，是一种具有前瞻性的价值判断。

诺贝尔奖作为西方文学精英的旗帜，它会做出这样的转向，这就意味着，下一次它完全可能颁给一个类型文学作家或者网络作家，它正尝试着拓宽它的领域，并更加重视它的公共性。我们先不说它的商业性，但它的公共性是毫无疑问地呈现了。莫言的获奖前和获奖后的出版数据，应该有悬殊的差别。在获奖之前，印数只有10万册，而获奖后就猛增到100万册。这意味此前莫言作品的公共性是不够的，它们只是文学圈内的读物，但一旦获奖，就蜕变成了大众读物，整个性质发生根本改变。诺贝尔奖原来是颁给纯文学的奖，这是一个重要的变化，它意味着文学正在试图拓宽自己的道路，向大众和流行的事物致敬。今年的诺贝尔奖提供的启示是，文学出现了第三种道路，也就是在纯文学和大众文学之间，有一种合流的道路。一部分作家继续在做纯文学，也有一部分作家做类型文学，但第三种道路是这两者的杂交：在一个类型文学的躯壳里，植入先锋文学或者纯文学的灵魂。这是我在考虑和实验的事项。

文学工作室是具体如何运作的。其实我们也是在探讨之中，我们大概有七八个年轻作者，成员来自同济中文系研究生院的硕士研究生，还有一部分学生是复旦创意写作的学生，还有交大人文学院和香港中文大学的。

运作的情况，我们也是在摸索，大致的路径是这样的，先集体讨论出故事大纲，这个故事大纲是按电影或电视剧的架构来做的，但以电影架构为主，在目标上强调它的商业性、公共性和市场性，也就是设计它的主题和价值观、逻辑架设、剧情冲突、人物性格。通常一个大纲的打磨，最起码在半年以上，有的甚至长达一年，无数稿被推翻，反复地打磨，真不是随便写一个故事就好了。要做一个好故事，这里面的技术难度超出了常人的想象。

类型小说的基本模式是集体创作，这是因为，青年作者的个体有很大缺陷，但也有其个人长处，仅靠个人才华不足以完成一部好作品，所以就必须推动团队写作，大家分段去做，然后由"故事医生"对所有段落进行统稿，衔接和统一他们的叙事风格，同时梳理逻辑和填补漏洞。在主要情节和对话铺好以后，还要把心理描写、景色描写、肖像描写装进去，最后给文字润色，多层打磨。打磨完了以后发现不行，还有问题，再倒回去再改，反复推敲。这个时间长度一般最快也要三到四个月，有时长达半年。如果有人说，我这个小说一个月就出来了，我就不信它会是什么好东西，那是不可能的。类型文学照样需要精细化的打造。

还有很重要的一点，就是我们会请一些专家来，比如说这是一个民国题材的作品，那我们要找一个民国史的专家，我们会和他一起讨论，把故事拿出来反复的推敲。这个时间会比较长，你要打造出来的历史细节和你的虚构成分，这两者应当很好地融合在一起。美国好莱坞的运作，一部片子都需要花费几年时间，快速生产出来的东西，一定是有问题的。当然我们的经验不一定能够普及，因为很多工作室要这样做早就破产了，根本没有时间去耗，不进钱的话，你很快就死掉了。另外团队的人也不能多，这种活儿人一多就完蛋了，因为团队之间的合作是需要默契的，但他们间的融合却非常困难。

还有一个很大的矛盾，是个性创作的理念，每个青年作者都有自己的作家梦，你把他放到团队写作的框架里，他首先要过这一关，如何战胜强大的自我，放弃个人至上。因为问题的实质是他一个人根本写不了，每个人都有长板和短板，团队写作的逻辑，就是把他们的长板集中，同时把短板扔掉，他们要认识到这一点都需要时间。还有就是价值观的培育，如果没有正确的信念，没有人文主义理想，你就不要进来，这是我对他们的精神性要求，虽然不是很高，但很多小朋友做不到。有的小孩毕业两三年以后，对物质的欲望会被烧得很高，他就不适合继续待下去。

团队写作同时也是一种训练。我会请各路专家给他们讲课，戏剧故事，就找戏剧专家来讲；影视就找影视专家，从镜头、蒙太奇，然后连表演都要讲，因为肢体语言、对白和镜头有很大的制约性。所以肢体语言的课，我们都会请中央戏剧学院的老师来讲。我还请过中国最大牌的占星心理学家。这些知识和技能，对作者的成长会有很大帮助。

The "Third Way" of Literature

About the Author:

Zhu Dake (1957 –), Ph. D. Professor at Institute of Cultural Studies in Tongji University, Founder of Zhu Dake Studio. E-mail: 550609376@qq.com.

IP 是一个商业概念

蔡 骏[*]

我觉得文学和 IP，还有剧本，这是三个不同的概念。现在大家可能把这些东西搞混了，觉得出任何一部小说只要卖得好，它一定就是 IP 了，或者任何一个剧本做得好，就是 IP 了。其实是不一样的概念，IP 不是一个文学概念，它是一个商业概念，或者说一个产品概念。但具体在商业运作的角度来说，一定是指这个 IP 能够转换成各种不同的形态，如果它只能是一种形态，它不能称之为 IP。那当然像漫威这些东西肯定是 IP，从漫画、电影开始，然后又到周边的产品。包括国内的像网络文学，大部分也可以算作是 IP 的作品，因为它们的转化率特别高，尤其是网络文学更适合转化成游戏。

从文学作品来说，其实绝大多数的文学作品是难以转换成 IP 的，特别是一些纯文学的艺术作品。顶多转化一次，改编不一定很多。有些很好的电影，也未必是 IP，特别是一些国际上得奖的文艺片，举个例子，巴西的《中央车站》，20 世纪 90 年代所有的奖它几乎都拿过了，确实是非常好，我看这个电影，看了两遍，每一遍我都看哭了，但你说它是一个 IP 吗？肯定不是 IP，它没有办法转化成其他任何一种形态。IP 的概念太宽反而不好，给一些文学创作者一些不切实际的幻想，反而会影响到一些文学创作，让我们一些文学创作者更加的浮躁，方向可能走偏了，包括剧本创作者。

然后再提到我自己的写作，其实我自己个人创作还是以写小说为主，基本上仍然保持着每天必须要写小说，一天不一定很多，少的话，一天写

---

[*] 蔡骏（1978—），上海网络作协副会长、中国作协会员，《网文新观察》副主编，蔡骏工作室。电子邮箱：caijun@ xuanyishijie.com。

个一两千字，多的话，一天写七八千字，但尽量保持这个状态，每天都在写。我最近手头上写的是一个中篇小说。公司层面，我把这个团队拆分成两部分，一部分纯粹做剧本的、做编剧的，当然不是有名的编剧，目前来说他们做网剧、电视剧为主。还有一个团队做原创IP的，主要是做故事大纲，当然他们也不写小说，但这个大纲可以转化成小说、剧本、漫画。目前我们有个重点IP，第一步想转化成漫画，第二步转化成游戏，第三步才是转化成影视作品。

再说到编剧的角度，我曾参加过一个"两岸三地"编剧论坛，那个会来了不少知名的编剧，比如说有香港的文隽老师，还有大陆这边的几个比较有名的编剧，包括中国电影文学学会的会长王兴东老师，还有汪海林、宋方金、刘毅等著名编剧。他们讲话的时候，都不约而同提到了文学作品，比如像法国"新小说"的代表人物罗伯·格里耶，他也是一部著名的法国电影——艾伦·雷奈的《去年在马里昂巴德》——的编剧。所以我觉得文学对于这些顶级编剧的影响其实是非常大的，不管是在他们的作品之中，还是在作品之外，从纯粹的个人爱好，从这些角度来说，如果说剧本和文学之间的双向流动的话，我觉得主要是文学在给影视提供营养，而不是相反。当然如果说有相反的话，可能会提供一些故事的角度，提供一些技巧的角度，但从精神的角度来说，一定是文学在影响着影视，当然它们相互也有交融的。加西亚·马尔克斯当年是一个职业记者，其次他是在墨西哥做电影编剧的，当然他那些编剧作品，没有一部是大家都知道的，我也没有看过，可能是很小的西班牙语的片子。我看过一个马尔克斯的小说集，他把自己写过的新闻报道和剧本改回小说，所以他是一个伟大的小说家，但不是一个成功的编剧。但是，也有一个问题，有一些顶级的小说家，他成为了优秀的编剧以后，可能他不再是顶级的小说家了，也会存在这样一种问题，从某种程度上，也是对文学的一种伤害，这也是有点遗憾的事情。

我最早开始写悬疑小说是2001年，当时国内是没有这个概念的，我写的第一个长篇小说《病毒》，从那之后开始慢慢一边写一边摸索，才知道什么叫悬疑小说。我为什么选择悬疑呢？在日本一般叫"推理小说"，但推理，在中文里，跟推理、逻辑思维有关系，但很多像灵异的，不可能归到推理里面的。所以我取了"悬疑"两个字，必然所有的故事都是有悬念的，到底有没有鬼，到底凶手是谁，这个主人公是谁？所以我选择了"悬疑"，给小说做一个定义。在中文语境的范围之内，用"悬疑"两个字更广，把惊悚、悬疑、灵异等都囊括进来了。另外一点悬疑其实是一种类型，不是一种题材。什么叫题材？职场是一种题材，盗墓是一种题材，军事也是一种题材，但悬疑不是，是一种类型，它可以和任何一种题材相结合。

IP: A Business Concept

About the Author:
Cai Jun (1978 –), Vice President of Shanghai Network Writers' Association, Chairman of Shanghai Haolin Cultural Communication Co. Ltd, Associate Editor of *New Observation on Network Literature*, Founder of Cai Jun Studio. E-mail: caijun@xuanyishijie.com.

文学能变成一个生产?

程永新[*]

"文学生产新场域"这个题目非常好,这是我们一直在困惑,一直在思考的。其实它里面有两个问题,从当代文学史的走向来看,其实到了21世纪之后,所谓的过去那种严肃文学、纯文学是到了一定的瓶颈或者说没有往前走,没有像20世纪80年代到90年代,那种迅猛往前推进的速度,到了21世纪之后慢下来了。比如说所谓"70后"的这批作家很多人都沉寂了,这次我碰到广东的魏微,她的长篇写了几年没有写出来,包括金仁顺等"70后"的这帮作家,我还跟她探讨过,你到底出了什么问题?实际上我觉得他们很可能每个人都有自己的问题,但最主要的还是文学的问题。

最近我去评郁达夫奖,蔡骏也获奖了,这里有两个大陆以外的作家,一个是马来西亚的,另一个是香港的,我看他们的作品和看大陆作家的作品,进行比较就会觉得这些大陆以外的作者还是写人物的命运,还是贴着人物写的。可是大陆的写作者,不包括蔡骏,我说的是比较成名的,包括王方晨,他的《大马士革剃刀》,主题非常宏大,讲伦理,讲人的道德,《大马士革剃刀》就是一条街上,每个人的道德都非常好,突然来了一个人改变了那条街的面貌,那个人是剃头的,杂货店的老板就把他的一把刀送给他,他不要,两个人推来推去,最后这个人把杂货店老板家的猫毛全部剃光了,结果那只猫很愤怒,跳到河里去自杀了。它讲的是妒嫉改变了人的生活,你会觉得一个短篇里没有办法承载那么大的东西,就会觉得有破绽。

我觉得大陆以外的作家是写人物的命运,贴着人物写,我们这里是架

---

[*] 程永新(1958—),《收获》杂志主编。电子邮箱:shouhuo_c@126.com。

空的，脱离人物写宏大的东西。还有一个，像黄锦树，他的文字所描绘的生活场景他很熟悉，也给我们一种联想，让我们想到童年，想到儿时成长的东西，他会用马来西亚的一些树、人物关系，他写出来，让你有一种联想。可是我们现在大陆作家写的东西很干，你觉得就缺那么一点点艺术的气息，直接地表达一个宏大的东西，好像把小说写得越大越好。

我想说什么？进入21世纪之后，我们发展最迅猛、最健康的是类型文学。我几次呼吁，我们写严肃文学的，或者所谓的纯文学的作家应该向类型文学学习。你不了解科幻小说，对于生活在当下的一个写作者来说是一个很大的遗憾。刘慈欣的《三体》，书籍的广告说挑战人类写作想象力的极限，确实是有的。我们朱大可老师那么严肃的人，居然也去搞影视了，其实影视我也蛮熟的，像电视剧《琅琊榜》，一两天看完了，编得好，我们严肃作家很多东西应该向类型文学学习，向影视学习。

我想强调的另外一个方面是，朱大可老师也去搞影视了，蔡骏也去转影视了，文学还有没有人来参与，还有没有人来关心？我之所以提出这个问题，是对"文学生产"的怀疑，文学能否变成一个生产？这是我的一个疑问。我觉得真正的文学肯定不是生产出来的，它一定是个人孤独前行者的生命当中必须要表现出来的东西。2016年诺贝尔奖奖给迪伦，奖给他是因为他的自由精神，而不是歌词，他是一代人的精神领袖，还是褒奖他的精神。所以我觉得文学最关键，说到底，所有的生产都可以顾及，包括社会也在做一些探索，我们去年建立了一个投稿平台，我们也建立了一个故事工厂，这些事情我觉得都应该去做。

我们在考虑刊物的某些选题的时候，比如说明年选题的时候，通常9月底就做完了，但我考虑的还是有没有独特性，有没有跟人生活在当下的精神生活有关系。如果没有这些东西，要我们这些人搞这些东西干吗？我在专栏选题当中，选了一个当年演剧团，明年是全面抗战爆发80周年，严平做了一年的采访，当年国民政府的演剧团，中间有很多故事，最终实际上是周恩来、夏衍这些人领导的，这个故事很有意思。所以我们这个散文专栏，一般的散文单篇的是不发的，一定要策划出这样的。

还有一个台湾的唐诺的，他的书有几十万字，我们把它浓缩。什么意思？我们在考量这些栏目的时候，还是以人的精神为主，这个领域我们不能放弃。即便现在类型文学那么发展，即便我们有一些像《北平无战事》

《琅琊榜》这样的作品带来一些启发。在这样一个复杂的文学生产的生态里面，对于我们这个生态，我个人还不是那么的满意，我不知道大家是什么样的看法，这个时代并不是一个好的时代，并不是让你来出真正好的艺术作品的时代。因为文学，说到底，还是跟艺术要有关系，你评了那么多的奖，有了那么多的活动。听这些人说了一通，特别是北方的大佬们，讲了一通以后，觉得很空虚、很无聊。

写小说的和写剧本的真的是不一样的，写小说的应该是一个孤独的人，而不是跟别人讨论的，他应该表达生活，对人性，他有非常独特的想法。就像作家述平和姜文，他们的创作灵感全来自于他们的谈话，关于音乐、关于绘画、关于我们的机制、关于他们一连串的谈话，姜文也是天赋比较高的导演，所以他有很多灵感在谈话当中被刺激出来。这也是我们对他有期待，认为他还能拍出好电影的理由。我觉得这样的一种跟艺术家比较接近的导演、作家、编剧，在这个时代里可能不太多，但他们恰恰是我们这个时代太需要的人。

当然我完全赞同建立工作室，我们也会去做这个事情。《收获》杂志也还会做一点事情，我都支持。但我们最后的那么一点东西要守住，因为一个社会，一个时代，我想美国的价值观也是很清晰的，我们有很多文学界的人来参与影视，来参与我们文学生产，本身也是一个好事情，它能够固定住我们的一种价值标准，至少"三观"要正。因为中国人口太多，文化层次、贫富区别太大，但像楼梯一样，下面的台阶一定要稳固住，才能一点点往上走，如果下面没有，上面根本上不去。

Can Literature be Production?

About the Author:

Cheng Yongxin (1968 –), Chief Editor of *Shouhuo*. E-mail: shouhuo_c@126.com.

翼书网的运作机制

葛红兵[*]

我们运营了三家网站：翼书网、华文剧本网、华文创意写作网。

网络文学作者作品推出机制，和纸面机制是不一样的，我们比较熟悉的是编辑选稿机制，编辑选稿机制在网上不是那么起作用，我们翼书网，第一是日榜，今天买你这本书的读者有多少人，出了多少钱，排名靠前的，首页出现。翼书网的首页，日榜、周榜和月榜占了三分之一。这个是读者推出作者的机制，读者用手直接买是一种，同时还结合了点赞机制，你不买，你觉得免费试读后很好，可以点赞，点赞率高也结合到日榜算法里去了。读者通过买入的机制推作家，买还分两种，一种是按照定价买了读，另一种是打赏，我认为这个作者很好，我想给他多少钱就给他多少钱，有时候会出现一口气打了1万元、2万元的。所有打赏的人都可以直接跟作家联系，这样子就进入了作家小粉丝圈。所以第一个是推出机制，网络写手的推出机制，叫作读者机制，这个跟我们传统的是不一样的。

第二个机制是机构机制。我们搞了一个 IP 评估系统，我们一个博士研究出来的，模仿美国"剧本医生"的量化评估打分。我们请了一些机构搞了一个 IP 池，机构觉得好的，就由我们自己把它推到前面来，鼓励作者写，也鼓励作者读。从试点的情况来看，去年从我们推出了三百本，把三百本两年的优先改编权卖给了一家公司，效果很好。去年有几个作家的作品，卖给一些机构，这个是机构机制。

还有一部分是小规模的机制，我们有一个编辑特荐，编辑觉得读者市场不起作用，机构也不起作用，他是我们要培养的，我们把他挑出来，推

---

[*] 葛红兵（1968—），博士，上海大学中文系教授，上海大学文学与创意写作研究中心主任。电子邮箱：gehongbing@qq.com。

荐给读者。

还有一个作者的自我推荐机制，一个是勤奋机制，天天在这儿更新，超过了30章以上，我们有一个日更榜，我们最鼓励的是，作者用勤奋来自荐。还有一种是新人，我们网站还不是太大，但是，推出新人已经有困难，签约四五千人，还得继续推陈出新，我们搞了一个新书上架机制，这部分只要新人在我们这儿传了10章以上，就让他出场。

从网站运营来讲，其实在上海这样一个环境里或者在中国的环境里是有限制的，网络出版比纸面出版垄断还要严重。起点是拿到网络出版牌照的。去年新闻总署批了一批民营试点，不知道这个能不能还放开，从网络出版来看，如果网站运营，如果上海政府能够推动的话，上海其实现在有三张牌照，一张是起点，一张是东方网，还有一张是华语文学网，这个是不够的，应该再开一点口子，让民营的进来，混合所有制也可以。

那么我们网站写手主要的来源，因为我们是创意写作培训机构，是在高校培训机构的基础上社会化的，我们现在每年的社会化培训有一两千人，所以这些人是我们网站作者的来源。

网络出版，其实是非常难的，我们就像一个婴儿，要跟一个个大脚怪一起比赛，我们干到今天以后，我为什么说如果不融资，我的头发不这么白，两个不结合在一起的话，早就倒掉了，你永远在跟世界第一在打，第一是起点、中国移动，然后是掌阅、塔读、多看，等等，如果不进前十，肯定就死了，这个业态就不存在了。民营的生态，永远处于死亡线的边缘，因为它有一个深层次的问题，就是赢者通吃，还有一个很简单的，就是牌照的问题。

网站的成功，还在科技创新，我们网站有一个创新，我们也拿到了创新证书，我们的网站是多媒体书的，会写字的人在我们这儿出书，不会写字的人，录音出书，喜欢拍小视频的，小视频出书。现在我们视频书上去了，视频书上去了以后，一天就要七八千点击量。

网络作家的写作动力，第一个是出场的动力，新手上场，只要在我们这儿出书了，新书上来了，有出场奖；还有完稿的，我们有完稿奖；还有影视化的动力，很多作家渴望自己的作品有影视缘。毋庸讳言，这里，有金钱要素，你有多少钱可以吸引多少作者？什么档次的作者？这个是争夺的资源。

所以，初创网站要融资，要砸钱。

但是，砸钱是不够的，要作者服务，要读者服务。

我们网站以后可能不会是一个简单的出版网站，我们以后有阅读服务，会员每年缴费，把会员在我们网站上的消费年均提高十倍左右。

还有一个 IP 营销，直接靠点击和我们出电子书，的确单本书的体量太小，我们开始创办这个网站，到现在，电子书价格已经涨了三倍，亚马逊独家发售的新书平均一本是十二三元，我们网站平均一本是 6 元。300 万字左右，可以定价到七八十元。一次性阅读，平均是 1 角 9 分，单次消费价格太低。

我是希望上海在全国能不能先行先试，因为上海想推动电影电视的发展，上海要做文化大都市，要打造原创，文学原创是原创中的原创，是母机，文学原创肯定是需要的。上海能不能也是对民营的网络出版有一个支持？网站出版这方面的政策，尤其是网络出版许可的政策，国内实际上真正的情况，像这一类的企业全部活在刀口上，两年前"清网"行动，有很多网站关门了，有很多网站躲到大树底下。我们也遇到了这个情况，你没有机会解释，他就通知你这个 APP 有一本书不合适，你要下架，不是单本书下架，是整个 APP 下架。因为很多人在我们这儿账上有存款的，你下架 35 天，那是很严重的。这个机制现在是不顺畅的，这是非常可怕的。

关于文学工作室，因为我们也做了，尤其我们是国内最早提类型文学研究的。我们做了一个"大宋江山"，从美国引进了一个写作机制，本来想往剧本方面做的，但离我们远了一点，我们就做小说。工作室，得有一个核心创意，这个创意就值得别人给钱，第二个有一个灵魂团队。实际上这十本书，总共我们写了十三本，枪毙了三本，整整写了三年。但现在还算结果比较好，第一期成本打平了，第二期资金也进来了，有一个纸质出版商包销我们这个书。我就感觉到美国的一些工作室，是培养机制带创作机制，那些都活了几十年。我们中国未来到底怎么活，现在还不太清楚，现在成功的都有偶然性，未来，我感觉上海要建原创城市，要把影视当重要文化产业，要把文学出版当重要产业，上海在剧本创作、小说工坊制创作方面，实际上可能需要几百个这样的创作室，但是，目前形态不清晰，盈利模式也不清晰。

The Operating Mechanism of Bookis Website

About the Author:

Ge Hongbing (1968 －), Ph. D. , Professor at Department of Chinese Language and Literature in Shanghai University, Director of Literature and Creative Writing Research Center in Shanghai University. E-mail: gehongbing@qq. com.

文学网站的付费实践

田志国[*]

2001年的时候,那时候由宝剑锋组建了"中国玄幻文学协会",由写玄幻文学的作家组成一个协会,建了第一个网站(www.cmfu.com)。2002年5月,中国玄幻文学协会改名为起点中文网。到了2003年,我们网站升级,变成以书站的形式来发行作品的网站,那个时候是第一家以读者最喜欢的阅读形式展示出来的网站。作为引领行业的正版数字阅读平台和文学IP培育平台,阅文集团由腾讯文学与原盛大文学整合而成,于2015年3月成立。

在2003年以前,所有的作家在网上写作是没有收入的,作家自愿写,读者免费看。那时候作家们的主要收入方式是到台湾地区出繁体书。到2003年下半年,起点中文网开始尝试电子化阅读,进行收费的商业运作,让作家网上的写作也有收入产生,可能之后作者的重心会从台湾地区转移过来。为什么说这个呢?因为当时台湾地区出版商经常要求作家停止网上更新,很多读者看不到后续的内容很有意见,他们愿意付费让作家来起点中文网上继续更新。而作家通过网络更新能够养活自己,也不用完全靠台湾地区的实体出版。

根据作者和读者两方面的需求,起点网站就进行了一个电子化订阅尝试的运作,最早期的时候拿了十部作品进行电子化的试运作,效果还不错,到2004年的时候就开始正式收费。刚收费时按照千字2分钱计费,由读者付费,费用完全给作家。起点也是国内第一家进行网络商业模式运作的网站,在这之后,起点又开创了月票奖、打赏红包等运作模式,为作家收入的扩大开创了更多的机会。

---

[*] 田志国(1977—),阅文集团高级总监。电子邮箱:tianzhiguo@yuewen.com。

在这之前，我们网站上的书，大陆很少有出版社出版。2004年网站才推出第一本实体书——《亵渎》，是一个上海作家写的，那是第一部长篇连载的网络原创作品被简体出版的。之后，大概是2006年、2007年，我们开始把我们的作品更多地推到出版社，因为之前有《亵渎》的成功案例，出版社也愿意去看，愿意进行简体出版，再之后出版量就越来越多了。到现在的话，每年都至少有100多部的简体出版，台湾地区繁体出版的量也不少。

但在影视改编这一块，是直到2009年才开始开拓。早期的话，女生方面的内容比较容易实现拍摄，所以《步步惊心》作为第一部影视化运作的作品推出，它的成功给后面的作品出版开了个好头，之后的《琅琊榜》《鬼吹灯》《盗墓笔记》等热门影视作品也都是我们网站出去的。《琅琊榜》其实是2006年开始写的，在几年之后实现了影视化，版权也是按照我们网站跟作家签约的大部分模式——按照比例分成。

在我们网站上的收费作品，最主要的是电子收入这一块，最早的时候每个作家一个月也就是一两千元，现在的话，一个月十几万元、上百万元的都有。因为我们的渠道越做越宽，QQ阅读，还有QQ浏览器、手机QQ这些平台都能看到我们的书，所以作家们的电子收入这一块的量与当年已经不可同日而语。

其实我们的小说还承载了很多功能。网络文学既激活了传统文学的价值，也赋予了文学新的互联网属性。其在内容上更具个性化、多元化和包容性，在传播上更趋及时性、立体化和全方位化，既能弘扬中国传统文化，又可融合各国文化元素，打破文化壁垒，有着世界大同的文化趋势走向。

我们的作品在海外输出上面也算是一个排头兵了。我之前去泰国旅游，见到当地的华文报纸上也在连载我们网站的小说。美国也有一些论坛，专门把我们的畅销小说翻译成英文在网上发布。虽然当时没有授权，但它每天的点击量也超过百万。以前都是我们看好莱坞的大片，是美国对我们的文化输出，现在欧美的读者觉得中国的小说写得特别好，特别适合他们的胃口。从这一方面来说，我们也做到了对海外的文化输出。最近，美国这个网站已经来跟我们洽谈版权的问题，因为他们的量越做越大，读者群也越来越大，必须解决版权的问题。

盗版问题可以说是当下横在数字阅读与出版面前最大的一道障碍。数据显示，2014年，侵权盗版使得网络文学正版付费收入损失超过77亿元，其中，在PC（电脑端）的付费收入的损失为43.2亿元，移动端付费阅读收入损失为34.5亿元。

从最初的起点中文网开始，可以说我们发展了十几年，也跟盗版抗争了十几年。从企业自身来说，我们一直在为作者和读者努力营造版权保护的环境，不论是企业的管理层面、技术层面、宣传层面，还是针对盗版维权的法律层面，投入了大量的人力物力。

就以今年为例，上半年阅文集团针对网络文学盗版侵权发起了大规模的维权行动：总计发起诉讼893起，投诉并成功下架APP软件117个、整改20个、累计屏蔽、下线各平台侵权链接709827条。阅文的维权行动得到了众多网络作家、平台、读者和媒体的支持，也收到了明显的成效：部分盗版平台进行了整改和反省，包括阅文在内、多数正版平台的作家们的权益得到了显著提升。

现在盗版的成本太低了。我们技术部门在不断地开发一个个防网络盗版的技术，但盗版商的技术也跟着进步。早期根据流量收费，如果大家都看正版的话，文字流量特别小，后来我们把它改成图片格式，这样的话，盗版成本就高了，增加成本能限制一些盗版行为。但现在流量便宜了，盗版商也不在意了，无非是加几台服务器的事。所以现在对于盗版行为，我们主要靠人工发现，发现了就会去进行维权。

除了盗版还有抄袭问题，抄袭认定是很麻烦的事情，基本上作家对于网站抄袭认定很多时候跟你去闹，我们去年的时候网站上有一本书我们认定是抄袭，开始他承认是抄袭的内容，结果后来因为这部书收益的确很高，有十多万元的收入，因为认定抄袭了这个钱我们是要返还给读者的，作者是拿不到的，后来又不承认了，但是举报的人是原作者，他提供了证据，我们通过证据去对比的确是抄袭的。抄袭者一个是因为利益特别高，另一个是他觉得网站没有办法认定是抄袭的，就到法院去告我们，我们就把证据应诉提供到法院去，折腾了一年，法院判定是抄袭，从我们网站的角度来说我们对抄袭的打击一直是很严格的，抄袭的内容太多的话一个是不利于作家的成长，另一个是读者肯定也会举报，这个网站都是抄袭的东西读者是不会再来你这里看的，这对原创是一种打击。

Practice on Paying for Literature Websites

About the Author:

Tian Zhiguo (1977 –), Senior Director of Yuewen Group. E-mail: tianzhiguo@yuewen.com.

我的网络写作历程

夜清歌[*]

我从 2013 年开始接触网文,在我看来,网文平台对我们来说,是一个年轻的梦想平台。

我在上初中的时候,就一直喜欢看小说,因为兴趣使然,就尝试着开始创作小说。那个时候没有电脑,便手写了 20 多万字,然后打印出来,不停地往出版社、杂志社投稿,希望能够出一本属于自己的实体书,但每次都会被打回来。出版社没有告诉我任何缺点,只是说"您的小说不符合出版要求,请继续努力"。久而久之,我就感到特别的失望,觉得这个梦想十分的遥远。

我在大学的时候学的是会计,毕业之后的第二年,也就是 2013 年,那时候网络小说已经开始逐渐地兴起,我因为不想放弃小时候的梦想,而找到了"腾讯文学"的网络小说平台,开始了我第一本言情小说的创作。

一开始写书的时候,我没有经验,成绩特别的不理想,说句惭愧的话,第一个月的稿费只有 30 元,如果换作投出版社的稿子,肯定又是被打回来的结局。但好在网络小说的包容性非常大,即便你扑掉了,依然会有一些读者喜欢你的小说,会每天在留言区中给你提意见,和你讨论剧情,告诉你哪里不足,情节和人物设定上有什么缺陷之类的。就这样在每天更新 8000 字的情况下,在被一群读者吐槽和支持的情况下,第一本小说,我并没有放弃,写了 99 万字。

也就是在完结之后,再重新回去看自己的小说的时候,你就会发现非常多的缺点和不足,然后吸取了很多经验,慢慢地思考改进。

2014 年底,盛大文学和腾讯文学合并,成立了阅文集团,我在阅文旗

---

[*] 夜清歌(原名:黄烨)(1989—),云起书院热门作家。电子邮箱:328546140@qq.com。

下云起书院上开始创作了我的第二本小说《爆萌宠妃》，因为有了上一本小说失败的经验，再加上积累了一些读者的支持，在第二本书发表上架之后，竟然获得了每月十万的稿费。这是我的进步，更是网络平台给予我梦想的实现。

作为一个网络作家，我想对我们"网络小说体系"归纳以下几点。

第一，与读者的交流。因为网络小说不同于出版小说，我们是每天更新连载，还有评论区留言区，读者会经常和作者互动，商讨剧情；除此之外，我们网站还有"QQ大神公众号""QQ大神说"，线下网站还会给我们举行读者见面会、签名售书会等活动，来让我们全方位地与读者互动。

第二，我们自身的学习。在阅文集团，网站十分注重对作者的培养，每年我们都会去学习，比如网站会推举我们到中国作协的鲁迅文学院去学习，网站内部还会经常举办一些培训班，这些都使我们更加的充实，在学习的过程中知道我们的定位和目标。

第三，关于作者的宣传。网站这些年对于作者的宣传力度也在增加，比如这两年我们作者也参加过一些"中华好诗词""成语大会"这样的活动，来开阔我们的眼界。

第四，关于网络文学和传统文学的结合。其实在鲁迅文学院里上课的时候，就听老师有讲过传统文学和网络文学的融合和传承。现在网络小说的题材非常的多，比如女频有言情小说、玄幻小说、仙侠小说；男频有游戏竞技、武侠修真等。其实这些都是在传统文学的基础上增添了一些新元素。就比如说咱们的古典名著《白蛇传》放在现在的网络小说中，就是"人妖恋情"，《聊斋志异》就是"灵异文"，《封神演义》就是"正邪仙魔大战"。只不过是创作渠道和表达方式有所不同而已。如果在今天，我要写一个关于熊猫的小说，也许出版社并不会给我出，没有文学性，没有内涵。但是熊猫作为我们中国土生土长的"IP"，没有人将它创作成小说剧本，可是放到了国外，却被搬上了大荧幕，一部《功夫熊猫》风靡全球，为什么我们中国自己的文化却要让国外采用了？对于传统文学，我们年轻的一代一直抱着尊重的态度，也希望传统文学的老师们，可以给我们这种新型的创作方式有一个包容度，让我们有进步的空间。

第五，关于网文水平的参差不齐。有些老师可能觉得，网文小说难登大雅之堂，内容也比较庸俗，但我们作者也一直在进步。就像是一开始写小说的时候，想着怎么赚钱，怎么火文，但是有一件事让我印象特别的深刻，我在处理一个小说细节的时候，写到了怀孕的女人吃西瓜，然后评论区就炸开了，很多读者说"怀孕不能吃西瓜，你有没有经验？"然后另一群读者也跟着反驳了起来"清歌姐姐说能吃就能吃，只要清歌姐姐说的，就全是对的！"当我看到这句话的时候，给我的震撼特别大，我瞬间就有了一种责任感，我不能给孩子们灌输一种错误的想法，从那以后，我处理细节的时候，遇到不懂的，我都会去查一下百度，争取做到一个正确的引导。

最重要的一点，是这些年来国家对网络小说的监管力度也非常的大，包括这两年的扫黄、封书，不许有低俗的情节，不许有暧昧的字眼和描写，不许有政治、暴力、血腥的题材，所以大多数的网文还是非常积极向上、三观正确的，一旦有一些低俗的描写，网站系统就会立刻给你封住。

网路小说逐渐趋于年轻化，像我写都市言情和古代穿越的，我的读者大多数是15—25岁，包括很多还在上学的小读者，读了小说就去尝试着写了，其实一开始的时候，他们有很多的不足，不过没关系，网络平台就是一个很有包容性的平台，你可以从第一本书去尝试，第二本书去进步，当你写到第三本、第四本的时候，总有一天你会成功的。你的电子订阅从每月3000到5000，到一万，再到五万，你可以保证你的生活，养得起孝顺得起父母，再去一步步地实现梦想，而这个梦想就是出版、影视化。我们也会加强自己的责任感，尽量做到不去误导下一代，会给下一代做一个好榜样。

也许很多老师对网络文学不是很了解，毕竟它还是一个新产业，但我们网络文学的读者群还是非常的庞大的，就拿我们阅文集团来说，我的第二本书在阅文集团渠道排名是第10位左右，后台正版订阅将近6000万，而第一名、第二名已有了过亿的订阅量，这个数据还是非常可观的。

为什么那么多人喜欢网络小说，选择从事网络小说创作呢？如果是刚入门的作者，在我们网站平台上，你每个月保证多少万字的更新量，网站会给予你相应的奖励，这叫勤奋奖，还有打赏分成啊、月票啊，再加上电子订阅，一个新作者，只要努力勤奋，一个月三四千元是不成问题的。慢慢地写出了成绩，达到了一定的层次，网站就会给你推广，推荐出版、推荐影视，就可以实现自己的IP价值了。

网络文学在中国已经成了一种品牌化，就像提到日本你会想到动漫，提到韩国你会想到韩剧，以后一提到我们中国，那就是网络小说。所以，网络平台是一个年轻人实现梦想的平台。

我对网络小说的了解，大概就是这些吧，这是在一个网文作者的角度和立场上，对网络小说的一种看法。

My Experience of the Network Writing

About the Author：

Ye Qingge（original name：Huang Ye）(1989 -)，Popular Writer at Yunqi Website. E-mail：328546140@qq.com.

古籍整理研究
Study on Collation of Ancient Books

论姜兆锡《尔雅注疏参义》的学术贡献

杜朝晖　肖　云[*]

摘　要：《尔雅注疏参义》是清代首部对《尔雅》经文进行审定，对《尔雅》注疏未备进行疏补，对《尔雅》注疏释义讹误进行校正的注本，为后世补正类注本的大量产生奠定了基础，在《尔雅》注释史上起着承上启下的作用。

关键词：姜兆锡　《尔雅注疏参义》　疏补　校正

姜兆锡（1666—1745），字上均，清丹阳（今江苏省丹阳县）人。康熙二十九年（1690）举人。平生潜心研究经史，《清儒学案》记载其采辑群书，以勤博称。姜氏曾建双桐书屋，在其中著述数十年，成书达数百卷之多，有《九经补注》刊行于世。目前学界关注较多的是其礼学成就，对其《尔雅》成果研究较少。

《尔雅》是古代儒生们读经、通经的重要工具，被誉为"九流之津涉，六艺之钤键"（郭璞，1886：1）。晋郭璞的《尔雅注》是目前所见最早最完整的《尔雅》注本，因其保存了《尔雅》经文，遂成为研究《尔雅》的权威性著作，后世治《尔雅》者必须借助此书。但《尔雅》在流传中滋生诸多错讹，郭璞的《尔雅注》也有未闻未详以及疏释不当之处。其后注家秉承"疏不破注"的传统，少有指正。直至清初，姜兆锡著《尔雅注疏参义》，对《尔雅》经、注、疏进行全面参正。

《尔雅注疏参义》（又名《尔雅补注》）共六卷，依十九篇次第。于每条经文下，首列《尔雅》经文的音读和异文，次列郭璞的《尔雅注》、邢

---

[*] 杜朝晖（1968—），博士，湖北大学文学院教授。主要从事语言文献研究，著有《敦煌文献名物研究》等。电子邮箱：duzhaohui@hubu.edu.cn。肖云（1991—），湖北大学中国古典文献学2014级硕士生。

晸的《尔雅疏》，如有自己创见，则加"愚按"二字以作区别。全书计有258条按语，其中《释诂》81条，《释言》41条，《释训》14条，《释亲》27条，《释宫》6条，《释器》7条，《释乐》5条，《释天》8条，《释地》5条，《释丘》5条，《释山》1条，《释水》3条，《释草》19条，《释木》12条，《释虫》5条，《释鱼》3条，《释鸟》8条，《释兽》4条，《释畜》4条。按语内容以补释《尔雅》注疏未备为主，兼以考正《尔雅》经文衍、讹、倒、注音、句读之误以及《尔雅》注疏释义之讹。

《尔雅注疏参义》是保存至今的、清代的第一个《尔雅》注本。明末清初雅学著作甚少，仅有明方以智的《通雅》、唐达的《尔雅补》（佚），清谭吉璁的《尔雅纲目》（佚）、姜兆锡的《注疏参义》四部。方以智的《通雅》是一部关注现实生活的博物学著作，因政治原因，多次被列为禁毁书和全毁书。《尔雅注疏参义》由是成为明末清初唯一一部通行的雅学著作，在当时流传甚广，雍正九年（1731）、十年（1732）、十一年（1733）都有刊刻。① 本文采用了雍正十年（1732）寅清楼刊《九经补注》本。

一 审定《尔雅》经文

《尔雅》为五经之錧鎋，千百年来传本众多，已难辨真讹。姜兆锡"以其先圣遗书，而真赝错见"（鄂尔泰，1732：1），遂详加考辨《尔雅》各篇条目，以审定经文的正确读音和句读，力求重现经典原貌。

汉字是形、音、义的统一体，读音对于理解词义至关重要，"训诂之旨，本于声音"（王念孙，1984：1），《尔雅》作为训诂专书，"意在说经，古时字少，一字或有数读"（徐养原，《湖州丛书》本：2）。对于多音字而言，不同的读音指代完全不同的意义，错误的读音会导致对词义的错误理解，因而错引例证。如《释言》云"疑，戾也"，邢疏、郑樵注皆引《书》"疑谋勿成"。姜兆锡按：

疑，当读鱼乙切，音屹，《诗·桑柔》"靡所止疑"是也。旧读如

---

① 雍正九年刊本存北京大学图书馆，雍正十年刊本存南京图书馆，雍正十一年刊本存中国科学院图书馆。

字，引《书》"疑谋勿成"为证，而谓疑者亦止，其释非是。（姜兆锡，1732：2）

今按："疑"为多音字，《书·大禹谟》云"去邪勿疑，疑谋勿成"，蔡沈集传云"去邪不能果断，谓之疑"，此"疑"为迟疑、犹豫之义，读常用音，《广韵》云"语其切"。《诗·桑柔》云"靡所止疑"，毛传云"疑，定也"，此"疑"为止息、安定之义，《洪武正韵》云"鱼乞切"①。

《释言》"疑，戾也"之"疑"确为"止"义，郭璞《尔雅注》云："戾，止也。疑者亦止。"《荀子·解蔽》云"无所疑止之"，俞樾云："'疑'与'止'义同，此云'疑止'，犹《诗》云'止疑'。"（俞樾，1954：279）《仪礼·乡射礼》云"宾升西阶上疑立"，郑玄注"疑，止也，有矜庄之色"，贾公彦疏"疑，正立自定之貌"，此"疑"亦为"止"义，陆德明《仪礼释文》注音云"疑，鱼乙反"，故姜兆锡称《尔雅》经文"疑"不读如字，当读"鱼乙切"。刘玉麐亦云"疑，读为仡然从于赵盾之仡。仡，音鱼乞反"（刘玉麐，1995：628）。郝懿行亦云"《尔雅释文》无音，盖读如字，非矣"，"《仪礼》《释文》并云'疑，鱼乙反'，此音是也"（郝懿行，1983：372）。后世注本，《尔雅正义》《尔雅小笺》《尔雅启蒙》《尔雅说诗》等均不引《书》"疑谋勿成"，而引《诗》"靡所止疑"为证，陆锦燧引《诗》"靡所止疑"，云"与雅训义合，雅训即释此句"（陆锦燧，1891：30），皆承姜兆锡。

除了读音，句读对于词组的确定、语义的理解也十分重要，正所谓"句读之不知，惑之不解"，如果不懂句读，或者误断句读，就会造成对整个句意的误读、误解。如《释草》"蕍苻止泺贯众"，郭璞《尔雅注》云："蕍，苻止，未详。泺，贯众。叶圆锐，茎毛黑，布地，冬不死，一名贯渠，《广雅》云贯节。"（郭璞，1886：13）姜兆锡按：

---

① 关于"疑"止息、安定义的读音有分歧，《汉语大字典》《汉语大词典》认为"疑"通"凝"，故训为"止"，因而取《古今韵会举要》"疑陵切"音。《古汉语常用字典》认为"疑"通"凝"是"凝结"义，"疑"之"安定"义，读为"偶起切，止韵"。《康熙字典》认为"疑"训"止"，有"鱼陵切""鱼乙切"两音。《尔雅》注释史上，均以"鱼乙切"为确。

薃苻止，《注》未详，而《疏》洑有薃苻之名，是洑、贯众、薃苻，一物也。但如此，则"止"字无着。今考《字林》"洑"本"泊"字，洑从水，为漂泊之义。"烁"从火，为销烁之义。而此章称为贯众、贯节历冬不死，则不为时所漂泊、销烁，名当为"止洑"，而称洑者，乃省文与。（姜兆锡，1732：8）

今按：《释草》"薃苻止洑贯众"，郭注误断为"薃，苻止；洑，贯众"，而云"薃，苻止，未详"。邢疏释义"洑、贯众、薃苻，一物也"，"止"字无着落。姜兆锡认为从水之"洑"为漂泊之义，从火之"烁"为销烁之义，与"贯众"历冬不死的特性不符，故此句当断为"薃苻，止洑，贯众"，是一物三名。其后注本皆从，如龙启瑞《尔雅经注集证》云"当以'止洑'一读，别三名，郭注误"（龙启瑞，1888：2），邵晋涵《尔雅正义》亦云"别三名也。贯众，一名薃苻，一名止洑。《释文》因《本草》云'贯众，一名薃苻'是也"（邵晋涵，1788：34）。

二 疏补《尔雅》注疏未备

《尔雅》注疏未备，主要是指郭璞的《尔雅注》未闻、未详、未见所出以及释义不够全面，而邢昺的《尔雅疏》也没能够疏释的条目。《尔雅注疏参义》对此类未备之处，多有补释，其中不乏真知灼见，后世精于考证的注本亦多有相承。

如《释诂》"善也"条，郭注云"省，未详其义"，姜兆锡按：

今考"繗"之言缮，修整之义，"穀"为圆满之义，犹攻为精专之义也。"省"亦为察治之义，故皆得为善与。（姜兆锡，1732：2）

今按，"省"，《说文解字》（以下简称《说文》）云"视也，从眉省，从屮"，段玉裁注云"省者，察也；察者，覈也"。《尔雅·释诂》亦有"省，察也"，《广雅》云"省，视也"，《左传·僖公二十四年》云"省视官具于氾"，《礼记·礼器》云"礼不可不省也"，注均云"省，察也"。故"省"本为详察之义，训"善"为"察"之引申义，事事省察，则善也。

姜兆锡谓"省"训"善"为"察治"之义，补释精当，后世注本俱从。如郝懿行云"省者，察之善也。明察审视，故又训善"（郝懿行，1983：27）。邵晋涵《尔雅正义》引《大雅·皇矣》"帝省其山"郑笺注"省，善也"，《礼记·大传》"省于其君"郑笺注"善于其君，为免于大难"，王闿运谓"省"与看同意，《诗》"帝省其山"、《记》"省于其君"皆详察之义。

又《释鸟》"鹠，刘疾"条，郭注未详。姜兆锡按：

> 后文云鹪鹩曰鹠，雌曰痺，恐"刘疾"亦其别名。（姜兆锡，1732：12）

今按："鹠"，《玉篇·鸟部》云"鹪鹩也"。陆佃《尔雅新义》云"好皆故斗，斗者，死道也，其取刘疾矣。《老子》曰'勇于敢则杀'"（陆佃，1973：6），指出"鹠"好斗的特点。姜兆锡联系《尔雅》下文，指出"刘疾"恐是鹪鹩别名，后世注本俱以此为线索疏释经文。如《尔雅郭注补正》中戴蓥按"下文鹪鹩，其雄鹠，牝痺"，《经义述闻·尔雅》中王引之按"鹪鹩，其雄鹠，牝痺"，邵晋涵在《尔雅正义》中云"鹩之雄者，亦名鹠"。

翟灏结合陆佃、姜兆锡之说，指出"鹠"即后文"雄鹩"，又"刘，杀也，谓杀鸟而食"，"疾，如征鸟厉疾之疾，大凡鸷介鸟之善搏斗者，悉共此称"（翟灏，1885：17），故"刘疾"为善搏斗之鸟的共称，"鹠"即善斗之雄鹩。王闿运在《尔雅集解》中亦指出："雄雉名鹠，鹠鸣疾也，刘亦捷疾之意。鹩善斗，故名。"（王闿运，1903：5）尹桐阳依据目验，云"鹩喜飞跃，往往自伤其头部，有距在于脚之内后侧，以为争斗之具，雌者则无，名为刘疾，义盖取此"（尹桐阳，1914：68）。

又《释言》"矧，况也"条，郭璞、邢昺单谓"矧"训"况"为"譬况"之义，姜兆锡补充"矧"训"况"还有"滋"义。其云：

> 矧、况，加进之辞，《诗·桑柔》云"况乱斯削"，"况，滋也"。旧单云"譬况"，义似未尽。（姜兆锡，1732：15）

今按:"况"确有"滋益"之义。《晋语》云"众况厚之""况固其谋也",韦昭注云:"况,益也。"《荀子》云"成名况乎诸侯",杨倞注曰:"况,犹益也。"《集韵》云:"况,益也。""益"与"滋"义同,刘淇《助字辨略》云"义转而益进,则云况也","况,义转而益深,故又得为滋益之辞"(刘淇,1940:226—227),王引之《经传释词》亦云:"况,滋也、益也。"又"况"经典或以为"兄"之借字,《说文》云"兄,长也,从儿从口",段玉裁注:"口之言无尽也,故以儿口为滋长之意。"《诗经》云"仓兄填兮",传"兄,滋也","职兄斯引"传"兄,兹也",可见"兄"亦为"滋益"之义。

"矤"者,郝懿行谓"弞之或体"(郝懿行,1983:508),《说文》云"弞,况词也",故"弞"与"矤"义同,《方言》云"弞,长也",《广雅》云"矤,长也",俱训为长。"长"与"益"义近,郝懿行谓"矤之训为长,亦犹兄之训为长矣、况之训为益、兄之训为滋矣,是皆古义之展转相通也"(郝懿行,1983:508)。故"矤"训"况",确有"滋益"义,尹桐阳在《尔雅义证》中亦称"矤,况也,盖取滋益之义"(尹桐阳,1914:43)。其实"譬况"与"滋益"义亦近,因为"凡譬况之词,皆于此词之外有所增益"(郝懿行,1983:508)。

三 校正《尔雅》注疏释义讹误

郭璞的《尔雅注》间有疏释不当之处,其后注家大多笃守"疏不破注"的传统,鲜有指正。而姜兆锡对郭璞的《尔雅注》、邢昺的《尔雅疏》中的释义之误多有参正,其敢于质疑经典的求真精神也被清代后续学者所继承。

如《释言》云"康,苛也",郭注谓苛刻,邢疏云:"苛者,毒草名。为政刻急者,取譬焉。《礼记》孔子曰'苛政猛于虎',苛名康者,以康乐也。苛刻者,心安之。《左传》曰'州吁阻兵而安忍'其类也。"(郭璞,1593:13)姜兆锡按:

> 旧训"康,安也",《左传》云"州吁阻兵而安忍",是心安于苛也。此训似曲。考《六书正讹》"康,米谷皮也",借为康乐字。盖去

穀皮以为米，亦烦苛之义。(姜兆锡，1732：7)

今按："苛"，《说文》云"小草也"，段玉裁注云"引申为凡琐碎之称"，徐锴系传云"以细草喻细政，犹言米盐也"。"康"者，《说文》云"康，穅或省"，同书又云"穅，谷皮也"，朱骏声云："今苏俗谷皮之粗大者曰砻穅，米皮之粉细者曰穅，字亦作糠。"可知"苛"之细小、琐碎义与"康"之"粉细"之义相同。

姜兆锡指出郭璞谓苛刻、邢昺训"康"为康乐，训"苛"为苛政，乃曲意附会。其后周春、戴蓥等也指出了郭注、邢疏释义误，周春云疏引"州吁阻兵安忍"殊凿，戴蓥谓"注疏义俱未允"。郝懿行指出"按苛为小草，故又为细也、烦也、重也，又扰也"，"康者，《释器》云'康谓之蛊'，康亦细碎，与苛扰义近，声又相转"（郝懿行，1983：441），王树枏《尔雅说诗》指出"康"训"苛"非康乐义，"康"与"糠"通，糠为谷皮，细碎之物，与"苛"细义近。尹桐阳认为"康"为谷皮，"引申为苛，谓康形之细苛也"（尹桐阳，1914：25）。黄侃亦云："康训为苛，用安扰义，康者穅之省，穅亦细物也。"（黄侃，2007：44）皆与姜兆锡同。

又如《释丘》云"宛中宛丘，丘背有丘为负丘"，郭璞于"宛中宛丘"云"宛谓中央隆高"，于"丘背有丘为负丘"云"此解宛丘中央隆峻，状如负一丘于背上"（郭璞，1886：38）。姜兆锡按：

郭注以中央高为宛丘，而以下文"丘背有丘之负丘""丘上有丘之宛丘"，皆为申解宛丘之状。今以下《释山》篇"宛中隆"推之，其谓"宛丘"为中隆高者，盖得之，但"丘背"乃丘之背后，与丘上不同，故其名为负丘，而乃混"负丘"、"宛丘"而为一，则亦误矣。(姜兆锡，1732：14)

今按：郭璞认为"负丘"是解释"宛丘"的形状，姜兆锡指出"负丘"为丘之背后有丘，与隆中高者之"宛丘"不同。郝懿行、高邮二王、潘衍桐、朱学聘、吴浩等皆从姜兆锡，指出郭注之误。郝懿行谓"背"犹"北"，"言丘之北复有一丘，若背负然，因名负丘"，且"负"与"陪"相通借，"陪"训二也、重也，与"邱背有丘"义合，"此自别为一丘，郭意欲为宛丘作解，盖失之矣，且此明言丘背有丘，亦非中央隆高之义"（郝懿行，1983：862）。朱学聃谓"邱背有邱"为"两邱相连，如背负然"（朱学聃，1936：6）。吴浩云"负丘"即"丘形前后重叠，非中央隆高也"（吴浩，《四库全书》本：357）。王念孙曰"郭说非也。邱背有邱者，谓邱之后又有一邱，如背有所负然，故曰负邱"，郭璞不解"负"字之义，将上文之"宛中宛邱"，下文之"邱上有邱为宛邱"，"混为一义，其失甚矣"（王引之，1985：657）。潘衍桐亦指出郭璞解"负"字之误，其云"如郭说，则非背上有负丘，竟似头上戴丘矣，负、戴名谊，郭盖未审"（潘衍桐，1891：21）。

从以上诸例可以看出，《尔雅注疏参义》在审定《尔雅》经文之注音句读、疏补《尔雅》注疏之未备、校正《尔雅》注疏释义之讹误等方面做了许多有意义的工作，其中有不少结论被后世著作证实为真知灼见。但就目前所见关于《尔雅注疏参义》的研究资料诸如序跋、提要之类，除鄂尔泰序给予较高评价外，严元照跋、《四库全书总目提要》《续修四库全书总目提要》《尔雅诂林叙录》提要等，对其多有批评。如《四库全书总目》"是注多以后世文义推测古人之训诂""又好以意断制"（纪昀，1997：572）。严元照跋曰"其于经文传讹，不能是正，更证成其谬""于景纯所未详者补之，尽臆说也"（严元照，1998：291）。从《尔雅》注释史的角度看，这些评论其实是有失偏颇的。

《尔雅注疏参义》确实存在以义理附会经义之处，如《释诂》"神，重也"，郭注未详，姜兆锡云"盖神明变化，亦得为重义"（姜兆锡，1732：7）。这与当时的学术背景有关，清初统治者为了维护社会稳定，选择了程朱理学作为清代官方哲学和统治思想，姜兆锡也因理学造诣深厚，受到当权者重视，被举荐为三礼馆纂修官。客观评价其书，必须承认其所处时代的局限性，不能将它与乾嘉时期以考证见长的著作进行简单类比。应该看到处于义理向考据过渡时期的《尔雅注疏参义》在《尔雅》注释史上承前启后的作用。该书是唯一一部被收入《四库全书总目》（存目）的清代《尔雅》注本，这恰好表明了它在《尔雅》注释史上的特殊地位。

《尔雅注疏参义》虽有瑕疵，但其敢于质疑经典，并以文献考据为基础，审定《尔雅》经文、疏补《尔雅》注疏未备、校正《尔雅》注疏讹误，引领了清人大胆严谨、求实求真之风，为后人疏释《尔雅》经文、完善郭璞《尔雅注》做出了贡献。

参考文献

（清）鄂尔泰（1732）：《尔雅注疏参义序》，雍正十年寅清楼刊《九经补注》本。
（晋）郭璞（1593）：《尔雅注疏》，邢昺疏，万历二十一年国子监校刻本。
——（1886）：《尔雅注》，湖北官书处重刊本。
（清）郝懿行（1983）：《尔雅义疏》，上海：上海古籍出版社。
黄侃（2007）：《尔雅音训》，黄焯辑、黄延祖重辑，北京：中华书局。
（清）纪昀（1997）：《钦定四库全书总目》，北京：中华书局。
（清）姜兆锡（1732）：《尔雅注疏参义》，寅清楼刊本。
（清）刘淇（1940）：《助字辨略》，章锡琛校注，上海：开明书店。
（清）刘玉麐（1995）：《尔雅校议》，《续修四库全书》本第185册，上海：上海古籍出版社。
（清）龙启瑞（1888）：《尔雅经注集证》，南菁书院《皇清经解续编》本。
（宋）陆佃（1973）：《尔雅新义》，《百部丛书集成》本，台湾：艺文印书馆。
（清）陆锦燧（1891）：《读尔雅日记》，光绪十六年《学古堂日记》本。
（清）潘衍桐（1891）：《尔雅正郭》，光绪辛卯年木刻本。
（清）邵晋涵（1788）：《尔雅正义》，乾隆戊申年余姚邵氏家塾本。
（清）王闿运（1903）：《尔雅集解》，东洲校刊本。
（清）王念孙（1984）：《广雅疏证》，南京：江苏古籍出版社。
（清）王引之（1985）：《经义述闻》，南京：江苏古籍出版社。
（清）吴浩：《十三经义疑》，《四库全书》本第191册。
（清）徐养原：《尔雅匡名序》，载严元照《尔雅匡名》，《湖州丛书》本。
（清）严元照（1998）：《尔雅补注书后》，载《尔雅诂林叙录》，武汉：湖北教育出版社。
尹桐阳（1914）：《尔雅义证》，衡阳学社石印本。
（清）俞樾（1954）：《诸子平议》，北京：中华书局。
（清）翟灏（1885）：《尔雅补郭》，《木犀轩丛书》本。
（清）朱学聃（1936）：《尔雅诤郭》，安庆陈氏铅印本。

On the Academic Contributions of Jiang Zhaoxi's *Erya Zhushu Canyi*

Du Zhaohui　Xiao Yun

Abstract：As the first annotation on *Erya* in Qing Dynasty, *Erya Zhushu*

Canyi aims to settle textual issues of *Erya*, and to complement and correct the commentary and subcommentary to *Erya*. The book links previous and subsequent exegetical efforts on *Erya* and lays the foundation for the flourishing development of later *Erya* studies.

Keywords: Jiang Zhaoxi, *Erya Zhushu Canyi*, Supplementary Commentaries, Correction

About the Authors: Du Zhaohui (1968 -), Professor in School of Chinese Language and Literature, Hubei University. Research interests and specialties: historical lexicography. Magnum opuses: *A Study on Terminology regarding Material Culture in Dunhuang Documents*, etc. E-mail: duzhaohui@hubu.edu.cn.

Xiao Yun (1991 -), Postgraduate in Classical Chinese Documents, School of Chinese Language and Literature, Hubei University.

浅论《尔雅》及其注文的正名观
——以《释地》为视角

夏金波 温显贵[*]

摘　要：《尔雅》是顺应时代需求的产物，体现了先民对自然界和人类社会的认识程度。正是生产力的发展、社会的转型、上层建筑的重构，使这部书萌发了早期的正名意识。而随着后人的不断注解，"雅学"的逐渐形成，这种意识演进的内在理路愈加清晰，思想内涵更加丰富。文章拟以《释地》一章为切入点，阐述《尔雅》及其注文的正名观念，探索正名意识的内涵、形成及其内容。

关键词：《尔雅》　《释地》　注文　正名观

基金项目：湖北省教育厅重点项目"《尔雅》与中国文化专题研究"（2010d002）

《尔雅》是我国辞书之祖，位列"十三经"，是古人读书通经重要而常用的工具书。它的内容涵盖广泛，已经具有了百科全书的雏形。由于这部书对文字、音韵、训诂的重要作用，它备受学人推崇。千年后，它终于由单一的辞典变为专门的研究领域。历来学者对《尔雅》的研究主要集中在语言学层面上，而文化层面的探索相对较少。事实上，我们透过文字现象，发现《尔雅》蕴含着古人丰富的思想，如政治观念、地域观念等，而政治和地域观念又在后人对《尔雅·释地》一章的注解中被进一步阐释、

---

[*] 夏金波（1986—），湖北省图书馆助理馆员，主要从事中国古典文献学的研究工作。电子邮箱：709501572@qq.com。温显贵（1964—），博士，湖北大学文学院副教授，主要从事中国古典文献学、中国文化史研究。著有《〈清史稿·乐志〉研究》等多种。电子邮箱：460666534@qq.com。

引申，变得丰富而又复杂，体现得尤为明显。其中，对所涉及的称谓规范（正名称）、具体地点（正地点）、势力范围（正礼数）加以疏解、厘清，目的是满足正名的需要。正名，是战国争霸时代，宗主国与诸侯国双方在政治诉求和博弈过程中保障自身权益的手段，是维护那个时代封建秩序的需要。简言之，正名就是使"名正言顺"。下面从《尔雅·释地》及注文出发，对其中的正名观念加以探讨。

一 正名意识的内涵

《论语·子路》说："子路曰：'卫君待子而为政，子将奚先？'子曰：'必也正名乎！'子路曰：'有是哉，子之迂也！奚其正？'子曰：'野哉，由也！君子于其所不知，盖阙如也。名不正，则言不顺；言不顺，则事不成；事不成，则礼乐不兴；礼乐不兴，则刑罚不中；刑罚不中，则民无所错手足。'"（杨伯峻，1980：133—134）孔子这一大段话是解释正名的重要性，表明它是关系国家治乱的大事。《管子·正第》也说："守慎正名，伪诈自止。"（谢浩范，1990：568）关于"正名"的意思，学界尚有不同的理解。它不仅是一个语言层面的问题，也是一个政治问题。结合当时的时代特征来看，我们认为所谓正名，就是辨正名称、名分，使名实相符。它有两层意思，首先是要确立所指"名"的标准，即规范与稳定性，正字书、礼法；其次是"名"的使用者应与其身份一致。

在孔子的思想体系中，正名思想属于政治哲学的范畴，主张人的名位应该与其权利、待遇、义务一致，它建立在语言学范畴之上。《尔雅·释地》主要解释与地理相关的知识，而国家的疆域是诸侯争霸的重要内容，于是我们选择《尔雅·释地》这一章作为切入点。通过研究也发现，其注文并不是单纯的训诂，更有其内在的文化观念和思维模式，直到民国期间某些学者仍流露出这种观念。如在解释"十薮"中"鲁有大野"的大野泽时，晚清学者王闿运说："此周时不封之大泽，至周衰，记者追记九薮之名而数其存者。"（朱祖延，1995：2528）意思是说，大野泽为什么不像"两河间曰冀州"那样，以地理名词"两河间"来限定"冀州"，而是以国名"鲁"来限定？是周朝衰微的缘故。在内心深处王闿运透露出对这种限定方式转变的无奈。如果说王氏的解释并不直接，那么近人尹桐阳则说得更为干脆:"衰周之世,列国据王泽为己有,记者故分述而各冠以国者。"(朱祖延,1995:2528)把"鲁有大野"以及其他九处大泽之所以冠以国名来解释地理范围,而不是像解释九州时用地理名词来限定的原因讲得很清楚了,是因为周王朝的式微,其管辖的领土被诸侯国据为己有,或许"鲁有大野"应该为"某某间曰大野"吧。虽然两人对于这种历史上常见的更名易主的现象没有发表直接的评论,但依然体现出在交代事实时对"名"的重视,使读者不会产生疑惑混淆。

考察《尔雅》研究的历史,可以发现这部书的产生被赋予明显的时代特色。综合判定《尔雅》成书时间,学界一般认为不会早于战国、晚于西汉初年。大体而言,《尔雅》是战国时期的著作。这是由封建领主制向封建地主制过渡的时期,体现在两个方面:政治上由分封向中央集权的郡县制转型,土地制度上由国有向私有转型。正是这样的大时代背景下,孕育了正名的意识。

二 正名意识的形成

(一)上层建筑的重构

生产力的发展使生产关系发生显著变化,进而导致了剧烈的社会震荡。一方面,封建领主自立称王争霸的愿望日益强烈;另一方面也为新阶层的产生起到了促进作用。士是西周分封制的产物,是最基础的贵族、最高级的百姓,多为卿大夫的家臣。东迁以来,由于文化官吏的流落、新兴地主阶层力量的壮大、官学的下移,春秋末年后,士逐渐成为知识分子的统称,上层建筑发生了重构。

《墨子·尚贤》说:"国有贤良之士众,则国家之治厚;贤良之士寡,则国家之治薄,故王公大人务将在于聚贤而已。"(张纯一,1988:45)春秋战国时期,奴隶主贵族统治者或新兴地主阶级统治者,为了巩固自己的统治地位,争先"招贤纳士"。当时,士在行动上有较大的自由,士无定主,并不避讳。谋食者的频繁流动,既是争霸活动中的重要内容,也是一种不稳定的状态。

东周以来,礼崩乐坏,奴隶社会礼乐制度正逐步走向解体。废井田,变分封为郡县，权力下移，诸侯之间战乱不已，僭用礼乐的现象已不鲜见。孔子对于这种现象十分焦虑，对后果也说得非常清楚，因而觉得有必要用正名来规定不同阶层的权利、待遇、义务、行为，追求秩序和制度。这种正名观念对孔门后学影响深远，在荀子身上得到最大体现。尽管孔子的正名思想最开始是一种政治主张，针对的是王、公、卿大夫、士，以及君、臣、父、子等名位和名分，不是一般意义上的明辨之学，但我们一般认为《尔雅》为战国末期儒生所编而成，则必然受到先师这种示范行为的影响，将正名理念贯穿于书中。在《尔雅·释地》的注本文献中，我们依然可以清晰地看到，考辨是构成注释的重要部分，对每一个地名或专名都进行了深入的考辨，为的是使原文更接近事实。总体来说，由于阶层的变化，正名观念首先以政治主张的形式被提出来。

（二）社会发展的内在需求

战国末期，统一天下成为时代发展的要求，以适应新的生产关系和政治模式。为了响应这一要求，必然要有与之相应的文化行为，不排除统治阶级的政令干预，或者这更多是一种自发行为的延续，是社会发展提供的内驱力量。正名这一概念，也有了新的内涵。《尔雅》非经一人之手一时而作，最早是作为一个普通名词，《大戴礼记·小辨》："是故循弦以观于乐，足以辨风矣；尔雅以观于古，足以辨言矣。"（黄怀信，2005：1180）《尔雅》的产生，除开政治经济文化原因之外，当然还有传统学术自身内在的理路，特别是"随着人们对语言文字的整理研究和训诂的发展，特别是在名实之辨的推动下，人们对事物的分类有了初步的认识，并自然而然地涉及到词语的分类和词义的解释"（窦秀艳，2003：8—9），也是《尔雅》编纂的一大动因，本文不再叙述。

要达到作为知识分子的士人应具有的学识修养，需要通过学习教育。这种特定政治氛围影响下的学术环境，为《尔雅》的产生提供了良好的学术土壤。这种要求为《尔雅》的产生提供了直接动力。清人陈澧在《东塾读书记》中说：

> 盖时有古今，犹地有东西有南北，相隔远则言语不通矣。地远则有翻译，时远则有训诂。有翻译则能使别国如乡邻，有训诂则能使古

今如旦暮，所谓通之也。训诂之功大矣哉。(陈澧，1920：105)

比如《诗经》所收自西周初年至春秋中叶，跨越五百多年，既"迩之事父，远之事君"（杨伯峻，1980：185），又可以"兴观群怨"（杨伯峻，1980：185），读起来又"其辞洋洋乎盈耳哉"（杨伯峻，1980：185），因此让人们读懂的需求推动诗学的兴盛，而《尔雅》的产生，就与其有着紧密的联系。所谓"尔雅"即近正之意，也不无道理，它为方言俗语、冷僻字词确立标准，使人们通晓方言、辨明事物。士人经过长时间的知识学习和修养，才能更好地参与政治。作为指导他们学习的工具书，《尔雅》自然有着权威标杆意义。

另外，随着官学衰退，私学兴起，读书获得教育也成为一般庶民的普遍需求。对于普通百姓来说，正名也有着最基本的好处。邵晋涵《尔雅正义》中对《尔雅·释地》一篇作如此评价：

此篇所释，自九州及于四极者。《周官·大司徒》："以天下土地之图，周知九州之地域广轮之数，辨其山林、川泽、丘陵、坟衍、原隰之名物。"故《尔雅》于田野之高下、山泽所钟聚，分晰言之。疆域之界、荒远之服、三代之制不同，书阙有间，可互证也。兼及于八陵者，邍师掌四方之地名，因十薮九府而类叙之也。兼及于五方之异气者，土训掌导地慝以辨地物。后郑谓地匿若瘴蛊，故释物之禀异气者，使民不疑于耳目也。(朱祖延，1995：2500)

"使民不疑于耳目"，充分体现了《尔雅》编纂的进步之处，也从另一侧面更反映了社会发展的需求。

三 《尔雅》正名意识的具体内容

（一）为称谓正名

历代《尔雅·释地》的注释对地名、物名做了大量的考证工作，试图还原它们本身最初的称呼，尽管有些争论尚未达成一致，但提及的材料与证据为我们继续考证提供了方便。例如《释地·九州》："江南曰扬州。"（司马迁，1963：1330）《说文解字》（以下简称《说文》）云："扬，飞举也。"（许慎，1963：254上）《尚书·禹贡》云："淮海惟扬州。"（孙星衍，1936：158）之所以用"扬"字，李巡说："江南其气躁动，厥性轻扬，故曰扬州。"（朱祖延，1995：2513）《太康地记》云："以扬州渐太阳位，天气奋扬，履正含文明，故取名焉。"（朱祖延，1995：2512）《释名》则说："扬州之界多水，水波扬也。"（刘熙，1922：卷2）有的古籍把"扬"写作杨树的"杨"，如《史记·天官书》云"牵牛、婺女，杨州"（司马迁，1963：1330），又《三王世家》云"杨州保疆"（司马迁，1963：2113），皆作"杨州"。杨、扬两字，古时常常通用。如《诗经》中的《扬之水》，《艺文类聚》和《太平御览》称引时都作《杨之水》；《左传》中的"解扬"，《史记》里作"解杨"；《左传》中晋侯之弟扬干，《汉书》里作"杨干"；等等。

然而扬州本作杨州，定作扬州是唐以来的事情。阮元指出："《唐风·扬之水》，《石经鲁诗残碑》作'杨'。按《广雅·释言》云：'杨，扬也。'据此知《尚书》、《周礼》、《尔雅》杨州字、《诗·王风》、《唐风·杨之水》字，本皆从木，其义为清扬激扬。陆德明、张参辈以从木为非，故经典定从手旁，其实非也。唐许嵩《建康实录》引《春秋元命包》云：'地多赤杨，因取名焉。则杨木、杨州实一字也。'"（朱祖延，1995：2515）江藩《尔雅小笺》还进行了修正："后人因五经字有州名取轻扬之义，俗从木讹之说，遂改杨从手矣。《唐风·扬之水》、《隶释》载石经作杨，此杨、扬通假字，不可援以为证。"（朱祖延，1995：2514）学者朱起凤先生说过："杨州之杨，字本从木。晋王献之《进书诀贴》'乞食杨州市上'，字从木旁作杨，可证也。自唐以后，惑于李巡'厥性轻扬'之说，遂改杨为扬，而书传杨字，强半改作扬字矣！"（朱起凤，1982：1028）宋代学者沈括也曾说过："予使虏，至古契丹界，大蓟茇如车盖，中国无此大者。其地名蓟，恐其因此也。如杨州宜杨，荆州宜荆之类。"（胡道静，1957：252）他认为蓟州、杨州、荆州得名的道理是一样的。

在释"九州"中，历代注家在对地理称谓进行考证的同时，多从不同地域与其被赋予的民风关系上进行了辨正。由此所谓"正名称"，不仅是一个语言层面的问题，也是一个意识形态问题。为称谓正名，是《尔雅》

正名意识中的最基础的工作。

(二) 为地点正名

《释地·四极》"四极"条云："东至于泰远，西至于邠国，南至于濮铅，北至于祝栗，谓之四极。"（郭璞、刑昺，1980：2616）其中，邠国为何地目前学界尚无定论。"邠"，古同豳。《说文·邑部》："邠，周太王国。"段玉裁注："豳者，公刘之国……盖古地名作邠，山名作豳，而地名因于山名同音通用。"《文选·上林赋》注引《尔雅》曰："至于豳国为西极，古同豳。"（李善，1977：123）《说文》引《尔雅》作"汃"。周春《尔雅音略》："邠豳字同，《说文》作汃。"（朱祖延，1995：2631）案豳，古都邑名，今陕西地；汃，西极水名。对邠国的解释由此有两个要点。一是或认为邠国因汃水而得名，似可通。今考汃水，钱坫《释地四篇注》："《金史·地理志》新平县有潘水，古声潘汃同，疑即汃水矣。今人云三水县有河，原出石门山，迳邠州西南入泾。"（朱祖延，1995：2629）二是或认为邠国即豳地，但这样就与郭璞所说的"四方极远之国"名不副实了，严元照《尔雅匡名》就说："邠地近在扶风，何极之可言？"（朱祖延，1995：2630）周春也注意到这个问题，他说："厚斋云西至于邠国，朱文公曰：'邠国近在秦陇，非绝远之地。'"（朱祖延，1995：2628）

按照《尔雅·释地》的编排来看，四荒是"次四极者"，四海是"次四荒者"，其中四海是最小的，四海之内就是中国古代统治的疆域范围，亦即我们常说的九州之地。《礼记·王制》中说："凡四海之内九州岛。"（杨天宇，2004：143）如果邠国即豳地，那么四荒、四海将置于何地？刘光蕡在《尔雅注疏校勘札记》中这样认为："按《尔雅》以四极、四荒、四海为序，皆先近后远，先中后外。"（朱祖延，1995：2631）他又说："《释诂》：'极，至也。'则四极当为四方极至之国。犹《诗》言四方之极，《书》言建极，非谓'极'为'极远'也。《释地》一篇多明殷制，邠自为古公邠国，如濮见《牧誓》，祝载《乐记》，皆当殷之末世。"（朱祖延，1995：2631）《书·洪范》云："建用皇极。"（孙星衍，1936：295）孔颖达疏："皇，大也。极，中也。"（孙星衍，1936：295）刘氏认为"极"除了"极远"的意思外，还有法度准则的意思，强调的是"国"、最远（极）的国家（极）。就回答了"非绝远之地"的争议。此外，他还认为邠国由汃水而来证据不足。"盖豳为山名，邠为国名，《说文》均收入邑部。汃当为邠形似讹字，西极之水一说从无单文孤证载在他书，张衡《南都赋》'砏汃輣轧'，李注汃音八，引《埤苍》云大声也。可知汃非国名水名。"（朱祖延，1995：2631）最后他说："许氏误《尔雅》四极为极远，收汃水部，谓为西极之水，郭注因之云皆四方极远之国。段氏《说文》注、邵氏《正义》、郝氏《义疏》均未能确证其非。《尔雅》四极之解不明，泰远、邠国、濮铅、祝栗遂不能确指所在矣。"（朱祖延，1995：2631）学者王舟瑶经过考证，认为邠国以豳山汃水得名，为古公刘国，邠为后起字，犹歧周之代岐山，规避了"极"的含义问题，也有一定的道理。

远古先民的空间观念是天圆地方，"中国"之外有"四方"之国，还有更远的载地之所"四海"、撑天的"四极"，自然会产生一种在中间的意识。方位由四而五，由五而九，"九五之尊"象征着王权。为地点正名，体现出"华夏中心"与"一点四方"的理念，内在动机是追求秩序，是正名意识的进一步加深。

（三）为礼数正名

对于封建秩序重要的组成部分——礼法制度，《尔雅·释地》也有涉及，出现在"野"中："邑外谓之郊，郊外谓之牧，牧外谓之野，野外谓之林，林外谓之坰。"（郭璞、刑昺，1980：2616）郭注："邑，国都也。假令百里之国、五十里之界，界各十里也。"（朱祖延，1995：2602）虽仅二十五字，后学却对此句解释极多，比《尔雅·释地》中其他条目都多出不少。此句表面上讲的是周制城邑及周围地域的称呼，即地理称谓，实际上讲的却是与区划相关的礼法制度，是关系到统治秩序的大事。邑在先秦文献中作为一个社会政治经济实体，被赋予了很多意思。《说文·邑部》："邑，国也。从口。先王之制尊卑有大小。从卪，凡邑之属皆从邑。"（许慎，1963：131下）都、郡、邦、鄙皆属于邑部，邑为国的通名。此外，根据爵位的不同，其他区划如"郊"等，大小都有不同。对这句的争论，集中在经文有无"郊外谓之牧"这几个字。古代注家对此有不同的结论，主要有如下几种。

1. 合并说。宋邢昺《尔雅疏》云："牧外谓之野者，言牧外之地名野。《诗》传云'郊外曰野'者，以细别言之，则郊外之地名牧，牧外之地名野。若大判而言，则野者郊外通名。如故《周礼》六遂在远郊之外。《遂人职》云凡治野田，是其郊外之地总称野也。"（朱祖延，1995：2603）邢昺认为，之所以有的本子无"郊外谓之牧"句，是因为野是郊外通名，如《说文·里部》："野，郊外也。"（许慎，1963：290下）若大概而言，就把"郊外谓之牧、牧外谓之野"合并成"郊外谓之野"了，牧也是野的一部分。近人尹桐阳也认为："《说文》郊外谓之野，无所谓牧。《御览》则引'邑外谓之牧'，均省文也。"（朱祖延，1995：2606）这种解释有一定的道理。

2. 牧、坶同义说。《诗》毛传、《说文解字》并云"邑外谓之郊、郊外谓之野、野外谓之林、林外谓之坰"，无"谓之牧"句。清人钱坫赞同这个说法，他说："距国百里曰郊，牧即坶，七十里地，不应更在郊外。毛、许说是。"按：坶，古地名，周武王败商纣之地，也称牧野或坶野。《说文·土部》："坶，朝歌南七十里地。"（朱祖延，1995：2606）坶是专名，特指牧野，与其等同。然而以"坶野"即"牧野"来推断牧与坶意思一致，未免有些武断，考诸诸书，皆无此一说。牧为放养牲畜之义，引申为州的长官，与坶本义相差甚远。此说不足与从。

3. 郊外谓之田（甸）说。这是合并说的进一步深入。清代的几部辑佚书如《尔雅钩沉》《尔雅汉注》《玉函山房辑佚书》《黄辑古义》等并引《释文》，曰李巡《尔雅注》文为郊外谓之田。田又或为甸，尹桐阳《尔雅义证》："郊外谓之牧，《周礼》所谓邦甸是也。牧，蓄牧之地。字借作坶，坶，晦也。与甸同意。"（朱祖延，1995：2606）钱坫说："王砅《素问注》：按《尔雅》'邑外谓之郊、郊外谓之甸、甸外谓之牧、牧外谓之林、林外谓之坰、坰外谓之野'，甸即田字，是与李本或同。"（朱祖延，1995：2606）严元照也认为："从毛、许、郑（无'郊外谓之牧'之文）为长。"（朱祖延，1995：2609）并且他还认为"疑李本作田乃甸字之误，王砅所引盖据李本也"（朱祖延，1995：2609）。潘衍桐在《尔雅正郭》中云："依《仪礼·聘礼》注'周制远郊男十里'推之，则郊外谓之牧，牧在远郊十里以外，与《周礼·地官·载师》牧田任远郊之地不合，不及李注读田为陈之允也。"（朱祖延，1995：2607）综上所述，皆认为郊外谓之田（甸）。郝懿行说："《载师》云'以牧田任远郊之地'。远郊在郊外，牧田在远郊，是郊外谓之牧矣。"（朱祖延，1995：2605）观《周礼·地

223

官·遂人》："遂人掌邦之野。"（王云五，1935：85）郑玄注："郊外曰野。此谓甸、稍、县、都。"（王云五，1935：85）郝氏所指的牧，即郑氏所谓甸，属于野的一部分。

这种用法，在其他先秦文献里可得以参证。《左传·襄公二十一年》云："天子陪臣盈，得罪于王之守臣，将逃罪，罪重于郊甸。"（杨伯峻，1981：1062）注："郭外曰郊，郊外曰甸。"（杨伯峻，1981：1062）又《左传·昭公九年》云："伯父惠公归自秦而诱以来，使偪我诸姬，入我郊甸，则戎焉取之？"（杨伯峻，1981：1309）注："邑外为郊，郊外为甸。"（杨伯峻，1981：1309）《周礼·载师》云："掌任土之法，具叙王畿之内，远近之次：自国中以外有近郊、远郊、次甸、次稍、次县、次都，是郊外为甸也。"（王云五，1935：83）五十里为近郊、百里为远郊、郊外至五百里疆域（野）甸、稍、县、都各百里，可以看出，这里把都城周围的称呼说得很清楚了。

邵晋涵提及造成这种不同的原因，是由于所依据的版本不同引起的，但最终没有下定论，他说："（《鲁颂》《毛传》《说文》——引者注）俱据《尔雅》为说，无'郊外为牧'之文。然《诗》疏及《尔雅》释文引李巡、孙炎旧注俱有此文，毛、许所引盖异本也。"（朱祖延，1995：2604）

以上三种说法，是注家对古代五服制度的不同解读。表面上是辨正称谓，为礼数正名，更深层次的，已经触及比如缴纳税贡等经济问题，这在《尚书》中有更详细的体现。正礼数，将古代王权观念和治国思想最清晰地呈现出来。

名正则天下分，地正则华夷别，礼正则尊卑则，这是《释地》正名意识的内在逻辑，是《尔雅》及其注文一以贯之的思想准则。

结　语

正名思想在于希望恢复理想中的国家制度，维护和加强君主的权力，恢复天下一统的政治局面和旧的礼制下颇为严格的等级秩序，创造一个相对统一、有序、稳定的社会环境，即"周监于二代，郁郁乎文哉，吾从周"（杨伯峻，1980：28）。虽然出发点是为了改变春秋战国时代中央与诸侯秩序失衡的状况，但为后来成为新形式的封建大一统起到了积极的作用。同时也影响到《尔雅》的编纂与雅学的学术路径。站在今天的角度来看，我们并不能因为正名意识产生的时代和目的而说它是想开历史的倒车，相反它对我们仍有借鉴意义。《尔雅》编纂的出发点也许只是单纯的记录当时的事实而已，又带上了时代思潮的印记。本文只是管中窥豹，仅通过《尔雅·释地》一章来阐述正名意识，在这样一座庞大的知识宝库面前总显得远远不够。其指导意义在于，通过这部著作及其后人的注解，我们甚至还可以从不同角度勾勒出《尔雅》研究思想史的粗线条。

参考文献

（汉）刘熙（1922）：《释名》，四部丛刊初编本，上海：商务印书馆。
（汉）司马迁（1963）：《史记》，北京：中华书局。
（汉）许慎（1963）：《说文解字》，北京：中华书局。
（晋）郭璞、（宋）邢昺（1980）：《尔雅注疏》，北京：中华书局。
（唐）李善（1977）：《文选注》，北京：中华书局。
（清）陈澧（1920）：《东塾读书记·小学》，四部备要，北京：中华书局。
（清）孙星衍（1936）：《尚书今古文注疏》，北京：中华书局。
窦秀艳（2003）：《中国雅学史略》，博士学位论文，山东大学。
黄怀信（2005）：《大戴礼记汇校集注》，陕西：三秦出版社。
胡道静（1957）：《新校正梦溪笔谈》，北京：中华书局。
王云五（1935）：《周礼郑氏注》，丛书集成初编，台湾：商务印书馆。
谢浩范（1990）：《管子全译》，贵阳：贵州人民出版社。
杨伯峻（1980）：《论语译注》，北京：中华书局。
——（1981）：《春秋左传注》，北京：中华书局。
杨天宇（2004）：《礼记译注》，上海：上海古籍出版社。
张纯一（1988）：《墨子集解》，成都：成都古籍书店。
朱起凤（1982）：《辞通》，上海：上海古籍出版社。
朱祖延（1995）：《尔雅诂林》，武汉：湖北教育出版社。

The Idea of "Rectification of Names" in *Erya* and its Annotations: A Study of *Shidi*: Explaining Geography

Xia Jinbo   Wen Xiangui

Abstract: *Erya* is a work conforming to the needs of the times, reflecting the ancestors' cognition to the nature and human society. It is the development of productive forces, the transformation of society, and the reconstruction of superstructure that cultivate the consciousness of "Rectification of Names" within this book. With ongoing annotations by scholars of later generations, the study of *Erya* evolved into a special academic discipline, and the idea of "Rectification of Names" became logically stronger and ideologically richer. This article tries to make a preliminary research on the idea of "Rectification of Names" by taking "Shidi: Explaining Geography" as an example, to interpret the idea of "Rectification of Names" embodied within *Erya* and its annotation, as well as to explore the connotation, formation and contents of it.

Keywords: *Erya*, *Shidi: Explaining Geography*, Annotation, Rectification of Names

About the Authors: Xia Jinbo (1986 –), Assistant Librarian in Hubei Provincial Library. His interests and specialties: Chinese classical philology. E-mail: 709501572@qq.com.

Wen Xiangui (1964 –), Ph. D., Associate Professor in School of Chinese Language and Literature, Hubei University. Research interests and specialties: Chinese classical philology, Chinese cultural history. Magnum opuses: *Study on "Qing Shi Gao · Yue Zhi"*, etc. E-mail: 460666534@qq.com.

《新编汪中集·大戴礼记正误》点校商兑

彭忠德[*]

摘 要：广陵书社于2005年3月推出的《新编汪中集》，是国家清史工程《文献丛刊》中当代学者整理的一项重要成果。由于礼学典籍较为难读，其中《大戴礼记正误》的点校尚有若干失误，本文就此提出商榷意见，或于国家清史工程有"一得"之助。

关键词：《新编汪中集·大戴礼记正误》 点校 商兑

基金项目：教育部古籍整理重大项目"《皇清经解》整理"；华中师范大学中央高校基本科研业务费专项资金项目"清代经学文献整理与研究"（120002040122）

国家清史编纂工程启动之后，戴逸先生曾经指出："吾侪于编史之始，即整理、出版《文献丛刊》、《档案丛刊》，二者广收各种史料，均为清史编纂工程之重要组成部分。"（《新编汪中集·总序》）广陵书社于2005年3月推出的《新编汪中集》即是该《文献丛刊》中当代学者整理的一项重要成果。

众所周知，礼学典籍较为难读。笔者在研读《大戴礼记》时，发现《新编汪中集·大戴礼记正误》的点校存在一些失误，兹据《皇清经解》学海堂本、庚申补刊本条析若干，或于国家清史工程有"一得"之助。

---

[*] 彭忠德（1948—），湖北大学历史文化学院教授、华中师范大学历史文献研究所兼职教授。研究方向为中国历史文献学、中国史学史。在《历史研究》《古汉语研究》《文艺研究》及台湾省《汉学研究》《孔孟学报》等刊物上发表论文百余篇，著有《秦前史学史研究》《居官警语》，担任高校教材《中国历史文选》副主编，参与点校整理《皇清经解》等书。电邮地址：pzdlzr@126.com。

为方便整理者和读者复检，兹按其书页序胪列如下。

1. 第50页第10行。德法者，御民之术。

按："术"，为"衔"之误，当系失校所致。学海堂本、庚申补刊本皆作"德法者，御民之衔"。作"衔"虽似难解，但古代学者亦有引用，如《绎史》《经义考》所引。如果深究，此"衔"后实有脱文，《艺文类聚》《渊鉴类涵》所引《大戴礼记》此语即作"御民之衔勒"。《四库全书》所载经戴震所校《大戴礼记》即作"德法者，御民之衔勒"。其校语云："各本脱'勒'字，今从《通典》所引。"

2. 第51页第6行。《家语》有之。自"有恩有义"至"圣人因教以制节"，与《礼记·丧服四制》同。

按："有之"后不能用句号绝句，因下文"自有恩有义"即以《家语》之文与《礼记》所作之比较。

3. 第51页第10行。罗泌《路史》云："大戴氏曰……以制谥法。"《周书》之说亦然。

按：此句反引号误，因"《周书》之说亦然"句亦为《路史》之文，故反引号应在"亦然"后，标点宜如下。

罗泌《路史》云："大戴氏曰……以制谥法，《周书》之说亦然。"

4. 第53页第15行。与《文王官人》篇"有施而不置"注云"不形于心色也"，义可互证。

按："不形于心色也"句失校，学海堂本、庚申补刊本同，亦误。《四库全书》本《大戴礼记》作"心不形于色也"，义长。

5. 第55页第3行与第4行之间。

按：学海堂本、庚申补刊本于此间皆有"然而曰礼云礼云"条，其下并有"喜孙案"58字，而《新编汪中集·大戴礼记正误》因失校而全脱。

6. 第55页第13行。雁北乡传何以谓之为居。喜孙案：卢刻无"为居"，与傅崧卿本同。戴校聚珍本无"为居"二字，云各本或衍一"居"字，或衍"为居"二字，今从方本，有"为居"二字。此增"为"字，盖同孔说。

按：此条既失校，又误点。上文已明言"戴校聚珍本无'为居'二字"，不应将"有'为居'二字"作为"戴云"内容而置于句号之内。检《四库全书》本《大戴礼记》，其案语正作"案此下各本或衍一'居'字，或衍'为居'二字,今从方本",而无"有'为居'二字"。故标点宜如下。

喜孙案:卢刻无"为居",与傅崧卿本同。戴校聚珍本无"为居"二字,云:"各本或衍一'居'字,或衍'为居'二字,今从方本。"有"为居"二字。此增"为"字,盖同孔说。

又,"有'为居'二字。此增'为'字,盖同孔说"句,既与上文不合,又与下文不协,原文当有脱文。据末"盖同孔说",即是指同孔广森所著《大戴礼记补注》之说,检孔氏之书,此节文字为"雁北乡……雁以北方为居,何以谓之为居?生且长焉尔",则此处"有'为居'二字"上当脱"孔本"二字,"增为"下当脱"居"字,这样才能与汪本整理后条目相同。故末句当如下。

"孔本有'为居'二字。此增'为居'字,盖同孔说。"

7. 第56页第4行。下复申之曰:其曰初岁云者,以畅是终岁之祭所,皆用"初岁"对"终岁"而言。各本或讹及"其用初云尔"……

按:"皆用"当属上为句。"畅"不是祭祀场所,而是古代的一种香酒,即"鬯"。金履祥《资治通鉴前编》云:"王将耕藉,则鬱人荐鬯,王祼鬯。鬯之言畅也,祭末而用鬯也。"

又,"各本或讹及'其用初云尔'","及"为原文,当作"各本或讹'及其用初云尔'"。故标点宜如下。

下复申之曰:其曰初岁云者,以畅是终岁之祭所皆用,"初岁"对"终岁"而言。各本或讹"及其用初云尔"……

8. 第57页第1行。孔校则以"荣堇"为经之一条。《传》曰"采也"。以"采繁、由胡"为经之又一条。《传》曰:"繁,由胡者,繁母也。繁,旁勃也。"

按:此条标点有误。虽然"繁由胡"旧释众说纷纭,标点难定,但此处所引孔广森校语,应依孔氏自己所释施加标点,却无异议。请先看孔广森所释,《大戴礼记补注》首先列出孔校《大戴礼记》经传文字:"采繁由胡。繁由胡者,繁母也,繁旁勃也。皆豆实也故记之。"然后注云:"蘩,古通以为繁字。黄尚书曰:蘩始生一茎耳,采食其上体,留下体寸许,四旁皆勃然生,又采其上食之,则旁生弥众,故谓之旁勃,谓其母曰由胡。广森谓'皆'者,'皆'蘩与蘩母,释经不专言采蘩,而必兼由胡意也。"

据此孔注,"蘩"与"由胡(蘩母,蘩之根类物)"为二物,《传》解释的对象是"蘩"之类根物"由胡",故标点宜如下。

孔校则以"荣堇"为经之一条,《传》曰"采也";以"采蘩、由胡"为经之又一条,《传》曰:"蘩由胡者,蘩母也,蘩旁勃也。"

9. 第57页第9行。卢刻作"室,穴也。与之室,何也"。孔本作"突穴取与之室何也"……孔云"取"字误。当为其与之谓之也。

按:此条标点有误,"当为其"属上为句,指"取"为"其"之误,故前面句号宜改为逗号;"与之""谓之"为解释关系,中间应逗断,宜如下。

卢刻作"室,穴也。与之室,何也"。孔本作"突穴,取与之室,何也"……孔云:"取"字误,当为"其";"与之","谓之"也。

10. 第58页第16行。妄者遂因下或"曰人从"而改耳。

按:此句因未校《大戴礼记》原文而误,"或"为原文,应在引号之内,故标点宜如下。

妄者遂因下"或曰人从"而改耳。

11. 第58页第18行。戴氏《文集》曰:"之"当作"以"字,形之讹。

按:"字形之讹"为时人校勘术语,下文"渴、喝皆字形之讹"可证,故"字"当属下为句,标点宜如下。

戴氏《文集》曰:"之"当作"以",字形之讹。

12. 第60页第19行。《注》:"大夫谏之,以义后于瞽史。"

按:"以义"应属上为句,谓大夫据义而谏,故标点宜如下。

《注》:"大夫谏之以义,后于瞽史。"

13. 第63页第20行。卢刻作"邦"。

按:"邦"字失校,当为"郏"之误。学海堂本此字虽然漫漶,仍仿佛"郏"字,庚申补刊本作"郏"。

14. 第65页第10行。而置死于壮堂,

按:"死"字当为"尸"之误,学海堂本、庚申补刊本皆作"屍",即"尸"字。

15. 第69页第4行。道远日益云。此与上下文不伦。"句"字疑多脱误……

按:"句"非原文,因此所加引号不妥。此句为汪中校语,"句字疑"之意,盖汪氏疑谓"道远日益云"这一句之上脱"君子疑则不言,未问则不立"两句,而且"云"又为"矣"字之误,故谓其"字、句疑多脱误",故标点宜如下。

道远日益云。此与上下文不伦,句、字疑多脱误……

16. 第69页第17行。又大逼塞于下也。

按:"大"为"太"之误,学海堂本、庚申补刊本皆作"太"。

17. 第70页第10行。殆于以身近之也。喜孙案:此下各本有卢注"殆,危之。言危于以身近之"十字。

按:此条卢注标点有误。卢注所注原文为"说其言,殆于以身近之也"。意谓"喜悦其言,比亲自接近他还要危险",故标点宜如下。

喜孙案:此下各本有卢注"殆危之言,危于以身近之"十字。

18. 第70页第19行。中案:上注以"无为过"之意解"不生恶"。此云有意而随绝之,脱处当是"生"字。

按:此句引文标点有误。检核原书,"之意"为原文,"有意而随绝之"亦为原文,皆应在引号之内,故标点宜如下。

中案:上注以"无为过之意"解"不生恶"。此云"有意而随绝之",脱处当是"生"字。

19. 第71页第16行。注云:"死且不行,似谓孝子不出恶言矣。"

按:此条引号有误。检核原文,注文仅"死且不行"四字,故标点宜如下。

注云:"死且不行",似谓孝子不出恶言矣。

20. 第73页第8行。加之如此谓礼终矣。念孙案:"加之"字疑。中案:"加"字当是"如"字之讹,又衍一"如"字,"之"字当乙下。当作"如此之谓礼终矣"。彬案:"加之"二字,"如此"下脱一"可"字。喜孙案:先君于既下己意之后,复引朱说于下。于经文则抹去"加之"二字,疑后改从朱说,或两存之,亦不可知。

按:此条失校。朱彬案语"'加之'二字"逗断之后,语意不足,虽然学海堂本、庚申补刊本诸本均如此,亦应生衍脱之疑。下喜孙案语"先君于既下己意之后,复引朱说于下,于经文则抹去'加之'二字"其实已经提示,汪中认为"加之"二字为衍文。检核相关考校成果,发现孔广森

《校正大戴礼记补注》引有汪中校语:"汪校云:朱彬曰'加之'二字衍,如此下脱一'可'字",可证此条"'加之'二字"下脱一"衍"字。

此条亦有误点。

"当乙下"之后不宜用句号绝句,因下文"当作如此之谓礼终矣"句是上文结论。又,喜孙案语"复引朱说如下"之后亦不宜用句号绝句,因下文"于经文则抹去加之二字",正是汪中"改从朱说"的行为。故此条标点宜如下。

加之如此谓礼终矣。念孙案:"加之"字疑。中案:"加"字当是"如"字之讹,又衍一"如"字,"之"字当乙下,当作"如此之谓礼终矣"。彬案:"加之"二字〔衍〕,"如此"下脱一"可"字。喜孙案:先君于既下己意之后,复引朱说于下,于经文则抹去"加之"二字,疑后改从朱说,或两存之,亦不可知。

21. 第74页第3行。夫礼大之之由也……刘逢禄案:胡兄似是而非。孔《补注》:致致确。

按:此条点校均有误。刘逢禄之语,包括对胡、孔二人校语的评论,且检孔广森《校正大戴礼记补注》"夫礼大之由"句下,孔氏并无"致致确"之评语。又,校勘术语常用"致确",如《古文尚书疏证》云"此句致确"、《四书释地》云"不若《孟子》二字为致确",可定"致致确"不辞,当衍一"致"字。故标点宜如下。

刘逢禄案:"胡兄似是而非,孔《补注》致(致)确。"

22. 第74页第16行。敬若此,则夫杖可因笃焉。

按:"敬"字失校,当为"苟"之误,此句卢注即作"言行如此,则其所杖者皆可因厚焉",与"敬"字无涉。又,学海堂本、庚申补刊本、孔广森《补注》本、《四库全书》本皆作"苟"。

23. 第77页第17行。聚珍本作"腻"。《永乐大典》改也。《群书治要》亦作"腻"。

按:此条失校,标点亦误。"永乐大典改也"六字与上下文不合。据清儒整理《大戴礼记》校例,时据明《永乐大典》校改古书,如"戴校聚珍本作'唯仁',云'仁'各本讹作'以',今从《永乐大典》本"。故疑此处"《永乐大典》改也"上脱"从"字。又细看学海堂本,可以发现"永乐大典"四字上有空阙,且"永"字上点笔画略有残余,估计脱去

"从"字及"永"字上点。又查庚申补刊本,"永乐大典"上仍有空阙,但"永"字完好无缺。再查《四库全书》本《大戴礼记》,戴震校语正作"案'腻',各本讹作'贷',今从《永乐大典》本"。据此足证"《永乐大典》改也"上脱去"从"字,且与上文为一句,前句号应作逗号。故此句宜作:

聚珍本作"腻",〔从〕《永乐大典》改也。

24. 第78页第1行。戴云:"长,竹丈切。谓己身之长,故曰不自知。"注云"如日之长"。袁氏无"日"字,空此一格。当作"如身之长"。

按:此条失校。据《东原文集·再与卢侍讲书》,自"长竹丈切"至"如身之长"皆为戴氏所云,全句应在引号之内。又,"袁氏"下脱"本"字,学海堂本、庚申补刊本亦脱"本"字。

25. 第79页第1行。又案:注"赋也"各本有"化体生"三字,先君校去。

按:如此标点,不知所云,应生衍脱之疑。检核学海堂本、庚申补刊本,原文亦如此,再检《四库全书》本《大戴礼记》,其原文作:"施赋也化体生",则可定此处"赋也"后当脱"下"字,故标点宜如下。

又案:注"赋也"〔下〕,各本有"化体生"三字,先君校去。

26. 第79页第4行。阴阳之气,各从其所。"从",卢刻作"静"。

按:此条原文和校语混为一条,主从不明。据全书体例,原文条目和校语之间应用一空格隔开,则原文"阴阳之气,各从其所"和校语"从,卢刻作静"之间宜加一空格。

阴阳之气,各从其所。"从",卢刻作"静"。

27. 第80页第10行。《唐志》:"《曾子》二卷。"今世传《曾子》二卷,十篇本也。有题曰《传绍述本岂樊宗师与视亡目》一卷,考其书已见于《大戴礼》。

按:此条失校,而致书名号标点大误。

"《曾子》二卷"与"今世传"以下文字即谓两种版本同源,因此三句之间不能以句号绝句。又,"《传绍述本岂樊宗师与视亡目》"作书名有误。虽然学海堂本、庚申补刊本文字与此条无异,但这段文字系转引自晁公武《郡斋读书志》,经参校四库全书本《郡斋读书志》,可以发现"与"作"欤",当是假借字,"视"下有"隋"字,且樊宗师为唐代著名学者，文中"绍述"为樊氏之字，"视"为"较，与……相比"之意，则这段文字的大意当是：今世传《曾子》二卷十篇本当与新旧《唐书》所载《曾子》二卷本同源，其上所题"传绍述本"，说明它可能是唐人樊宗师整理本，只是它较《隋书·经籍志》所载《曾子》少了目录一卷。标点宜作：

《唐志》："《曾子》二卷"，今世传《曾子》二卷，十篇本也，有题曰"传绍述本"，岂樊宗师与？视〔隋〕亡目一卷，考其书已见于《大戴礼》。

28. 第 81 页第 1 行。各本作"王行西，折而南，东面而立"。

按：古代汉语方位词的运用中，从无"行西""行东"之说，此处"西"应属下为句，"向西转"之意。据《十三经注疏·礼记正义·学记》郑注："师尚父亦端冕，奉书而入，负屏而立。王下堂南面而立。师尚父曰：'先王之道不北面。'王行，西折而南，东面而立。师尚父西面道书之言。"其下正义即云："此'西折而南'，'南'字亦郑所加。"故标点宜如下。

各本作"王行，西折而南，东面而立"。

29. 第 81 页第 15 行。注："虽夜解息。"喜孙案："息"，卢刻作"㕡"。戴氏《文集》曰："㕡，当作息解。谓释带也。"

按："㕡，当作息解"之"解"字，指上注文中"虽夜解息"之"解"，应属下为句。戴氏《文集》此句有两层意思，一是"㕡"应作"息"字；二是"解"即释带之意。故标点宜如下。

注："虽夜解息。"喜孙案："息"，卢刻作"㕡"。戴氏《文集》曰："'㕡'，当作'息'。'解'，谓释带也。"

30. 第 82 页第 12 行。戴氏《文集》曰"当作'言未至、未及'者"。聚珍本、孔本皆作"言未至未及者"。

按："言未至、未及者"为卢注原文，戴氏校语亦如孔本等全引原文，应是"当作'言未至、未及者'"。故"者"应在单引号之内。标点宜作：

戴氏《文集》曰"当作'言未至、未及者'"。聚珍本、孔本皆作"言未至未及者"。

31. 第 82 页末行。《离骚》曰："封介山而为之禁兮，报大德之优游。"喜孙案：……"德"之下脱"优游"字。

按：所脱"优游"在"德之"下，而非"德"下"之"上。喜孙案语中的"德之"，实指上文《离骚》"报大德之优游"中的"德之"，故"德之"皆应在引号之内，标点宜如下。

《离骚》曰："封介山而为之禁兮，报大德之优游。"喜孙案：……"德之"下脱"优游"字。

32. 第 85 页第 19 行。《荀子》云其"万折也必东似志"。

按："云其"不辞。据《四库全书》本《荀子》，"其"代指上文"大水"，为全句主语，应在引号之内。又，注云："虽东西南北千万萦折不常，然必归于东，似有志不可夺者"，则"也"后、"东"后均应以逗号点断为安，故标点宜如下。

《荀子》云"其万折也，必东，似志"。

33. 第 89 页第 17 行。注作"深，盖深也"。

按：此句中二"深"字全同，必因失校而误。检核学海堂本、庚申补刊本，皆如此，复检《四库全书》本，上"深"作"湙"，二者系异体字。

34. 第 91 页第 16 行。自执而不让。喜孙案："执"，各本作"让"。戴氏《文集》曰："据注，'顺'，疑'执'字讹耳。"

按：此条失校。"各本作'让'"，学海堂本、庚申补刊本如此，皆为"各本作'顺'"之误。

据此书校勘通例，条目"自执而不让"为业已校正之后文字，而下文戴氏《文集》曰"据注，'顺'，疑'执'字讹耳"明指句中误字为"顺"而非"让"，"各本作'让'"之"让"，当蒙句末"不让"而误。

检《四库全书》本《大戴礼记》原文"自执而不让"下，卢氏之注为"及其不知也观人之动止，因执为意而不推让于人也"，故"戴氏《文集》曰：据注，'顺'，疑'执'字讹耳"。且《四库全书》本校注为"案：'执'，各本讹作'顺'，今从方本"。足证"各本作'让'"为"各本作'顺'"之误。

35. 第 96 页第 11 行。君曰不足，臣则曰足。喜孙案：各本无下四字。先君用卢校说补。戴校聚珍本、孔本补"臣恐其足"四字，与注不合。且"不足"可云"恐是"不可云"恐"也，不若卢校之核。

按：此条失校，标点亦误。"恐是"，学海堂本、庚申补刊本皆作"恐足",义长。又,此句经文上文为"君曰足,臣恐其不足",喜孙所驳针对戴、孔"臣恐其足",当云"且'不足'可云'恐','足'不可云'恐'也"。故标点宜如下。

君曰不足,臣则曰足。喜孙案:各本无下四字。先君用卢校说补。戴校聚珍本、孔本补"臣恐其足"四字,与注不合,且"不足"可云"恐","足"不可云"恐"也,不若卢校之核。

36. 第98页第10行。又按:"大射"下各本衍"干一张,侯参之,曰今日大射"十一字。

按:衍文十一字之标点有误。"干""侯"皆是射具,《仪礼·大射》注云:"干,读为玕,玕侯者,玕鹄玕饰也。""侯,谓所射布也。""侯"有熊侯、大侯之别。据此,"张"是动词,此处为"设置"之意。"参",叁,即张设三侯。又,此段经文下有"四侯且良",正指此处"干一侯三"之制。据此,标点宜如下。

"大射"下各本衍"干一,张侯参之,曰今日大射"十一字。

37. 第102页第4行《武王践阼篇》:户之铭曰:"抌阻以泥之。"卢云"抌"乃"㩼"字之讹。服虔注扬雄赋:"㩼,古之善涂墍者。"王伯厚校此篇云:"一本无'阻'字,则当为'㩼以泥之'无疑。"盖"抌"亦本作"㩼",形近易讹也。

按:此条点校有二误。

一是前半句所引王伯厚语,据《文心雕龙》所引,仅"一本无'阻'字"五字,下文"则当为'㩼以泥之'无疑"系卢氏断语,故当在引号之外,此短句标点宜如下。

……王伯厚校此篇云:"一本无'阻'字",则当为"㩼以泥之"无疑……

二是"盖'抌'亦本作'㩼',形近易讹也"句中,"㩼"当作"㩼",因失校而致误。上文已言"卢云'抌'乃'㩼'字之讹",此处断无又言"盖'抌'亦本作'㩼',形近易讹也"之理。检核学海堂本、庚申补刊本,皆作"盖'抌'亦本作'㩼',形近易讹也"。"㩼"和"㩼"才是"形近易讹"。又,《说文解字》云:"抌,烦也。从手,尤声。"邵英《群经正字》:"今经典并从'尤'作'抌',此隶转写之讹。"这也是"易讹"的原因之一。

Revision and Discussion on *New Edition of Wang Zhong's Collective Works*: *Judgment on the Rites by Da Dai*

Peng Zhongde

Abstract: *New Edition of Wang Zhong's Collective Works* published by Guangling Press in March 2005 is an influential finding of contemporary scholars focusing on "Literature Series" in the national project of compiling the history of Qing Dynasty. As it is difficult to understand the classics of the rites, there are some mistakes in the revision of *Judgment on the Rites by Da Dai*. This paper presents relevant suggestions, hoping to make a contribution to the national project of compiling the history of Qing Dynasty.

Keywords: *New Edition of Wang Zhong's Collective Works*, *Judgment on the Rites by Da Dai*, Revision, Discussion

About the Author: Peng Zhongde (1948 -), Professor of School of History and Culture in Hubei University, Adjunct Professor of Institute of Historical documents in Central China Normal University. Research interests and Specialties: philology of Chinese history, Chinese history of historical studies. Magnum opuses: essays have been published on "Historical Research", "Ancient Chinese Language Studies", "Literature and Art Studies" in mainland China and "Chinese Studies" "Journal of Confucius and Mencius" in Taiwan; two books have been published: *Research on the History of Historical Studies before Qin Dynasty*, *Aphorisms of Being an Official*. He is the associate editor of *Selected Works of Chinese History* which is one of the university textbooks. He has been a member of revising and collecting books like *Classic Explanation of Huangqing*. E-mail: pzdlzr@126.com.

语言学研究
Study on Linguistics

英语借词语素化及其演变

何洪峰[*]

摘 要：英语借词语素化形式，可以由原词直接形成或由复音节缩略成单音节构成，也可以是西文字母。借词语素的构词形式有原型构词和缩略构词两种，结构方式是"音译语素+汉语语素"。音译词语素化后可以发生演变，形成实语素、半实半虚语素或虚语素；可以形成"音译语素+音译语素"的构词方式；借用语素"吧"正在发生语法化，有些用法完全成为一个词缀；"粉"已成为类词缀，语义发生了泛化，并且从名词范畴转变为动词范畴。

关键词：借词 语素化 构词 演变 语法化

基金项目：教育部中央高校科研基本业务费；华中科技大学自主创新研究基金项目"语言学科专题创新研究"（2015AA017）

语言系统不是封闭的，任何语言系统都会借入外来词，"用来称呼事物或行为的言语形式往往从一个民族传递到另一个民族"（布龙菲尔德，1985：549）。现代汉语大量借入了外来词，尤其是英语词，这些词已成为现代汉语的重要词汇成分。借词完全借入汉语后，可以语素化为构词语素，构成汉语新词。

汉语外来词语素化问题，已有一些研究成果，如周洪波（1995）讨论了外来词音译成分语素化的性质，董晓敏（2003）、车录彬（2007）、邵敬

---

[*] 何洪峰（1956—），博士，华中科技大学人文学院教授，研究方向为汉语语法，著有《汉语方式状语》等著作3部，发表论文80余篇。电子邮箱：hhfeng1118@126.com。

敏（2001）持类似观点；苏新春（2003）描述了单音外来语素的"演化过程"等。但外来词语素化的性质需要重新讨论，语素化形式及其构词方式有待深入研究，外来语素的演变更值得关注。

题目中的"英语借词"可能引起歧义，本文的意思是"借入的英语词"，包括英文字母词。本文首先讨论英语借词语素化的性质，再描写其语素化形式及其构词形式，最后讨论英语借词语素的演变问题。

一　借词语素化的性质

什么是"语素化"？语法学者把语素化看作由句法（syntax）演变到形态（morphology）的一个阶段：syntacticization→morphologization。morphologization 主要是指"形态化"：由句法单位语法化为曲折形态单位，也指"通过脱落原来的语音因素而将音位规则变成形态规则"（Bussmann，1996：314）。这当然是一种语素化形式，但这一概念与汉语词法中的语素化不同。我们在四部语言与语言学词典①中没有检索到语素化概念。根据概念义来分析，"语素"是"以不能分析成更小单位的基本音位与语义成分构成的语言的最小的意义成分"（Bussmann，1996：313）；"化"是"后缀。加在名词或形容词之后构成动词，表示转变成某种性质或状态"（中国社会科学院语言研究所词典编辑室，2014：559）。我们可以初步地说语素化即 morphemicalization，非语素单位转化为语素就是语素化。

（一）英语借词语素化的说法

周洪波（1995）指出音译词的"语素化"，是指"的士、巴士、模特、啤酒"等的音译成分中，"的、巴、模"等只是一个音节，"它们只有与后面的音节构成一个整体才能成为一个语素。然而随着外来词引进方式的发展变化，成分音译的'的''巴''模''啤'等也能与别的语素一起构成新词语，如'打的、大巴、名模、扎啤'等，这时就不能不承认它们这些

---

① 四部语言学词典是：哈特曼、斯托克（1981）、理查兹（1993），克里斯特尔（2000）和 Bussmann（1996）。

音译成分它们含有一定的语素义了"。①

董晓敏（2003）、车录彬（2007）、邵敬敏（2001）的观点与周洪波相同或类似。苏新春（2003）对外来词语素化做出了理论概括，提出了外来单音语素的"演化过程"：

  复音外来词→单音节式简化→独立运用；重复构词→单音语素完成

简言之，英语借词语素化的研究结论有：（1）语素化是从多音节音译词中提取一个单音节代替原词；（2）这个单音节可以构词；（3）单音语素化经历了独立运用或重复构词的演化过程。

这些结论隐含了如下观点：（1）先有独立运用的词，后有语素；（2）独立运用、重复构词时还没有"完成"为语素；（3）语素化来自多音节音译词，单音节的不能语素化。这些问题值得商榷。

（二）语素化观点的思考

1. 语素与词，孰先孰后？由复音至单音是语素化？还是语素单音化？

语素与词的关系，是先成为独立的词，再成为语素？还是先本来就是语素，然后再成为词？语素和词哪个是高一级的语法单位？吕叔湘先生指出，"最小的语法单位是语素，……语素的划分可以先于词的划分，……（这里说的'先'和'后'指逻辑上的先后，不是历史上的先后）"；"比语素高一级的单位是词"。（吕叔湘，1984：489—491）从逻辑上说，还没有"完成"为"单音语素"就可以"独立运用"并"重复构词"是难以想象的；换言之，把语素化看作先有音译词，然后才有单音语素化，即先形成了高一级的单音词单位，然后才"完成"了低一级的语素单位，这

---

① 周文所举之例有如下可商榷之处：首先，各例结构并不平行："啤酒"是音译加汉语语素，"的士"是完全音译，"扎啤"（jar beer）是两个音均为译音，"大巴"是汉语语素加缩略的音译语素，这些词的构词方式不同。其次，"打的"不是词，是短语，"的"是音译缩略词。

一解释可以商榷。

这里其实是把语素与词构成的"逻辑先后"说反了。英语借词，不管是复音节还是单音节，在汉语中首先都是最小的语音语义结合体，都是单纯语素，由这个单纯语素构成单纯词。因此，英语借词，从语素层面来看，本身都是单纯语素；从词层面来看，都是单纯词。

当然我们理解这种观点的意思：语素化是指多音节英语借词在反复使用过程中，脱落或缩略了部分音节，只用一个单音节代替原来的复音节。这其实不是语素化，而是语素单音化：

(1) 例词：的士/奥林匹克→（打）的/（申）奥→（面）的/奥（运）
性质：复音语素；单纯词　单音语素；单纯词　单音语素

2. 单音语素是否一定来自复音词？单音外来词能否语素化？
用一个音节代替复音音译词并用来构词，的确是外来语素的单音化形式，如例（1）。

但是外来单音语素不一定来自复音语素的缩略。单音音译词（a）可以直接使用，（b）也可以重复构词：

(2)（a）啤的（酒）、白的（酒）都喝　刷了一次卡　秀（show）了一把
（b）黑啤　啤标　金卡　卡包　时装秀　秀场

如果认为"啤""卡"是"啤酒""卡片"的单音简化式，则混淆了原词与汉译词的关系："啤""卡"是原型"beer""card"的音译，"酒""片"是汉语附加义类语素。"啤""卡""秀"单用时显然是单纯词，按上述说法，却还没有"语素化"，而且无法语素化：因为不可能实现"单音节式简化"。这种单音音译词显然已经完成了语素化。

事实上，汉语的英语借词的单音语素，有的来自复音缩略，也有的来自其单音原形。

3. 是否必须单音化才能语素化？复音词能否语素化？
语素构成词。逻辑上，词的内部构成成分都是语素。即使汉语多语素

复合词内部包含着可以成词的成分,也不能分析为"词+语素";词内不能包含大于词的单位,内部大于单纯语素的成分可以分析为"复合语素"(张斌,2010:43)。如"照相机"的结构:

(3) 照相机→[(照相)+机]→[(复合语素)+语素]→[(语素+语素)+语素]

如果认为只有复音词缩略为单音语素才算是语素化了,那么复音音译词与汉语语素组合单位该如何分析,是词还是短语?

(4) 巴士站 咖啡屋 高尔夫球 可口可乐瓶 奥林匹克村

显然这些词中的复音音译词都是构词语素,也都实现了语素化,都是单纯语素。

4. 外来字母词是不是语素?

现代汉语中,西文字母词已经进入了现代汉语词汇库,《现代汉语词典》第5版、第6版均收录有"西文字母开头的词语"。这些词语"有的是借词,有的是外语缩略语,有的是汉语拼音缩略语"。这些词语,(a)有的是单个字母直接构词;(b)更多的是由词组缩略成字母词,再构词:

(5) (a) B超 K粉 Q版 T型台 U盘 X光
    (b) PC机 ETC卡 GDP值 LED灯 POS机 VIP卡

这些西文字母语素化了没有?如果语素化了,那么一般不是单音节。

英文缩略词由单词缩略而成,如:"AI←artificial intelligence,人工智能""B2C←business to customer,电子商务中企业对消费者的交易方式。"这类词语没有加入汉语构词语素,是英文缩略词,而不是英文借词的语素化。但这些缩略词进入汉语后,与汉语语素一起构词,这也是一种英语借词的语素化形式,与汉字音译词缩略形式性质相同。不同的是音译缩略为汉字,如"粉丝→粉""麦克风→麦"等,西文字母词是西文单词缩略为字母。这种形式与英文原词相同,汉语直接借来用作构词成分。

245

（三） 英文借词语素化的性质

某个成分的"语素化"有两层含义：一是语义上，是最小语音语义结合体；二是语法上，具有语素功能，是构词内部要素。具备这种性质就实现了"语素化"。因此，英语借词语素化有两个层面。

语义层面，所有音译单位内部都不可分解，都是最小语音语义结合体，都获得语素义。

语法层面，英文借词的音译部分或字母部分都是合成词内部的构成成分，具备重复构词的能力，都获得了语素功能。

音译词语素化与音节数没有必然对应关系，可以是单音节，也可以是复音节。音译的复音单位看作汉语多音纯语素是学界的共识，多音外来成分一般都列为现代汉语词汇系统中的多音节语素（吕叔湘，1984：490；胡裕树，2011：200）。汉语合成词内部，多层次组合的多语素合成词，(a) 可以分出一个"复合语素"（张斌，2010：43）；而 (b) "音译成分不管音节数量有多少，只代表一个语素"（张斌，2010：24）。音译词语素化也与音译词是完全形式还是缩略形式没有对应关系，可以是 (b) 这样的完全形式，也可以是 (c) 这样的缩略形式。比较：

(6) (a) 汽车站 →[（汽＋车）＋站]→[（语素＋语素）＋语素]→[（复合语素）＋语素] →词
  (b) 巴士站 →[（巴士）＋站]→[（音译）语素＋（汉语）语素]→词
  (c) 大巴→大 ＋ 巴士 →[（汉语）语素＋（音译）语素]→词

音译复音词单音化，(a) 用来构成合成词时，是复音词的语素化；(b) 用来构成句法结构时，是复音词的单音缩略式：

(7) (a) 去了回迪厅 申办奥运会 戴上耳麦
  (b) 蹦了回迪 成功申奥 换支好麦

总之，英语借词的语素化，是英文成分借入汉语后，变成汉语构词成分，构成新词的词汇演变现象。英语借词语素化，有的是原词式，有的是缩略式；有的是单音节，有的是复音节。

二 借词语素化形式及其构词

从与原词的形式关系来看，语素化形式有原型式和缩略式两种。

（一）原型式

音译词直接变成语素，用来构成汉语新词。原型直接语素化的，可以是单音形式，也可以是复音形式。

单音节。单音节的音译词，直接形成单音语素。例如：

(8) bar→吧　card→卡　show→秀　jar→扎　cool→酷

复音节。复音节的音译词，也可以直接构词，多个音节不是复合语素，只是一个语素。例如：

(9) beret→贝雷（帽）　mini→迷你（酒吧）　Bernetin→白内停（眼药）　chocolate→巧克力（豆）　Aspirin→阿司匹林（片）　Olympic→奥林匹克（村）

音译语素+汉语语素。英文词有一种借用方式是，音译词加一个汉语类义语素构成双音词。这类词往往可以脱落汉语义类语素而语素化，音译语素可以是（a）单音节或（b）复音节，也是原型式。例如：

(10) (a) beer→啤酒→啤　car→卡车→卡　bar→酒吧→吧
　　　(b) pisa→比萨饼→比萨　bassoon→巴松管→巴松　jeep→吉普车→吉普　waltz→华尔兹舞→华尔兹　golf→高尔夫球→高尔夫

西文字母语素。单个字母可以直接构词。这类语素不多，例如：

(11) karaoke→卡拉 OK（厅） A（股） B（超） T（型台）
　　　　　　　　　　　　　U（盘） X（光） X（刀）

（二）原型语素的构词

原型构词是指音译语素直接构词。音译语素＋汉语语素，不包括音译语素添加汉语类义语素（如"啤酒""芭蕾舞"）之类的词。①

单音音译语素构词能力较强，大多后置，也可前置。这类词大多是偏正型。例如：

(12) 卡：金卡　工资卡　卡号　卡奴
　　 啤：黑啤　冰啤　　啤标　啤友

来自动词或形容词的音译语素，经常构成偏正型或陈述型名词或名词性结构，也可构成偏正型或支配型动词或动词性结构。例如：

(13) 秀：秀场　　秀服　　秀台　（偏正）
　　　　 时装秀　模仿秀　走台秀（偏正）
　　　　 个人秀　企业秀　车模秀（陈述）
　　　　 作秀　　看秀　　扮秀　（支配）
　　 酷：酷发　　酷男　　酷跑　（偏正）
　　　　 扮酷　　炫酷　　摆酷　（支配）

复音音译语素一般以下述（a）的方式前置，也可以（b）的方式后置，构成偏正型结构；类推性不强。例如：

(14)（a）沙拉酱　迷你车　迪斯科厅　马拉松赛　卡拉 OK 厅
　　（b）电吉他　转基因　苹果沙拉　奶油咖啡　大型巴士

---

① 音译语素添加汉语义类语素构成的词，音译语素本身就表示了全词的语义，添加汉语素，一是为了调节音节结构，二是使借词词义汉语化，如上例 10）。

（三）缩略式

原词缩略成单音节、双音节或字母，构成汉语构词语素。

单音节。用一个音节代替原词。一般是一次缩略而成，有的是多次缩略而成。音译语素的缩略形式绝大多数是单音节，一般是提取复音音译的第一个音节。例如：

(15) bus→巴士→巴　motorcycle→摩托→摩　microphone→麦克风→麦
model→模特→模　fans→粉丝→粉　Olympic→奥林匹克→奥
Test of English as a Foreign Language→TOEFL→托福→托

双音节。用两个音节代替原词。例如：

(16) Coca-Cola→可口可乐→可乐　romantic→罗曼蒂克→浪漫
adidas→阿迪达斯→阿迪

缩略字母。用缩略字母代替原词。外来字母词一般是由单词缩略而成，这种词由于语义容量较大，不易或不便意译或音译，直接用缩写字母来表示，也应该看作缩略语素。例如：

(17) compact disc→CD（激光唱盘）　emotional quotient→EQ（情商）
chief executive officer→CEO（首席执行官）　over the counter→OTC（非处方药）

缩略字母形式上没有汉化，看作语素似乎不合常规。但是从最小的音义结合体这一语素性质来看，缩略字母显然是语素，跟音译的汉字语素一样可以构词。《现代汉语词典》（第6版）收录的"西文字母开头的词语"中，由英文字母+汉字语素的词语有32个。例如：

(18) K（ketamine）粉　H（Hong Kong）股　IP（Internet protocol）卡
POS（point of sale）机

西文字母语素，可以独立成词如下述的（a），有的甚至可以进一步缩略成（b）的形式：

(19) (a) 看 DVD (digital video disc)　制作 MTV (music television)
　　　　 DIY (do it yourself) 很有趣
　　　(b) 考 GRE (Graduate Record Examination) →考 G
　　　　 去 KTV (karaoke television) →去 K

（四）缩略语素的构词

受汉语词汇双音化的影响，复音音译词往往也缩略成单音语素，再加汉语语素复合成词：汉语语素+音译语素。汉语复音语素也往往缩略成单音语素。例如：

(20) (a) 黑色咖啡→黑咖　冰镇啤酒→冰啤　电动摩托→电摩　戴在耳朵上麦克风→耳麦
　　　(b) 轿车的士→轿的　面包的士→面的　驴的士→驴的　电麻木的士→麻的

例（20）(b) 组词颇富中国特色，相信英文中没有这些词。"轿的"：由于中国有"的士"功能却不是轿车的工具很多，要用"轿"来区别。"面的"："像面包形状的小型汽车→面包车→面包+（用作）的士。""驴的"："驴子拉的车+（用作）的士。""麻的"："电动三轮摩托车→电麻木+（用作）的士。"① 可见"的士"缩略为单音语素后，在汉语词汇中发生了词义泛化。

缩略字母语素构词一般前置，构成偏正型结构，类推性不强。例如：

(21) AA 制　IP 地址　CT 机　ATM 机　DIY 吧　WTO 组织　SOS 儿童村

---

① 麻的，即电麻木的士。湖北某些方言的折绕说法。武汉原来的一般三轮车夫好喝酒而醉酒麻木，因此武汉人用"麻木"转指三轮车，把三轮车叫"麻木"，类推出电动三轮摩托车叫"电麻木"，充当"的士"的"电麻木"叫"麻的"。

三　借词语素的演变

布龙菲尔德指出"在语法上，借入形式要受到借方语言系统的支配"，"借词完全适应以后，就像一个类似的本族词一样，也会接受同样的类推"；"这个系统的类推也许导致新的构形"（布龙菲尔德，1985：559）。英语词借入汉语后，逐渐融入词汇系统，首先是发生语素化，成为与汉语语素同功能的构词成分，构成大量汉语新词；其次，受汉语词汇系统支配，发生功能及语义演变。这种演变主要表现在词缀化、纯借词语素构词、语义虚化等三个方面。

（一）借词语素的词缀化

借词语素的语法性质一般被笼统地认为是语素，对个别构词功能强大的语素如"吧"等，有文章认为是"类后缀"（吴艳，2000）。这里不全面讨论借词语素的语法性质问题，只从构词角度做简略分析。

复音语素或字母语素都是实语素，可以单用，构成单纯词；也可以作词根，构成合成词。

单音语素情况比较复杂，可以分为三种情况：（1）实语素，构成单纯词或是作为词根；（2）半实半虚语素，可以看作类后缀，有几个语素后置构词的能力较强，其语义开始虚化；（3）虚语素，可以看作词缀，个别外来语素语义进一步虚化成词缀。英文借词语素可以构成一个虚化链（grammaticalization chain）（Hopper & Traugott，2003：7）：

实义，词根→半实半虚，类词缀→虚义，词缀

单音实语素大多是词根，既可以单独成词，也可以自由构词，如上文例（12）、例（13）。有几个语素可以看作类词缀，如"吧"已经虚化为词缀了。

类词缀是"说它们作为前缀和后缀还差点儿，还得加个'类'字，是因为它们在语义上还没有完全虚化，有时候还以词根的面貌出现"。（吕叔湘，1984：517）英语借词语缀已有一些成为类后词缀[①]，如例（12）、

[①] 这些类后缀，用在别的词根前面时，词义较实，是词根。如"卡包""秀场""的哥"。

(13) 所列的单音原型语素"卡""秀";单音缩略语素"fans→粉丝 →粉、model→模特 →模":

(22) 卡：金卡　银卡　年卡　主卡　副卡　钻石卡　信用卡　贵宾卡　老年卡　健身卡

粉：（苹）果粉　（小）米粉　淘（宝）粉　职（场）粉　迅雷粉　公知粉　脑残粉　死忠粉

模：名模　超模　男模　车模　手模　胸模　厨模　时装模　平面模　广告模

类词缀的能产性较强，可以大量地构成现代汉语新词。

后缀"吧"。个别借词语素构词力极强，已经虚化为后缀。如"吧"（bar）构成了一个语义范畴（category），这个范畴从"酒吧"义（典型成员）到几乎无意义（非范畴化）构成了一个连续统（Taylor,1995）。例如：

(23) A 卖酒饮酒的地方：酒吧→
    B 卖饮料喝饮料的地方：茶吧、奶吧、汤吧、咖啡吧→
    C 休闲娱乐的地方：迪吧、书吧、陶吧、网吧、清吧、休闲吧→
    D 某种活动的地方：剪吧、贴吧、氧吧、聊吧→
    E 某种网络空间：股吧、彩（票）吧、宝宝吧、基金吧、考试吧、直播吧、散文吧、图文吧→
    F 无意义：屋吧、乐吧屋、咖吧店

可见"吧"的语义从 A 到 F 逐渐虚化，呈现出一个"语法化斜坡"（cline of grammaticality）（Hopper & Traugott,2003：7）：

A 实语素 >B 偏实语素 >C 半实半虚 >D 偏虚语素 >E 虚语素 >F 语义更虚
词根　　　词根　　词根或类词缀　类词缀　　　词缀　　　词缀

例（23）F 的词中，另有表示处所的汉语语素"屋""店"，这表明

"吧"基本不表意。

(二) 借词语素组合构词

英语借词语素化后,在汉语中的接受度越来越高,已经成为汉语语素,以致两个借用语素,可以按照汉语词法结构来构词。

原型构词。两个借用语素直接组合成词。后置语素主要有"吧""秀"等几个单音语素。例如:

(24) 吧:啤吧 卡吧 克隆吧 芭蕾吧 巧克力吧 跆拳道吧
秀:卡秀 酷秀 模特秀 kiss 秀 QQ 秀 卡拉 OK 秀

"X 吧"一般是偏正式,或是附加式;"X 秀"是陈述式。这种构词方式还有"奔驰的""扎啤""迷你巴""IC 卡""VIP 卡"等。

缩略构词。复合音译语素缩略成单音语素,与其他缩略单音语素、原型单音语素或西文字母语素复合构词。这样构词的借用语素不多,例如:

(25) 摩托的士→摩的 摩托吧→摩吧 迪斯科吧→迪吧 咖啡吧→咖吧 奔驰的士→奔的 卡拉 OK + TV→KTV→KTV + 吧→K 吧

借用语素与借用语组合构词,表明英文借用语素已经融入汉语词汇系统中,按照汉语词法结构规则来构成新词;并且贴切地表达了汉语社会的新生事物。

(三) "吧"的类推构词

英文 bar 译成"吧"借入汉语之后,在汉语词汇系统中得以充分发展,由独立词演变成为词缀,形成了类推构词能力。

首先,"吧"跟汉语语气词"吧"同形,"动/形语素 + 吧"有双关义:"动 + 吧"有祈使语气,如"放松吧"既指"放松的地方",又有祈使义:"请放松吧";"形 + 吧"有感叹语气,如"酷吧",既指"酷"的地方,又表感叹语气。这与英语"relax bar""cool bar"所表达的语义、情感色彩迥异其趣。这是"动/形语素 + 吧"之类词大量产生的重要原因之一。

其次，类推出了一些英语中没有的"X吧"式新词：一是表示的概念英语里没有，二是构词方式英语里没有。例如：

(26) (a) 陶吧　剪吧　贴吧　姻缘吧　巧手吧　美发吧　上学吧　剩男剩女吧
　　 (b) 吧娘　吧兄　吧弟　吧姐　吧妹　吧友　吧主　吧客　吧民
　　 (c) 怀旧吧　随缘吧　快饮吧　歌狂唱吧　大家说吧　风云直播吧　海上寻梦吧

例（26）的（a）、（b）组概念英语里可能没有。(a)组表示从事某些行为的地方，有的富有浓郁的汉语特色，如"姻缘吧、剩男剩女吧"等。(b)组表示与"吧"相关的人，英语有"bar girl"，相当于"吧娘"，但没有"bar brother/sister"，汉语却有"吧兄""吧弟""吧姐""吧妹"。(c)组是"VP吧"结构，主要是"述宾+吧"（"怀旧吧"）和"主谓+吧"（"大家说吧"），英语没有这种结构方式。这种单位大多语义双关："VP吧"尤其是"主谓+吧"既表示从事某种行为的地方，又表示祈使。这种双关性可以造成某种修辞效果。

"吧"在汉语中有着很强的构词能力，不但迅速类推出新词，同时也排挤旧词①。"吧"最早是卖酒饮酒的地方，汉语同义语素有"馆""楼""坊""铺"和较新潮的"室""屋"，但"吧"却非常常见：

(27) 茶馆　　茶屋　　茶室　　茶吧
　　 咖啡馆　咖啡屋　咖啡室　咖啡/咖吧

传统的处所语素"馆""屋""室"仍占绝对优势，但"吧"正在大力挤占老语素的位置，"茶吧""咖啡吧/咖吧"的使用频率比较高。

---

① 徐德宽（2002）认为："如果一个事物已经有一个名称，假如该事物没有实质性的变化，不应该再给它起个名字，即一物一名。这就是为什么'咖啡吧、快餐吧、礼品吧'等汉语中没有兴起的原因。因为我们已经有了'咖啡店、快餐店、礼品店'等。"事实似非如此。

(四)"粉"的语义范畴转变

"fan（s）"："迷；狂热爱好者；狂热仰慕者。"〔《牛津高阶英汉双解词典》（第 8 版）：744〕；汉语译为"粉丝"："指迷恋、崇拜某个名人的人。"（中国社会科学院语言研究所词典编辑室，2014：384）"粉丝"一词在现代汉语中经历了如下演变。

首先，缩略成为单音语素"粉"，并成为类词缀。偶像崇拜现象推动了"粉丝"一词的高频使用，[①] 于是缩略为单音语素"粉"，其演变路径是"fans→粉丝→粉"。"粉"是一个较能产的类词缀，"X 粉"式的词大量产生，如上例（22）。

其次，"X 粉"式词语义发生泛化，由迷恋崇拜某名人，引申出迷恋喜欢某物品的人，如"果粉"，即苹果手机的粉丝；"迪粉"，即奥迪车的粉丝。再引申出具有某种迷恋特征的人，如：

（28）死忠粉：死心塌的忠心粉丝。
　　　脑残粉：像精神病样狂热粉丝。

此类词还有"铁粉""伪粉""骨灰粉""路人粉""真爱粉"等。

最后，"粉"由指人的名词范畴义，转移为动词范畴义，此义源自名词义。"粉丝"是指人名词，蕴含有"迷恋崇拜某人"的行为的内涵。由此引申出动词义，作及物动词，表示迷恋崇拜（某人），如"粉你、粉谁、粉明星"。"粉明星"是个高频用法，以此为检索项，则"百度为您找到相关结果约 2110000 个"[②]：

（29）（a）为什么会有人粉明星粉到那么疯？（http://bbs.tianya.cn/post-funinfo-6760991-1.shtml）

[①] 以"演艺界粉丝"为检索项，"百度为您找到相关结果约 457000 个"。（检索时间：2017.06.20）（http://www.baidu.com/s？ie=utf-8&f=3&rsv_bp=1&rsv_idx=1&tn=baidu&wd=演艺界%20%20 粉丝 &oq）

[②] 以"粉明星"为检索项，"百度为您找到相关结果约 2110000 个"。（检索时间：2017.06.22）（http://www.baidu.com/s？ie=utf-8&f=8&rsv_bp=1&rsv_idx=1&tn=baidu&wd=粉明星）

(b) 有些粉丝你是粉明星还是让明星粉你？别搞笑好吗？（http://tieba.baidu.com/p/4647056962）

由于"粉"的动词用法高频使用，导致其动词义进一步泛化，其"迷恋崇拜"的内涵义也发生泛化、弱化，表示"互相关注"义。代表词是"互粉"，表示"互当粉丝、互相粉"。其语义已从"迷恋崇拜"义弱化为，在"网络上互相关注、互相点赞义"。"互粉"也是个网络高频词①，网络上有"互粉大厅""互粉吧""互粉平台"等，"互粉"成为推高网络人气的手段。

四　结语

英文借词可以语素化。一般认为，语素化是指复音音译词的单音化，形成构词语素的现象。这一说法可以商榷。在语义层面，只要是最小的语音语义结合体都是语素；在构词层面，某个成分构成了词内部结构成分就是语素。这些英语借词语素化不一定是由复音词缩略而成的。

语素是词的下位层级，从语素层面来看，英文借词不管音节数量多少，本身都是单纯语素。这些语素只要一进入词法结构，就实现了语素化。其语素化形式由其构词的形式来决定，可以是原词直接形成，也可以是复音节缩略构成；西文字母也是一种语素化形式。这些语素均可以与汉语语素组合构成现代汉语新词。

英语借词实现汉语语素化后，大多可以用作词根自由地构词。受汉语语法系统的影响，有些语素发生一系列演变。首先是语法性质发生了变化，形成了实语素、半实半虚语素和虚语素，成为构词中的词根、类词缀、词缀。类词缀主要有"卡""秀""粉""模"等几个；词缀主要是"吧"。语素虚化过程呈现一个语法化"斜坡"。其次，产生了"音译语素+音译语素"构成汉语新词的结构，这表明借词语素完全融入了汉语词汇系统，成为汉语词汇系统的内部成分。最后，"吧"等借词具有较强的构词能力，可以类推性构词。"吧"族新词在英语中有的有对应单位，有的

---

① 以"互粉"为检索项，"百度为您找到相关结果约12700000个"。（检索时间：2017.06.22）（http://www.baidu.com/s? ie=utf-8&f=8&rsv_bp=1&rsv_idx=1&tn=baidu&w d=互粉）

则没有；这些都来自"吧"的类推构词。有些词中"吧"的语义已经完全虚化，成为类词缀或是词缀。

参考文献

布龙菲尔德（1985）：《语言论》，袁家骅等译，北京：商务印书馆。
R. R. K·哈特曼、F. C.·斯托克（1981）：《语言与语言学词典》，黄长著等译，上海：上海辞书出版社。
戴维·克里斯特尔（2000）：《现代语言学词典》第四版，沈家煊译，北京：商务印书馆。
理查兹，杰克等（1993）：《朗曼语言学词典》，刘润清等译，山西：山西教育出版社。
车录彬（2007）：《汉语外来词音节词化现象及其原因探析》，《广西教育学院学报》，（6）。
董晓敏（2003）：《外来词音节语素化的文化语言阐释》，《语文研究》，（1）。
胡裕树（2011）：《现代汉语》，重订本，上海：上海教育出版社。
吕叔湘（1984）：《汉语语法论文集》，增订本，北京：商务印书馆。
邵敬敏（2001）：《现代汉语通论》，上海：上海教育出版社。
苏新春（2003）：《当代汉语外来单音语素的形成与提取》，《中国语文》，（6）。
吴艳（2000）：《吧——新产生的类后缀》，《江西师范大学学报》，（4）。
徐德宽（2002）：《"X吧"的语言学分析》，《汉字文化》，（1）。
周洪波（1995）：《外来词译音成分的语素化》，《语言文字应用》，（4）。
张斌（2010）：《现代汉语描写语法》，北京：商务印书馆。
中国社会科学院语言研究所词典编辑室（2014）：《现代汉语词典》第6版，北京：商务印书馆。
Bussmann, Hadumod (1996): *Routledge Dictionary of Language and Linguistics*. Translated and edited by Gergory P. Trauth & Kerstin Kazzazi, Beijing: Routledge & Foreign Language Teaching and Research Press.
Taylor, J. R. (1995): *Linguistic Categorization: Prototypes in Linguistic Theory*. Beijing: Oxford University Press & Foreign Language Teaching and Research Press.
Hopper, P. J. & Traugott, E. C. (2005). *Grammaticalization* (2nd Edition). Beijing: Peking University Press.

Study on Morphemicalization and its Evolution of English Loanwords

He Hongfeng

Abstract: Morphemization of English loanwords can be directly formed by the original loanword or by the abbreviation of a polysyllabic loanword into a monosyllabic loanword or by the letters. The morphemes of loanwords can form Chinese words with two typical forms of original loanwords or the abbreviation of loanwords, and its structure form is to combine Chinese morphemes with the morphemes of loanwords. The morphemization of loanwords is a process of evolution, after which those morphemes may form either content morphemes or half-content morphemes or affixational morphemes, the morphemes of loanwords can form Chinese words by combining with the two morphemes of loanwords. "Ba（吧）" is a loanword morpheme with a process of grammaticalization and can even be completely grammaticalized to be an affix. The morpheme "fen"（粉）has becom a quasi－affix, its semantic has been generalized and changed from the noun category to the verb category.

Keywords: English Loanwords, Morphemicalization, Word Formation, Evolutuon, Grammaticalization

About the Author: He Hongfeng (1956－), Ph. D., Professor at School of Humanities, Huazhong University of Science and Technology. Research interests and specialties: Chinese grammar. Magnum opuses: *The Manner Adverbial of Chinese*, etc. He has published more than 80 academic essays. E-mail: hhfeng1118@126. com.

《响答集》音系与江淮官话

周赛华[*]

摘 要：文章对《响答集》的音系做了比较详细的介绍，并对音系特点做了重点的分析。进而与清初以来反映其他方音的有关资料进行比较，确定书中音系反映的是江淮官话。然后再与刊刻地及其附近的方音进行比较，发现其音系与今枞阳一带的方音比较接近，因此推断书中音系应该是当时枞阳一带语音的反映。

关键词：江淮官话　《响答集》　音系　枞阳方音

基金项目：国家社科基金项目"近代等韵研究缀补"（15BY-Y103）

引　言

江淮官话，即下江官话，主要分布于安徽、江苏两省的长江以北地区和长江南岸九江以东镇江以西沿江地带。一般分洪巢、泰如和黄孝三个小片。明清时期，作者籍贯在今江淮官话区或所记音系带有江淮官话特点的材料主要有：明代李登《书文音义便考私编》（1587），萧云从《韵通》（1621—1644），许桂林《许氏说音》（1807），江学海《字音会集》（1862），许惠《等韵学》（1878），胡垣《古今中外音韵通例》（1888），等等（有些材料语音性质存在争议，没有列出，如《西儒耳目资》等）。以上这些材料除了《字音会集》是韵书外，其他都是韵图，只能反映语音骨架，很

---

[*] 周赛华（1969—），博士，湖北大学文学院教授，主要从事音韵和方音史研究，著有《合并字学篇韵便览研究》等。电子邮箱：zhouzshbs@sina.com。

多语音细节难以得到反映，这让我们对明清江淮官话的了解受到了一定的局限。好在明清江淮官话的语音资料不断有新的发现，正逐渐弥补上一些遗憾。下面就介绍一种新发现的江淮官话韵书资料——《响答集》。

《响答集》是何人所撰，不详。原来只有抄本，在嘉庆四年（1799）时，由九峰楼居士整理后才刊行，① 故该书编撰的具体年代不详，只知道成书于嘉庆四年以前。目前见到两种版本：其一是雕版刊印本（因书前后有残，具体刊刻年代不知）；其二是民国丙辰年（1916）上海铸记书局石印本②。

《响答集》分为平上去入四卷。平声分韵为：天连桃交官完刚长林金容风朱如胡姑头搜西非番咸奇梅辞施家台该科罗奢蛇霞。上声分韵为：子喜委许古鲁闵勇婉皎检海假访所耳伞。去声分韵为：圣嫁代谢凤饭贵利燕具父豆丈半坐孝士。入声为：哲亦六达合。每韵下各小韵之间用"○"隔开，小韵各韵字有简单的释义。

一　各韵的构成（举平以赅上去）

（一）平声韵

1. 天韵③。主要来源于"山咸两摄三四"等韵清声母字（非组字除外）和"山咸两摄开口一"等部分牙喉音清声母字。因"肩≠干≠蠲；牵≠圈≠刊；烟≠安≠渊"，故有三个韵母。

2. 连韵。主要来源于"山咸两摄三四"等韵浊声母字（非组字除外）和"山咸两摄开口一"等部分牙喉音浊声母字。

3. 交韵。主要来源于"古效摄"的清声母字。因"（交＝娇＝浇）≠

---

① 九峰楼居士在"序"中说："第有抄本，舛讹不一。今校正字画声音注释，裁为袖珍小本，付之剞劂。"九峰楼，在今安徽省池州东南的九华门上。一作"九华楼"。因唐代杜牧有《登池州九峰楼寄张祜》一诗［作于唐武宗会昌四年至六年（844—846）池州刺史任上］，使得九峰楼名噪古今。

② 刊印本质量要高于石印本。石印本中有一些脱漏和讹误。本文研究以石印本为底本，同时利用刊印本进行校正。

③ 在韵书正文中，每韵都称"占"，如"天韵"称"天占"，有点居士的用词风格。

(高＝羔＝皋＝糕)；(焦＝蕉＝椒＝噍)≠(糟＝遭)",因此有两个韵母。

4. 桃韵。主要来源于"古效摄"的浊声母字。

5. 官韵。主要来源于山摄合口一等桓韵清声母字和咸摄开口一等覃韵的部分精组、端组清声母字。因舌齿音不分开合"(湍＝贪；鑽＝簪)",但牙喉音只有合口字。这可能有三种情况：①都读合口；②都读开口；③部分读合口、部分读开口。书中无法直接推出，但根据今江淮方音（书中音系属江淮官话，见后论证），推测应该有两个韵母。

6. 完韵①。主要来源于山摄合口一等桓韵浊声母字和咸摄开口一等覃韵的部分精组、端组浊声母字。

7. 刚韵。主要来源于江宕摄的清声母字。因"(刚＝纲＝钢＝冈＝罡＝缸＝矼＝肛＝杠)≠(姜＝繮＝疆＝僵)≠(光＝胱)"，故有三个韵母。

8. 长韵。主要来源于江宕摄的浊声母字。

9. 金韵。主要来源于曾梗臻深四摄的清声母字。因"(兴＝欣＝歆＝馨)≠(婚＝昏＝荤)≠(亨＝哼)≠(薰＝熏＝勋＝埙＝醺)"，故有四个韵母。

10. 林韵。主要来源于曾梗臻深四摄的浊声母字。

11. 风韵。主要来源于通摄的清声母字。因"(兄＝胸＝凶＝匈)≠(烘＝轰＝哄＝薨＝訇)；(雍＝壅＝邕＝颙)≠(翁＝塕)"，故有两个韵母，但唇音字不拼合口呼，因此还有一个开口呼，故有三个韵母。

12. 容韵。主要来源于通摄的浊声母字。

13. 朱韵。主要来源于遇摄合口三等鱼虞韵的牙喉音清声母字和知章组清声母字。因"(朱＝诸＝拘＝居；枢＝祛＝区；书＝输＝虚＝吁)"，故只有一个韵母。

14. 如韵。主要来源于遇摄合口三等鱼虞韵的牙喉音浊声母字和知章组浊声母字。

15. 姑韵。主要来源于遇摄合口一等模韵的牙喉音清声母字、帮组清声母字和遇摄合口三等鱼虞韵非组清声母字。因非组细音字绝大部分都读洪音，故只有一个韵母。

16. 胡韵。主要来源于遇摄合口一等模韵的牙喉音浊声母字、帮组浊

---

① "完"韵还有一个"横"字，即"桓＝横"。

声母字（明母除外）和遇摄合口三等鱼虞韵非组浊声母字。

17. 搜韵。主要来源于流摄的清声母字和遇摄合口一等模韵精端组清声母字、遇摄合口三等鱼虞韵的庄组清声母字。因"（鸠＝纠＝赳＝樛）≠（沟＝勾＝钩＝篝）；（秋＝鳅＝楸）≠（初＝粗＝簉）"，故有两个韵母。

18. 头韵。主要来源于流摄的浊声母字和遇摄合口一等模韵精端组浊声母字、遇摄合口三等鱼虞韵的庄组浊声母字。

19. 西韵。主要来源于蟹摄开口四等齐韵清声母字、遇摄合口三等鱼虞韵精组清声母字、止摄开口三等之支脂微韵的牙喉音清声母字和帮组清声母字以及少数蟹摄开口一等灰韵字（有又读）。因"趋＝妻＝凄＝崔＝催＝摧＝蛆；西＝栖＝需＝须＝犀＝胥＝虽＝尿"，故只有一个韵母。

20. 奇韵。主要来源于蟹摄开口四等齐韵浊声母字、遇摄合口三等鱼虞韵精组浊声母字、止摄开口三等之支脂微韵的牙喉音浊声母字和帮组浊声母字（明母除外）以及少数蟹摄开口一等灰韵字（有又读）。

21. 非韵。主要来源于蟹摄合口一等灰韵清声母字、止摄合口三等清声母字、蟹摄合口四等齐韵清声母字和少数止摄开口三等的帮组清声母字。因"归＝瑰＝规＝龟＝闺；杯＝卑"，因此只有一个韵母，但唇音字不拼合口呼，应还有一个开口呼，故有两个韵母。

22. 梅韵。主要来源于蟹摄合口一等灰韵浊声母字、止摄合口三等浊声母字、蟹摄合口四等齐韵浊声母字和少数止摄开口三等的帮组浊声母字。

23. 番韵。主要来源于山咸两摄开口一等和山咸两摄二等清声母字以及山摄合口三等元韵的非组清声母字。因"（奸＝艰＝监）≠（关＝纶）"，故有两个韵母。

24. 闲韵。主要来源于山咸两摄开口一等和山咸两摄二等浊声母字以及山摄合口三等元韵的非组浊声母字。

25. 施韵。主要来源于止摄开口三等知庄章精组清声母字。因"（知＝支＝枝＝之＝芝＝卮＝栀＝脂）≠（兹＝滋＝孳＝孜＝资＝姿＝咨＝缁＝菑＝淄＝辎）；（施＝诗＝尸＝蓍＝笾）≠（思＝私＝丝＝司＝师＝蛳＝斯＝撕＝厮）"，故有两个韵母。

26. 辞韵。主要来源于止摄开口三等知庄章精组浊声母字。

27. 家韵。主要来源于假摄二等麻韵的清声母字。因"家≠瓜；虾≠

花",故有两个韵母①。

28. 霞韵。主要来源于假摄二等麻韵的浊声母字。

29. 该韵。主要来源于蟹摄开口一二等清声母字和合口二等的牙喉音清声母字。因"(该＝垓＝陔)≠(皆＝阶＝街)≠乖",故有三个韵母。

30. 台韵。主要来源于蟹摄开口一二等浊声母字和合口二等的牙喉音浊声母字。

31. 科韵。主要来源于果摄一二等清声母字。因"戈＝哥;梭＝娑",故只有一个韵母。

32. 罗韵。主要来源于果摄一二等浊声母字和止摄开口三等止摄的日母字。

33. 奢韵。主要来源于麻韵三等的清声母字和果摄合口三等戈韵的清声母字,故有两个韵母。

34. 蛇韵。主要来源于麻韵三等的浊声母字和果摄合口三等戈韵的浊声母字。

(二) 入声韵

1. 哲韵。主要来源于山摄开口三等薛韵字、山摄开口一等曷韵牙喉音字、山摄开口四等屑韵字、山摄开口三等月韵牙喉音字、山摄合口四等屑韵的牙喉音字、山摄合口三等月韵的牙喉音字、山摄合口三等薛韵字、山摄合口一等末韵的唇音字、咸摄开口三等叶韵字、咸摄开口一等合韵牙音字、咸摄四等开口帖韵字、咸摄开口三等业韵牙喉音字、梗摄开口二等麦陌韵字、曾摄开口一等德韵字。因"(葛＝革＝鸽＝格＝隔)≠(结＝劫＝羯＝竭＝杰＝揭＝訐)≠(决＝厥＝诀＝掘＝蕨＝谲)",故有三个韵母。

2. 亦韵。主要来源于梗摄开口三等昔韵、梗摄开口四等锡韵、曾摄开口三等职韵、臻摄开口三等质韵、臻摄开口三等迄韵和深摄开口三等缉韵字。故只有一个韵母。

3. 六韵。主要来源于通摄屋烛沃韵字。因"(竹＝局＝侷＝祝＝烛＝轴＝妯＝筑＝菊＝掬＝橘＝嘱＝逐)≠(骨＝谷＝縠);(哭＝窟)≠(出＝屈＝曲＝怵)",故有两个韵母。但唇音字不拼合口呼,故有三个

---

① 麻韵开口二等牙喉音字是否增生一个 i 介音,从书中无法直接推知。

韵母。

4. 达韵。主要来源于山咸两摄开口一等合曷盍韵的精组字、端组字和山咸两摄二等的鎋黠洽狎韵字以及山咸两摄合口三等月乏韵的非组字（微母除外）。因"（甲＝夹＝袷＝荚＝胛＝颊）≠刮；（杀＝煞＝霎）≠刷"，故有两个韵母。

5. 合韵。主要来源于山咸两摄开口一等合曷盍韵的牙喉音字、宕摄开口一等铎韵字、宕摄合口一等铎韵牙喉音字、山摄合口一等末韵字、曾摄合口一等德韵的牙喉音字、江摄开口二等觉韵字和江摄开口三等药韵字以及宕摄合口三等药韵的奉母字。因"（各＝阁＝搁）≠（国＝帼＝括＝郭＝掴）≠（觉＝脚＝角）；（合＝盒＝盍＝霍＝藿＝壑＝鹤＝核＝豁＝惑）≠（活＝或＝惑＝豁＝获＝画）≠（学＝谑）"，故有三个韵母。

二　音系特点

（一）声母特点

1. 全浊音清化，仄声主要清化为不送气[①]，但少数为送气音。

在哲韵下：结＝竭＝劫＝杰＝碣＝揭＝桀＝洁＝讦＝羯＝孑＝絜；白＝帛＝百＝伯＝柏＝北＝檗＝铍＝擘；则＝责＝仄＝窄＝摘＝谪＝翟＝贼＝撮；核＝劾＝嚇＝覈＝喝＝纥＝龁；舌＝设＝涉＝摄＝折。在亦韵下：十＝拾＝什＝识＝适＝释＝失＝湿＝实＝饰＝蚀＝室＝食＝石＝拭；即＝鲫＝迹＝脊＝绩＝积＝辑＝集＝籍＝藉＝嫉＝疾＝稷；的＝狄＝荻＝敌＝滴＝嫡＝笛＝迪。在六韵下：读＝笃＝犊＝督＝牍＝毒＝独＝髑。在豆韵下：豆＝逗＝度＝渡＝蠹＝杜＝肚＝窦；后＝後＝厚＝候＝逅；旧＝臼＝舅＝救＝究＝咎＝厩＝疚。在具韵下：具＝住＝惧＝苣＝句＝巨＝拒＝据＝柱＝苎＝注＝距。在代韵下：代＝带＝待＝贷＝戴＝袋＝怠＝殆＝逮。在贵韵下：被＝贝＝倍＝辈＝婢；最＝罪＝醉。

在哲韵下：捷＝切＝窃＝妾＝截；宅＝策＝册＝测＝择＝泽＝恻＝拆。在"亦"韵下：七＝漆＝寂＝次＝戚＝缉。

[①] 至于平声是否送气，从书中无法直接推出。因平声韵中清浊音分韵。但今江淮官话平声都送气，推测应该是送气的。

2. 知庄章组字合流，与精组字有对立（但知庄组部分字与精组字合流，主要是知庄组二等字）。另遇摄、山摄、臻摄合口三四等的知章组字与合口三四等的见晓组字合流（另有部分通摄合口三等的澄母字也跟合口三四等的见晓组字合流）。

在天韵下：（占＝沾＝詹＝瞻＝毡＝邅＝旃）≠（煎＝尖＝镌＝笺＝戋）；（膻＝煽＝苫）≠（先＝仙＝鲜＝宣＝瑄＝纤）。在连韵下：（缠＝廛＝蝉＝蟾）≠（前＝潜＝钱＝全＝泉＝筌＝悛＝铨）。在交韵下：（招＝昭＝朝＝钊）≠（焦＝蕉＝椒＝噍）≠（糟＝遭）；（超＝抄＝钞＝剿）≠操≠（锹＝幧）；（烧＝稍＝捎＝梢＝筲＝艄）≠（骚＝搔＝臊＝缫）≠（萧＝箫＝销＝消＝宵＝逍）。在桃韵下：（朝＝潮＝巢＝嘲＝晁）≠（樵＝憔＝谯＝瞧）≠（曹＝槽＝嘈＝艚）。在刚韵下：（张＝章＝彰＝樟＝璋）≠（将＝浆）≠（臧＝赃＝脏）；（商＝伤＝殇）≠（桑＝丧）≠（相＝厢＝湘＝襄＝镶＝箱）；（昌＝倡＝娼＝菖＝猖）≠（枪＝戕＝锵＝跄）≠（仓＝苍＝舱）。在金韵下：（真＝针＝贞＝徵＝箴＝珍＝征＝斟＝蒸＝甄）≠（争＝筝＝曾＝憎＝增＝峥＝尊＝樽＝遵＝臻＝榛＝罾＝铮）≠（精＝睛＝津＝旌＝晶＝菁）；（称＝瞋＝嗔）≠（村＝撑＝皴）≠（亲＝侵＝青＝清）；（身＝升＝申＝绅＝声＝深＝呻）≠（生＝牲＝笙＝孙＝甥＝狲＝森＝参＝僧＝飧）≠（心＝星＝腥＝新＝薪＝辛＝惺）。在搜韵下：（搜＝馊＝飕＝梳＝疏＝蔬＝苏＝酥）≠收≠（修＝脩＝羞＝馐）；（邹＝租＝陬＝诹）≠（周＝舟＝州＝洲＝赒＝侜）≠（啾＝揪）。在施韵下：（知＝支＝枝＝之＝芝＝卮＝栀＝脂）≠（兹＝滋＝孳＝孜＝资＝姿＝咨＝缁＝菑＝淄＝辎）；（痴＝蚩＝笞＝鸱＝魑）≠（雌＝差）；（施＝诗＝尸＝蓍＝笙）≠（思＝私＝丝＝司＝师＝蛳＝斯＝撕＝嘶）。

在天韵下：专＝砖＝蠲＝颛＝娟＝鹃＝涓＝遄；川＝穿＝圈＝棬。在连韵下：权＝船＝拳＝传＝椽＝颧＝蜷。在金韵下：君＝军＝谆＝均＝钧＝迍＝肫＝屯＝鲛＝窀①。在容韵下：穷＝穹＝虫＝重＝邛。在朱韵下：朱＝珠＝诛＝拘＝居＝诸＝猪＝蛛＝株＝据＝俱；书＝输＝虚＝歔＝墟＝吁＝舒＝嘘；区＝枢＝驱＝躯＝祛＝岖＝樞。在如韵下：渠＝衢＝蹰＝

---

① 在"林"韵下"纯唇淳醇鹑"与"群裙困"之间有"〇"隔开，但在"圣"韵下有"舜顺训瞬"。可见，林韵下的"〇"是误加。

储＝除＝厨＝滁＝刍＝瞿。（在六韵下：叔＝束＝属＝蜀＝畜＝术＝述＝熟＝塾＝赎＝勖＝洫＝项＝旭；竹＝局＝倜＝祝＝烛＝轴＝妯＝筑＝菊＝掬＝橘＝嘱＝逐；出＝屈＝曲＝怵）。

3. 分尖团。

在天韵下：（兼＝肩＝坚＝蒹＝缄）≠（煎＝尖＝镌＝笺＝戋）；（牵＝愆＝谦＝骞）≠（千＝阡＝俊＝签＝佥＝痊＝迁）；（轩＝掀）≠（先＝仙＝鲜＝宣＝瑄＝纤）。在连韵下：（乾＝虔＝钳＝黔）≠（前＝潜＝钱＝全＝泉＝筌＝悛＝铨）。在连韵下：（贤＝嫌＝弦＝舷）≠（旋＝璇＝涎）。在交韵下：（交＝蛟＝娇＝骄＝郊＝浇＝教）≠（焦＝蕉＝椒＝瞧）；（敲＝跷＝橇＝撬）≠（锹＝燥）；（骁＝枭＝枵＝哮＝嚣）≠（萧＝箫＝销＝消＝宵＝逍）。在桃韵下：（乔＝桥＝荞＝侨＝峤）≠（樵＝憔＝谯＝瞧）。在长韵下：强≠（墙＝蔷＝详＝祥＝樯）。在刚韵下：（姜＝缰＝疆＝僵）≠（将＝浆）；（腔＝羌＝蜣＝筐）≠（枪＝戕＝锵＝跄）；（香＝乡）≠（相＝厢＝湘＝襄＝镶＝箱）。在金韵下：（金＝京＝筋＝经＝惊＝今＝巾＝荆＝斤）≠（精＝睛＝津＝旌＝晶＝菁）；（轻＝倾＝卿＝钦）≠（亲＝侵＝青＝清）；（兴＝欣＝歆＝馨）≠（心＝星＝腥＝新＝辛＝薪＝惺）。在西韵下：（稀＝希＝唏＝熙＝羲＝牺＝熹＝嬉）≠（西＝需＝犀）；（鸡＝机＝讥＝基＝饥＝稽＝羁）≠（脐＝齑＝挤）；（欺＝溪＝蹊＝崎）≠（妻＝凄＝棲）。

4. 泥（娘）来母不混。

在连韵下：（连＝联＝莲＝涟＝廉＝镰＝怜＝帘＝奁）≠（年＝严＝研＝妍＝黏）。在桃韵下：（挠＝铙＝恼）≠（劳＝牢＝潦＝痨）。在完韵下：（鸾＝銮＝峦＝挛）≠（男＝南＝楠）。在长韵下：囊≠（郎＝廊＝狼＝榔＝锒）；（娘＝酿）≠（良＝粮＝梁＝粱＝凉）。在奇韵下：（离＝黎＝雷＝犁＝梨＝擂＝蠡＝篱＝骊）≠（泥＝呢＝尼＝妮＝倪＝霓＝沂＝儿）。

5. 疑母细音字（部分洪音字）与喻母、微母、影母字合流（部分疑母细音字归于泥母字），但疑母洪音部分字仍独立存在。

在连韵下：元＝园＝袁＝员＝猿＝援＝媛＝爰＝圆＝原＝缘＝源＝垣；言＝延＝阎＝檐＝炎＝盐＝妍＝沿。在林韵下：银＝迎＝寅＝淫＝盈＝赢＝营＝垠＝楹。在长韵下：王＝亡＝忘。在胡韵下：吾＝梧＝毋＝

无=芜=吴=巫=蜈。在梅韵下：为=危=桅=圩=微=薇=唯=惟=维=帷=韦=围=违=闱=巍=苇。在六韵下：欲=浴=辱=疫=肉=域=郁=昱=鹬=狱=育=玉；屋=握=兀=沃。在哲韵下：额=遏=厄=扼。在合韵下：恶=萼=愕=腭=噩=龌=鄂①。

在连韵下：年=严=研=妍=黏。在哲韵下：业=聂=捏=孽=蘖=蹑=臬=镍=啮=茶=捻。

在"代"韵下：（爱=嫒=暧=僾）≠（艾=隘=碍）。

6. 日母还独立存在，但部分日母字与喻母疑母合流。

在连韵下：（然=髯）≠（言=延=阎=檐=炎=盐=妍=沿）≠（年=严=研=妍=黏）。在桃韵下：（饶=荛=桡）≠禅≠（挠=铙=峱）≠（尧=摇=遥=姚=谣=瑶=窑）。在长韵下：（酿=禳=攘=壤=瓤=瀼=穰=勷）≠囊≠（娘=酿）≠（杨=扬=羊=洋=阳=佯=徉）。在林韵下：（人=仁=任=壬=仍）≠（神=绳）≠（文=蚊=闻=纹=雯）≠（云=耘=纭=匀=筠=氲）≠（银=迎=寅=淫=盈=赢=营=垠=楹）≠能≠（林=陵=玲=灵=鳞）。

在如韵下：如=茹=俞=榆=愉=余=儒=愚=鱼=渔=臾=虞=盂=孺=予=谀=隅。

7. 非敷奉母合流。

在刚韵下：芳=方=枋=坊。在今韵下：分=芬=氛=纷。在六韵下：福=幅=复=缚=腹=馥=服=弗=佛=拂=伏=黻。

（二）韵母特点

1. 古曾梗臻深四摄合流，即金韵与林韵。

在金韵中：金=京=筋=经=惊=今=巾=荆=斤=泾=矜=茎；真=贞=徵=针=砧=箴=珍=征=斟=蒸=甄。在林韵下：存=橙=岑=曾=层=溎。

2. 山摄合口三等精组字与开口三等字合流。

在天韵下：先=仙=鲜=宣=瑄=纤；煎=尖=镌=笺=戋=胺；千=

---

① 部分疑母洪音字与影母洪音字合流，究竟读影母音还是疑母音无法直接推出。

阡＝焌＝签＝佥＝痊＝迁。在连韵下：前＝潜＝钱＝全＝泉＝筌＝焌＝铨；旋＝璇＝涎。

3. 臻摄合口一等魂韵（部分合口三等谆韵字）的精组字、端组字与开口一等字合流。

在金韵下：争＝筝＝曾＝憎＝增＝峥＝尊＝樽＝遵＝臻＝蓁＝簪＝铮；生＝牲＝笙＝孙＝甥＝狲＝森＝参＝僧＝飧；村＝撑＝皴＝登＝灯＝敦＝墩＝镫。在林韵下：藤＝腾＝疼＝豚＝誊＝屯＝臀＝存＝橙＝岑＝曾＝层；伦＝论＝轮＝棱＝稜。

4. 遇摄合口一等模韵的精端字、遇摄合口三等鱼虞韵的庄组字和流摄字合流。

在搜韵下：搜＝馊＝飕＝梳＝疏＝蔬＝苏＝酥；邹＝租＝陬＝诹；都＝兜＝篼。在头韵下：头＝图＝途＝涂＝屠＝投＝徒；楼＝娄＝卢＝庐＝炉＝蝼＝颅。

5. 遇摄合口三等鱼虞韵的精组字与蟹摄开口四等齐韵字合流，读开口细音。

在西韵下：跻＝疽＝咀＝龃＝雎＝苴＝狙＝挤＝斋；趋＝妻＝栖＝凄＝崔＝催＝摧＝蛆；西＝栖＝需＝须＝犀＝胥。

6. 部分蟹摄合口一等灰韵字（少数止摄合口三等字）与蟹摄开口四等齐韵字合流，读开口细音。

在西韵下：趋＝妻＝栖＝凄＝崔＝催＝摧＝蛆；西＝栖＝需＝须＝犀＝胥＝虽＝尿。在奇韵下：离＝黎＝雷＝犁＝梨＝擂；提＝题＝隄＝啼＝颓＝蹄。

7. 山咸两摄开口二等牙喉音字读洪音。

在番韵下：刊＝龛＝嵌＝悭。在闲韵下：闲＝衔＝咸＝娴＝函。

8. 蟹摄开口二等字部分读细音（主要是见母字），部分仍读洪音。

在代韵下：（界＝介＝芥＝疥＝戒＝届＝解）≠（盖＝丐＝溉＝概）；（懈＝解＝邂＝獬）≠（亥＝害）。在海韵下：改≠解；但海＝骇＝醢＝蟹＝獬。在该韵下：（该＝垓＝陔）≠（皆＝阶＝街）。在台韵下：孩＝骸＝偕＝谐＝鞋＝颏。

9. 遇摄合口一等模韵的明母字与果摄一等字合流。

在罗韵下：磨＝魔＝模＝摹。在所韵下：母＝姆＝拇＝姥。在坐韵下：暮＝墓＝慕＝募＝幕＝磨＝莫。

10. 山咸两摄字合流后三分。

古山咸两摄字在书中合流，且分为三部。即天韵和连韵（主要来源于山咸两摄三四等韵字（非组字除外）和山咸两摄开口一等的部分牙喉音字）；官韵和完韵（主要来源于山摄合口一等桓韵字和咸摄开口一等覃韵的部分精组、端组字）；番韵和闲韵（主要来源于山咸两摄开口一等和山咸两摄二等字以及山摄合口三等元韵的非组字）。

11. 止摄开口三等日母字"儿耳二"读音复杂。

在奇韵下：儿＝泥＝尼＝霓。在罗韵下：儿＝而＝鸸。在耳韵下：耳＝饵＝惹＝尔＝迩＝若。在利韵下：腻＝二＝贰＝咡＝泥。在坐韵下：二＝贰＝樲。

（三）声调特点

1. 平分阴阳。

比如天韵主要来源于山咸两摄三四等韵清声母字（非组字除外）和山咸两摄开口一等的牙喉音清声母字。而连韵主要来源于山咸两摄三四等韵浊声母字（非组字除外）和山咸两摄开口一等的牙喉音浊声母字。因书中浊音已经消失，所以这种清浊的对立，只能是声调阴阳的对立，即平分阴阳。

2. 浊上归去。

在圣韵下：敬＝近＝径＝境＝禁＝觐＝劲；进＝竣＝晋＝尽＝烬＝净＝靖＝浸；奋＝愤＝粪＝忿。在坐韵下：堕＝惰＝舵＝跺＝驮＝剁＝坐＝座＝佐＝做；贺＝货＝荷＝祸。在父韵下：布＝怖＝捕＝哺＝步＝部＝埠＝簿；户＝互＝护＝扈＝瓠；父＝富＝付＝附＝副＝傅＝腐＝负＝妇。在豆韵下：豆＝逗＝度＝渡＝蠹＝杜＝肚＝窦＝后＝後＝厚＝候＝逅；旧＝臼＝舅＝救＝究＝咎＝厩＝疚。在具韵下：具＝住＝惧＝苣＝句＝巨＝拒＝据＝柱＝苎＝注＝距。在代韵下：代＝带＝待＝贷＝戴＝袋＝怠＝殆＝逮。在贵韵下：被＝贝＝倍＝辈＝婢；最＝罪＝醉。在士韵下：是＝侍＝誓＝氏＝视＝逝＝示＝式＝市＝世＝施＝嗜＝恃；士＝仕＝事＝祀＝俟＝肆＝寺＝柿＝伺＝似＝嗣。在利韵下：记＝计＝季＝继＝既＝寄＝妓＝技＝伎＝忌。在孝韵下：皂＝燥＝噪＝造＝灶。在燕韵下：箭＝

渐＝践＝荐＝僭；见＝建＝健＝剑＝件＝俭；变＝辩＝辫＝遍。在丈韵下：丈＝账＝帐＝障＝杖＝瘴；当＝宕＝荡＝档＝砀；傍＝谤＝棒。在凤韵下：仲＝重＝众＝种；动＝洞＝栋＝冻。

3. 去声不分阴阳。

如在父韵下：父＝富＝赋＝付＝咐＝附＝副＝赴＝傅＝腐＝负＝妇；户＝互＝护＝扈＝瓠；布＝怖＝捕＝哺＝步＝部＝埠＝簿。

4. 有入声，且入声韵尾应该是一个喉塞韵尾（或者连塞音韵尾也失去了，只是入声还独立成调）。

书中入声分为"哲亦六达合"五部，这五部中，中古的三种塞音韵尾已经合流，比如"哲"韵，有来自古山咸曾梗摄的入声字（竭孽曳葛渴喝遏革核厄鸽格客额赫慊协结挈臬噎刻劫怯业羯歇谒决血穴厥阙掘月越缺阅）。这说明入声韵的韵尾已经变成了一个喉塞韵尾（或者甚至可能连塞音韵尾也失去了，只是入声还独立成调）。

三　音系的性质及其拟音

从书中音系的特点来看，应该反映的是江淮官话。我们可以采用排除法加以推定。理由如下：

1. 不是吴语。因为清代仇廷模的《古今韵表新编》（1725）、周仁的《荆音韵汇》（1790）等都保留着全浊音声母，今吴语也还存在全浊音声母，而书中音系全浊音已经清化。

2. 不是粤语、闽语。因为清代的《分韵撮要》（清初）、廖纶玑的《拍掌知音》（成书于18世纪前）、谢秀岚《汇集雅俗通十五音》（成书于公元1818年前）等都保留闭口音，今粤语闽语也还存在m韵尾，而书中闭口音已经与前鼻韵尾合流。

3. 不是北方官话（江淮官话除外）。因为清代的《五方元音》（清初）、赵绍箕的《拙庵韵悟》（1674）、刘振统的《万韵新书》（清初）、龙为霖的《本韵一得》（1750）、贾存仁的《等韵精要》（1775）、李子金的《书学慎余》（清初）等山咸两摄合流但不三分，今上述北方方音也是山咸两摄合流但不三分。

4. 不是湘语。清末老湘语邵阳韵书《天籁字汇》保留全浊音，今老湘语仍存在全浊音声母。又民国新湘语长沙韵书《湘音检字》（口语）去声分阴阳，今新湘语长沙话仍去声分阴阳。

5. 不是客赣语。清代赣语韵书《辨字摘要》（清初）浊音清化，塞音塞擦音都送气，今赣语也是如此。

总的说来，应是江淮官话。能同时满足书中以下三个条件：(1) 浊音清化，仄声主要清化为不送气音；(2) 山咸两摄合流后三分；(3) 保留入声，且古塞音韵尾合流。

在江淮官话中，可以排除通泰片，因为通泰片中今入声调分阴阳。也可以排除黄孝片，因为今黄孝片中去声调分阴阳（去声不分阴阳的除外）。故书中音系应该反映的是洪巢片中某点（区域）的语音系统。

下面把书中音系特点跟洪巢片的两个点①的语音比较一下，见表1、表2、表3。

表1　枞阳、池州语音声母比较状况

	1	2	3	4	5	6	7
枞阳②	√	√	×	×③	√	√	√
池州	√	√④	×	×	√	√	√

表2　枞阳、池州语音韵母比较状况

	1	2	3	4	5	6	7	8	9	10	11
枞阳	√	√	√	√	√	√	√⑤	√	√	√	√⑥
池州	√	√	√	×	√	×	√⑦	×	√	√	×

---

① 因作者的具体情况不知，故只选择刊印地及其附近的方言点作比较。
② 枞阳方音以孙宜志《安徽江淮官话语音研究》中的为主，适当参考汪萍《枞阳方言研究》。池州方音以《安徽省志·方言志》中的音为准。
③ 1878年许惠的《等韵学》还记载枞阳方言泥来不混，可见枞阳方言泥来相混时间不长，今枞阳、贵池等地泥来相混后存在自由变读。
④ 贵池话在部分入声字中还存在对立，如"直尺实"等字仍读卷舌音。
⑤ 白读音。
⑥ 枞阳读音没有书中复杂，但"儿二耳"与果摄字同韵的方言，目前在江淮官话中不多见，只有枞阳方音有这种读音。
⑦ 白读音。

表 3　枞阳、池州语音声调比较状况

	1	2	3	4
枞阳	√	√	√	√
池州	√	√	√	√

资料来源：作者整理。

从上述音系特点比较来看，书中音系应该反映的是枞阳及其附近地区的语音系统。

根据各韵的中古来源及今枞阳一带的方音，书中各韵四声相承可以归纳如表 4 所示。

表 4　《响答集》各韵四声相承归纳表

平	天	交	官	刚	金	风	朱	姑	搜	西	非	番	施	家	该	科	奢
	连	桃	完	长	林	容	如	胡	头	奇	梅	闲	辞	霞	台	罗	蛇
上	检	皎	婉	访	闵	勇	许	古	鲁	喜	委	伞	子	假	海	所	耳
去	燕	孝	半	丈	圣	凤	具	父	豆	利	贵	饭	士	嫁	代	坐	谢
入				六									达	亦	合	哲	

资料来源：作者整理。

根据今枞阳方音，书中音系可以构拟如下。

根据声母的特点，结合中古三十六字母可以归纳出以下声母：

见 [k]、溪 [kʻ]、晓 [h]、见_{合三四} [tɕ]、溪_{合三四} [tɕʻ]、晓_{合三四} [ɕ]、疑 [ŋ]、帮 [p]、滂 [pʻ]、明 [m]、非 [f]、端 [t]、透 [tʻ]、来 [l]、泥 [n]、精 [ts]、清 [tsʻ]、心 [s]、照 [tʂ]、穿 [tʂʻ]、审 [ʂ]、日 [ʐ]、影 [∅]。

韵母：

天 [ẽ] [iẽ] [yẽ]，交 [iɔ] [ɔ]，官 [uõ] [õ]，刚 [uaŋ] [iaŋ] [aŋ]，金 [uən] [yən] [iən] [ən]，风 [uəŋ] [yəŋ] [əŋ]，朱 [y]，姑 [u]，搜 [ɔu] [iɔu]，西 [i]，非 [ɛi] [uɛi]，番 [uan] [an]，施 [ɿ] [ʅ]，家 [ua] [ia]①[a]，该 [ɛ] [uɛ] [iɛ]，科 [o]，奢 [ye]

---

① 齐齿呼是否存在，无法直接推出。

［ie］　［e］①。哲［yeʔ］［ieʔ］［eʔ］，六［uəʔ］　［yəʔ］　［əʔ］亦［iɛʔ］
［ɛʔ］②，达［uaʔ］［iaʔ］③　［aʔ］，合［oʔ］［uoʔ］［ioʔ］。

声调：阴平［21］、阳平［55］、上声［24］、去声［33］和入声［5］

四　古今的差异与演变

1. 书中音系分尖团。今枞阳方音已经不分尖团，即尖团合流。

2. 书中音系泥来母不混，今枞阳方音泥来母已经混同，但可自由变读，可见合流的时间不长。

3. 书中音系刚韵与番韵不混，今枞阳方音因阳声韵尾鼻化的缘故，两韵已经合流。

4. 书中音系风韵与金韵不混，今枞阳方音因后鼻韵尾向前鼻韵尾转化的缘故，两韵已经合流。

5. 书中音系六韵与亦韵不混，今枞阳方音因两韵读音近似，且呈现互补的趋势，两韵已经合流。

小　结

在对《响答集》音系特点揭示的基础上，首先与清初以来反映其他方音的有关资料进行比较，基本可以确定《响答集》音系反映的是江淮官话。然后再与刊刻地及其附近的方音进行比较，发现其音系与今枞阳一带的方音比较接近，因此推断书中音系应该是当时枞阳一带语音的反映。

参考文献

鲍明炜（1993）:《江淮方言的特点》,《南京大学学报》,(4)。
耿振生（1998）:《明清等韵学通论》,北京：语文出版社。

---

① 如果卷舌音不拼齐齿呼的话，就应该还有一个开口呼，但书中无法直接推出。
② 如果卷舌音不拼齐齿呼的话，就应该还有一个开口呼，但书中无法直接推出。
③ 如果牙喉音开口二等字增生 i 介音的话，就应有一个齐齿呼，但书中无法直接推出。

安徽省地方志编纂委员会（1997）：《安徽省志·方言志》，北京：方志出版社。
孙宜志（2006）：《安徽江淮官话语音研究》，合肥：黄山书社。
田范芬（2009）：《两本长沙方言韵书：〈训诂谐音〉和〈湘音检字〉》，《辞书研究》，（1）。
汪萍（2012）：《枞阳方言研究》，硕士学位论文，上海师范大学。

The Phonetic System of *Xiang Da Ji* and Jianghuai Mandarin

Zhou Saihua

Abstract: This paper introduces the phonetic system of *Xiang Da Ji* in detail and specifically analyses the characteristics of the phonetic system. A conclusion can be drawn that the phonetic system reflected in the book is Jianghuai Mandarin by comparing it with the relevant materials from the beginning of Qing Dynasty up to now. Compared with the dialectal accents nearby, it can be found that the phonetic system is very close to the dialectal accent of Congyang region, which implies that the phonetic system reflected in the book might be the accent of Congyang region.

Keywords: Jianghua Mandarin, *Xiang Da Ji*, Phonetic System, Accent of Congyang

About the Author: Zhou Saihua (1969 –), Ph. D., Professor in School of Chinese Language and Literature, Hubei University. Research interests and specialties: the history of phonology and dialectal accent. Magnum opuses: *Study on He Bing Zi Xue Pian Yun Bian Lan*, etc. E-mail: zhouzshbs@sina.com.

当代民谣话语

——现代犬儒主义文本

曾祥喜[*]

摘　要：中国当代民谣保留了中国话语历史中独特的民众话语本色，在当代民谣文本中，有诸多讥讽当前社会生活尤其是政治和道德生活的民谣。本文聚焦当代民谣文本的高频热词，分析了民谣的话语诉求及其犬儒主义特征。怀疑主义是其基本的话语诉求，对于讥讽对象所表现出来的冷嘲热讽，使得当代民谣话语成为一种典型的现代犬儒主义文本。当代民谣话语不署名的生产及消费过程、戏谑的认同方式以及建构与解构之间的反差，都反映出当代民谣的犬儒主义特征。同时，后现代主义与犬儒主义在社会意识形态的解构上也表现出相当的一致性。

关键词：当代民谣　讥讽话语　犬儒主义

中国当代民谣可以说是一种"民众意识"或"草根意识"的话语反映，它保留了中国话语历史中独特的民众话语本色，广大"草根"们在民谣的生产、解释和消费过程中发挥了本体和载体的作用，民众的本体意识在民谣中得到了尽情的宣泄。特别是我国社会转型而带来的社会利益格局的剧烈变化、社会组织形式及社会结构的变革以及就业结构的变革，导致了一系列的社会矛盾和问题。与此同时，中国当代意识形态领域民主化进程不断加快，各种亚文化普遍得到社会大众的包容，因而各种非主流话语空间相对扩大，话语表达渠道也呈现多样化，使得作为民间大众话语的当

---

[*] 曾祥喜（1965—），湖北大学文学院副教授，研究方向为社会语言学及汉语作为第二语言教学。电子邮箱：zxx899@aliyun.com。

代民谣具有了生存的可能性。民谣这种"建立在具有共同利益、共同价值观的人们对社会现象、社会矛盾的一致认识基础之上"（刘晓春，2002）的话语，随着当代科技的发展，借助网络、手机等传播媒介迅速在中国民众中广泛传播，是值得注意的舆论动向。

本文语料主要来源于一本民间流传的署名甄言的《现代流行民谣》。

一　现代犬儒主义及其特征

犬儒主义（Cynicism）来源于古希腊犬儒学派主张的哲学理论，该学派由苏格拉底的学生安提西尼（Antisthenes）创立。犬儒主义的本意是指人应当摒弃一切世俗的事物，包括宗教、礼节、惯常的衣食住行方面的习俗等一切世俗，提倡对道德的无限追求，崇尚极简单的生活方式。犬儒一词衍生自希腊语的"狗"，意为像狗一样摒弃社会、家庭，摒弃多余的追求甚至个人健康，以达到美德的极致，获得完美的幸福。这时期的犬儒主义是一种以无欲无求来保持思想独立的理想哲学。古代的犬儒主义有三种倾向，一是随遇而安的非欲生活方式，二是不相信一切现有价值，三是戏剧性的冷嘲热讽。犬儒主义在公元3世纪开始分化为在上者的犬儒主义和在下者的犬儒主义。对于在下者即普通人来说，犬儒主义则是一种任人摆布的勉力生存和宣泄愤懑的方式（徐贲，2001）。犬儒主义发展到现代，虽然随着现代社会和生活方式的日益多元化，其内涵与古代犬儒主义相去甚远。犬儒主义在今天通常用来描述那些信奉"人不为己，天诛地灭"、拒绝相信利他主义是人类行为的原初动机的人。

但是，现代犬儒主义仍保持着传统犬儒主义最基本的特征——"怀疑"，其以"不相信"来获得自身的合理性，"现代犬儒主义的彻底不相信表现在它甚至不相信还能有什么办法改变它所不相信的那个世界"（徐贲，2001）。从20世纪开始，"怀疑"如流行病一样遍及全球，尤其盛行于欧美国家的青年中。时至今日，以"怀疑"为思维基础的犬儒主义的种子甚至在儿童早期阶段就已被深植，据美国《科学日报》所公布的耶鲁学子们的研究结果表明，"儿童比成人更易受骗，但怀疑的种子也在他们早期阶段显露出来并且在小学阶段得到惊人的发展"（Yale University，2005）。犬儒主义不同于理性批判，它是一种非理性的否定和怀疑，这种普遍怀疑精神，表现在大众生活中，就是对整个公共生活，包括政治和公共道德的冷漠。

现代犬儒主义在中国的发展历史并不长，据罗素的分析（Russell, 1935：121-129），至少在20世纪30年代盛行于欧美各国青年中的犬儒主义在中国并不流行。虽然罗素把这种结果简单地归功于那个时代的青年人"把爱国主义和对西方文化的由衷热爱结合起来"，"试图使中国人民文明、自由和繁荣"。但在当代中国，犬儒主义却大行其道，特别是在普罗大众中流行蔓延，滋生出具有明显犬儒主义特色的中国当代大众话语——现代流行民谣。

二 当代民谣的话语诉求

（一）怀疑论成为当代民谣话语的主旋律

怀疑论是当代民谣话语的基本主调，"假""怕""炒"等均是当代民谣话语的高频词。

1. "一切都不可信"——"假"是当代民谣话语的诉求之一

"假"一词的高频使用反映出当代普罗大众普遍存在的怀疑心态。这不仅仅是体现在日常生活中的假冒伪劣、"假唱"、"假钞"等：

> 假烟假酒假味精，假医假药假郎中。假书假画假古董，假兵假官假学生。

> 新鞋穿到半路，张嘴好像老虎。买了一套西服，一碰扣子全无。喝下两盅名酒，立即酒精中毒。搬回新式风扇，噪声有如擂鼓。空调插上电源，不见降低温度，急去问商店，电梯卡中途——处处见假。

更为重要的是，他们认为，在社会和政治生活中也无处不假：

> 四话公仆——上级面前说假话，成绩显著进步大；群众面前说官话，研究研究议议吧；大会小会说套话，改革继续要深化；"民主生活"说空话，今天天气哈哈哈……

官场言论准则——对上级甜言蜜语，对舆论豪言壮语，对外宾花言巧语，对群众谎言假语，对同事流言蜚语，对下属狂言恶语，对情妇温言细语，对自己胡言乱语。

当代民谣在大量揭示了官场中造假行为的同时，也对其背后的主观动机——政绩与乌纱等——做出自己具有犬儒主义特色的理解和分析。如：

产值要高，政绩要大，至于假不假，我才不管它，人高我也高，都为保乌纱。

为有数字能升官，敢把牛皮吹上天，牛皮一大堆，口号震天响，说了多少谎，得了多少奖。

不怕群众不满意，就怕领导不注意。只顾自己政绩高，不管百姓戳断腰。

政治学习或干部整风在中国当代不再具有曾经的威慑力，因而形成当前这种"假越打越假"局面：

轰轰烈烈搞三讲，认认真真走过场。
三讲之前有点怕，三讲之中讲假话，三讲过后胆更大。

当代民谣话语也揭示出造假的主要手段——数字游戏：

如今时兴不说假，都用数字来遮掩。
数字魔术师——一变俩，俩变仨，数字魔术顶呱呱；田里只有花一朵，纸上长出十朵花；你要产值三亿九，我能变出九亿八；鸡能生蛋蛋孵鸡，金钱也会把崽下，合理估计有根据，实事求是没浮夸。

2. "什么都可炒"——"炒"是当代民谣话语诉求之二

与"假"具有逻辑关联的是"炒"。当代民谣对当代社会的炒作进行了比较全面的揭示，特别是"炒政绩"，各级干部为了追求政绩，使用虚报数据，玩数字游戏。如：

公仆少公多私欲，拒贿少拒多做戏，政绩少绩多数字，汇报少报多吹嘘。

村骗村，乡骗乡，一级一级往上骗，一直骗到国务院。其实心里都明白，皇帝新装没看见。

统计加估计，上下通能气，大家都满意；机器没转圈，烟囱没冒烟，产值照样翻两番。

统计、统计，三分统计，七分估计，服从领导的决策算计。

民谣在批判"炒作"之风已深入社会生活各个领域的同时，对炒作对象也具体到了一个个的"人"，《"炒"字歌》做出了比较具体描述：

电视经常炒领导，开会剪彩作报告，长篇大论多官话，实事一件难办到；小报经常炒明星，形象生动演艺精，摇头摆臀乱作态，嘴尖皮厚腹中空；广告经常炒大款，乐善好施心肠软，表面一副君子相，心狠手辣只弄钱；文坛经常炒作家，人家不夸自己夸，互相吹嘘连环捧，你炒我来我炒他；国企经常炒经理，回天有术力无比，肥了方丈垮了庙，屁股一拍溜之吉。

而炒作的真正动力则源于利益驱动，"炒卖名人发大财，无本生意利滚利，世界名人中国造，空前绝后跨世纪"。这种"是非大颠倒"的"炒功"是当代民谣所批讽的话语焦点之一。

3. "怕"——犬儒式的不安感是当代民谣话语诉求之三

怀疑论的泛滥也会导致社会的不安。"怕"在当代民谣中高频出现表现出大众的话语诉求从怀疑进而至担心和恐惧。如《"怕"字歌》：

商怕奸，官怕贪，企业怕的烂摊摊。不怕职工心不安，就怕头头没心肝。笋怕剥，肉怕割，经营怕的伸手多。不怕税局来上税，就怕都来乱收费。男怕乱，女怕贱，夫妻怕的把心变。不怕家里没有钱，就怕有了婚外恋。相怕扮，货怕赝，顾客怕的受欺骗。不怕假货不能用，就怕假酒要人命。戏怕脏，片怕黄，影视怕的乱上床。不怕大众看做爱，就怕小孩也学坏。医怕黑，药怕贵，百姓怕的医疗费。不怕偶尔把病害，就怕医院刀子快。

对于农民来说，他们的不安更多是源于生活的压力和现行干部体制的缺陷，"不怕照章拿提留，就怕摊敛没有头"，"不怕有个乱摊子，就怕没有好班子"。而相对于干部们而言，他们的担心和恐惧则来自于现行体制内的缺陷。在干部人事任免体制方面，对于一般基层干部们而言，"不怕苦干，就怕苦熬，不怕大干，就怕白干"，因为"工作再差也不怕"，也"不怕群众不满意，就怕领导不注意"，"不怕内部通报，就怕公开登报"。

无论这种不安来源于什么，但这种怀疑主义而导致的公务职场中犬儒化生存方式的盛行是当前社会现实，而由此而形成的官僚主义、腐败、不公、功利主义、冷漠作风、单位主义等既是社会上对于公共事务部门的评价呈走低趋势的原因，也是导致社会普遍民众不安感的重要原因。由不安感而导致的普遍的怀疑主义成为当代民谣话语的价值基础，因而在当代民谣中，"多是反映社会的阴暗面和消极面，它的广泛流传往往使人们对主导政治文化产生怀疑，改变主导价值信仰体系，使人们的政治情感、态度、思想立场发生改变，导致一种不合作态度，左右人们的政治行为"（喻儒安，2006）。

（二）冷嘲热讽当代各种社会现象

1. 冷嘲"吃喝风"

当代民谣中有大量的以干部口吻自嘲或以普通民众口吻讥讽"吃喝风"，"吃喝"一词高频出现在民谣中说明了"吃喝"是当代民众话语的主要焦点。其中，有两首篇幅较长的民谣集中讽刺了官场的"吃喝风"。

> 小小酒杯真有罪，喝坏了肠子喝坏了胃，喝得老婆不一头睡，计划生育指标作了废。老婆去找妇委会，妇委会说，有酒不喝不对，吃吃喝喝不犯罪。老婆去找居委会，门口碰到老门卫。门卫说：昨天上级来开会，七个委员四个醉，还有三个宾馆睡。老婆找到乡委会，委员说，我们也想天天醉，可惜没有这机会。

另一首内容相差不大，只是在后半部有段冷嘲。

……（老婆）一状告到纪委会，书记听了手一挥，能喝不喝也不对，我们也是天天醉。

民谣冷嘲"吃喝"成为革命的象征：

甘为革命献肠胃，革命的小酒天天醉。
只要为集体，咋喝咋有理。

在当代民谣话语中，通常采用反问句式来加强讽刺效果，如：

不贪污，不受贿，吃吃喝喝有啥罪？
不吃不喝，怎么工作？
团结你我他，共同吃国家。你吃他也吃，为何我不吃？不吃白不吃，吃了也白吃。白吃谁不吃，白痴才不吃。

另一常见句式是采用否定句，如：

公关公关，无酒不沾，友谊友谊，酒来垫底。
不吃又不喝，经济难搞活。
小吃小办，大吃大办，好吃好办，不吃不办。
酒足饭停，不行也行。饭饱酒醉，不对也对。

中国的"吃喝风"应当说有深厚的政治和文化渊源，中国古语"民以食为天""食色，性也"等都为"吃喝风"的盛行提供了诸多的理论上和文化上依据。特别是那些身居领导职位者，酒酣耳热之余也加深了私人感情，公私兼顾，何乐而不为。"吃喝风"之盛的主要原因在于公款吃喝，造成公款吃喝屡禁不止的根本原因在于党风问题没有根本好转，艰苦朴素的工作作风、勤俭节约的工作作风还没有根本落实到各级干部的行动上。

2. 讥讽"钱权交易"

当代民谣对于"钱权交易"也有诸多揭露和讽刺，但其主要诉求倾向于揭露钱权交易的事实：

> 有权不捞白当官，权钱交易致富快。
> 钱权交易称"下海"，十年实权成富翁。
> 你给我封官，我把钱你用。
> 贪财先谋官，有权就来钱。
> 有人笑廉不笑贪，有权不捞白当官。
> 用手中的钱，去买人民的权；再用人民的权，去赚更多的钱。

如此等等，无不在诠释当代社会的权钱关系。

当代民谣话语在讥讽钱权交易的同时，对"钱"的阐释充满了膜拜，"唯钱论"充斥其间：

> 天大地大，不如钱的面子大；河深海深，不如钱的面子深；千好万好，不如钱这东西好；爹亲娘亲，不如钱这东西亲。钱这东西本领大，实在是大；天大困难也不怕，谁也不怕；钱这东西一声吼，雷鸣般吼；地球也要抖三抖，筛糖般抖。钱这东西总是挥手指方向，人换思想的同时脸也换样。钱这东西脾气如今天天长，我的颂歌只好天天唱。

这类拜金主义话语在当代民谣话语中得到了尽情的释放和宣泄，诸如：

> 为钱难顾耻与辱，如今笑贫不笑娼。
> 只要能把大钱赚，道德良心不要了。
> 有人笑诚不笑奸，不奸咋赚昧心钱？

如此等等，似乎昭示着当代民众的话语进入了一个拜金时代。当代民谣话语在揭露了"一切向钱看"的不良现象同时，也破坏了人们的传统价值观，如美好的爱情只是童话，"如果你是有钱的，我们还是有缘的"；学校教育不再神圣、公平，"文凭也能用钱买"；理想也不再崇高，"理想理想，有利就想，前途前途，有钱就途"。

三 当代民谣话语犬儒主义特征的批判分析

（一）当代民谣话语的生产者——不可署名的犬儒大众

当代民谣文本的话语生产者与其他文本相比，它的特殊性在于它是不署名的社会群体。当代民谣作为当代民众的话语文本，其产生和解释过程始终会受到社会的制约，首先就受到创作集团成员的制约，受到他们所属的社会阶层、社会心理、文化水平、生活经历等方面的影响。民谣来源于社会底层是毋庸置疑的，且绝大多数民谣在传播过程中，不断地被再创作，因而其作者往往不可考。当然每一个具体的文本都有相应的原创者，但都不可能署上创作者的名字，原因在于民谣是一种群众性的社会评价，而且是一种否定性的社会舆论，"是社会舆论受到社会挤压后的非体制性产物"（祝兴平，2002）。正因为民谣的非体制性或非合法化，民谣作者不署名成为一种必然。当代民谣的传播最流行的方式是手机短信，在文本生产消费等一系列过程中，生产、解释与消费无法严格区分，文本能够普及流行就在于在消费过程中个体对所传播的文本进行了解释或再生产，由此也刺激了文本的进一步消费和传播。可以说，民谣是一种自发性的社会大众话语。

民谣的创作主体多为普罗大众，他们的社会地位或角色决定了他们反权势或反权威性的特点，因而他们在话语表达方式上，以"戏谑"的人生态度、冷嘲热讽作为主要话语表达手段，通过包含一定反讽精神的话语实现其意识形态的建构，以完成他们对政治制度、社会秩序、道德伦理的冲击与抗争。

（二）当代民谣话语所反映出的主观态度——怀疑、否定、放纵

身处社会底层的普罗大众意识到他们话语的"卑微性"，因而表现出犬儒式的"干预性"，民谣话语的"干预性"体现在具有一定反思性色彩的否定。当代民谣大都是暴露性讽刺性民谣，对政风的评价也呈现明显的否定色彩，而鲜有肯定性的评价。其话语表达是对自己日益边缘化角色的

一种挣扎，也是对自己所处社会地位的一种既迷惘又激愤的抵抗，具有浓重的群体感和认同感，潜藏着当代中国大众或平民阶层的集体无意识。

除了广泛的对现行政治现象的否定外，当代民谣话语也尽情地放逐了自己"非道德化"的伦理观。如果说对时政的评价表达了民众对社会现象的普遍认知，那么放纵的情色描写或渲染则表达了他们对纵欲的认同，以夸张化的"卑微"将自己的话语放逐于情色之中，淋漓尽致地彰显出亚文化中痞俗的一面，表现出形而下的非正常化、散漫式的生活方式。虽然不是绝对地反对道德判断的合法性，但它将道德判断中止在其生产过程中，刻意保留出一个具有想象力的空间，创造出一种可即时传播的意淫大场域（曾祥喜，2010），这一点在通过手机短信方式传播的民谣中体现得更为彻底。

（三）当代民谣的话语生产消费过程——戏谑式认同

当代民谣的生产、再生产及消费过程中，其创作者对于他们的普罗大众的社会身份或角色意识的固守，使得他们在民谣中保存了自发或自觉的抗争或抵抗。另外，他们也试图消除话语权力和人类群体声望方面的不平等和不对称，"戏仿"权威话语或文本，采用权势者的话语或文本时，以一种非常规的"模仿"或"拼贴"来消解话语间的不平等，体现了现代话语的民主化趋势。虽然这是一种偏向非正式性语言的趋势，而且表现出的是对权势话语的一种符号性接受，带有相当的装饰性，但在话语民主化的进程中实现了自己的价值，保存了一种模糊的"草根"本位性。

他们大多是仿拟那些曾经对他们具有深刻影响的文本或话语，在权势文本中进行自己的话语生产，表达本群体的话语诉求。在仿拟之作中，具有深刻影响意义的仿作当属仿自毛泽东的诗词，在当代民谣文本中有两首分别仿拟《沁园春·雪》和《七律·长征》，文本基本上借用毛泽东的句式。从笔者收集到的仿拟毛泽东诗词的网络民谣来看，数量之多是其他文本所没有的。[①] 从心理认知角度看，在话语消费过程中，因其共有认知而使得话语消费或交流成为可能，而同时也正是这种共有认知进一步生产或

---

① 仿《沁园春·雪》之作的《考试》有5篇，《沁园春·血——美国》2篇，《沁园春·血——股票版或股市版》11篇，有关其他内容有5篇，仿《沁园春·长沙》有1篇（股市版），仿《七律·长征》有3篇。

扩大了话语的传播或消费，这种共有认知语境是当代普罗大众可理解的并普遍接受的语境。毛泽东诗词中的某些句式成为当代大众话语的一种新的意识形态符号，他们通过对毛泽东话语的自觉或半自觉的引用，从而形成一种构建自己话语意识形态的力量。

（四）当代民谣中的后现代主义——后现代犬儒主义

后现代主义作为一种文化现象是现代社会发展所面临的后工业化和商品化的一种文化对应状态。后现代主义作为一种生存状态，应是一种在中国较为普遍的文化现象。无论学界对后现代主义所持态度如何，或拥抱或排斥（徐友渔，1995），后现代主义在中国学界的影响已不容忽视。目前中外学术界不同学科对后现代主义有着不同的界定，但对于其基本特征的表述还是具有相当的一致性。后现代主义试图颠覆传统文化上的"高雅""低俗"之分，抱持着倾向于戏仿的折中主义态度，运用固有形式的表达手段成为时尚，文本的意义在于模仿之中；文本是不可阐释的，意义是不可确定的，文本没有终极意义，意义存在于观众所给予文本的东西；他们笃信一种不知终极真理、无论"好""坏"差异的相对主义态度，多元论取代了一元论，注重文化的异质性，提升"大众"/"流行"文化的价值，赞赏非一体化的大众文化。

当代民谣犬儒主义与后现代主义的合流主要表现为试图在解构中完成其意识形态的构建，但这种意识的表达并不具备相对科学的建构性，但表现在话语中是文本漂浮在嬉戏与玩弄词语，其批讽都止于对现象的表层直露，其生产消费过程中体味文字所带来的感官上的刺激快感，使得其对于传统道德的颠覆力量远大于其建构努力。当代民众话语所表现出的解构的功能与建构的意图形成了强烈反差。当代民谣文本之所以能够大范围传播、消费，原因就在于该群体的共同意识的一致性，对于社会诸多现象的揭示缺乏批判精神，相反，更多的是对物欲享乐的玩味、津津乐道。因此，当代民谣文本或者说当代中国民众话语不再具有建构意义。

如斯道雷（John Storey）总结后现代主义特征时指出，"后现代的'新感性'拒绝现代主义的文化精英主义"，"对现代主义的经典化的反应是重新评价大众文化"（斯道雷，2007）。后现代主义者所抱定的怀疑主义是他们生存的主要方式,"既不肯定历史的经验,也不相信意义的本源及其真实性,他们的思考无所凭借,除了怀疑还是怀疑,对于现代理性发起全面攻击,形成彻底的反传统、反理性、反整体性标志的后现代主义思潮"(王岳川,1992:151)。后现代主义因其具有非等级化、民主化、多元化和犬儒主义倾向,因而在文学上,它以多样化的方式,反对传统文学的精英主义及救世主义,取而代之的是"把玩"文本中的文字、"戏仿"他人文本结构、沉溺于粗俗话语表述所带来的情绪宣泄和感官享受。当代民谣表达了处于非权势地位的普罗大众的共同意识,这与后现代主义大众化倾向在表达意识上是完全暗合的。

当代中国话语特别是民众话语发生的诸多变化的主要内因是当代中国政治经济的变迁。中国政治经济制度的改革是成为当代中国话语多元化的催化剂,随着世界性的文化多元化步伐不断加快,特别是后现代主义等影响不断加强,当代中国意识形态领域也呈现多元化的趋势,这种意识形态领域的变革也会不断地以话语的方式显现出来。因此,建构能够促进人类文明进步发展的思想价值体系在当代中国就成为当务之急。

参考文献

刘晓春(2002):《当下民谣的意识形态》,《新东方》,(3)。
斯道雷(2007):《后现代主义与大众文化》,徐德林译,《洛阳师范学院学报》,(4)。
王岳川(1992):《后现代主义文化研究》,北京:北京大学出版社。
徐贲(2001):《当今中国大众社会的犬儒主义》,《二十一世纪》,(6)。
徐友渔(1995):《后现代主义及其对当代中国文化的挑战》,《中国社会科学》,(1)。
喻儒安(2006):《当代政治民谣:中国社会转型期的特殊政治文化现象》,《湖北广播电视大学学报》,(6)。
曾祥喜(2010):《从当代民谣看中国大众话语》,载施旭主编《当代中国话语研究》第3辑,杭州:浙江大学出版社。
祝兴平(2002):《转型期民谣与社会舆论评价》,《当代传播》,(3)。
Russell, Bertrand (1935): *On Youthful Cynicism*, *In Praise of Idleness and Other Essays*. London: George Allen & Unwin Ltd..
Yale University (2005): "Children Develop Cynicism At An Early Age," *Science Daily*, May 26.

Modern Text with a Cynic Feature: Critical Discourse Analysis on Chinese Contemporary Folk Music

Zeng Xiangxi

Abstract: Chinese contemporary folk music has kept a peculiar nature of popular discourse in Chinese discourse history, in the text of which there are many sarcastic expressions about current social life especially political and moral life. This article focuses on the hot words with high frequency within contemporary folk music text, analyzing the discourse appeal of folk music and its cynic feature. Skepticism is the basic discourse appeal and the sarcastic criticizing makes it be a typical modern text with a cynic feature. The anonymous production and consumption, the playful identity pattern and the contrast between construction and deconstruction, have reflected the cynic feature of contemporary folk music. Meanwhile, postmodernism is consistent with cynicism in terms of the deconstruction on social ideology.

Keywords: Contemporary Folk Music, Sarcastic Discourse, Cynicism

About the Author: Zeng Xiangxi (1965 -), Associate Professor in School of Chinese Language and Literature, Hubei University. Research interests and specialties: sociolinguistics and teaching Chinese to speakers of other languages. E-mail: zxx899@aliyun.com.

浅析黄伯荣、廖序东版《现代汉语》中使用的"成分"一词

马晓娟*

  摘　要：本文全面考察了黄伯荣、廖序东主编的《现代汉语》中出现的"成分"一词，该词在全书共出现409次。通过对这409个"成分"逐个释义分析，发现其中有307例属于语言学专业术语，将其进一步细分为三组：语义组、句法组和语用组。通过分组比对，进一步辨析相近术语之间的异同，以指导学生进一步深入学习。

  关键词：成分　语义　句法　语用

  基金项目：湖北省教育厅人文社科青年项目"现代汉语常用多义词词性标注考察"（17Q018）

  黄伯荣、廖序东先生主编的《现代汉语》教材从1979年初版发行距今30余年，一直受到广泛的关注，是国内现代汉语课程的代表教材之一。教学实践中学生遇到了一些困惑：如教材中多次出现的"语义成分"怎么理解，"句子成分"、"句法成分"和"直接成分"各有什么区别，"语用成分"如何理解等。本文在对这些问题的解答和拓展中确立了本文讨论的方向。

  "成分"一词，《现代汉语词典》（第6版）将其基本义概括为"构成事物的各种不同的物质或因素"。《现代汉语常用词表（草案）》（2008）里"成分"的频序是3037。《汉语国际教育用音节汉字词汇等级划分》中

---

* 马晓娟（1983—），博士，湖北大学文学院讲师。研究方向为现代汉语语法，著有《现代汉语 N1 + N2 和 A + N 复合词对比分析》《现代汉语中的"唯定词"》等。电子邮箱：maxiaojuan@ whu. edu. cn。

"成分"属于二级（中级）词汇。综合词表排序，"成分"属于常用词的范围，现代汉语类教材均多次使用该词。下面通过黄伯荣、廖序东版《现代汉语》（增订五版）来对"成分"一词进行穷尽统计并对其使用状况进行分析。

一 "成分"一词在教材中的分布状况

黄廖本（2012年6月第3次印刷）中"成分"一词共出现409次，在各章节中分布情况如下（见表1）。

表1 "成分"一词在黄廖本各章节分布情况

章节	绪论	语音	文字	词汇	语法	修辞
次数	9	21	2	23	338	16

资料来源：作者整理。

上述数据可以看出，"成分"的使用频率较高，在第五章语法部分尤为凸显，使用频率高达338次。通过细致考察这409个"成分"的"语境义"，结合学界各分支学科的相关理论，本文按照出现先后顺序将"成分"这个"多义词"在黄廖本中的使用情况归并为以下七个名词性义项：

①指构成事物的各种不同的物质或因素；
②句法成分（Sentence Components）；
③句子成分（Parts of Sentence）；
④语义成分（Sememe/Semantic Components）；
⑤语义成分（Case）；
⑥直接成分（Immediate Constituents）；
⑦独立成分。

需要指出的是，括号的英文术语是学界对该术语的常用表达，中外术语比对能更直观地看出各成分差异所在。这七个义项在全书409处的义频统计如表2所示。

表 2 "成分"七义项义频统计

成分①	成分②	成分③	成分④	成分⑤	成分⑥	成分⑦
102	210	65	1	15	9	7

资料来源：作者整理。

成分①是"成分"作为普通名词的基本义，教材使用了 102 次。虽然使用频率也不低，但该义不会引起理解上的混乱和误解，因此不属于本文讨论的范围。剩下六个义项按其在各章和各分支学科领域的情况，分为三组：语义组：④⑤；语法组：②③⑥；语用组：⑦。与成分①不同，这六个义项都属于语言学术语，有专指义，更需要强调和注意。下面分组详细论述与语言学专业术语相关的六个"成分"。

二　语义组：语义成分$_1$和语义成分$_2$

成分④与成分⑤都是语义成分，但据教材使用情况来看，两个语义成分所指差异较大，因此可以暂记为语义成分$_1$和语义成分$_2$。下面是教材中使用的例子：

义素是构成词义的最小意义单位，又叫词的语义成分或语义特征。（上册①，第 225 页）

语义方面研究隐藏在句法结构里的语义成分、语义指向、语义特征等。（下册，第 2 页）

介词常常充当语义成分（格）的标记，标明跟动作、性状有关的时间、处所、方式、原因、目的、施事、受事、对象等。（下册，第 26 页）

介词短语常修饰谓词，用来标明动作的工具、方式、因果、施事、受事、对象等多种语义成分或语义格。（下册，第 50 页）

语义成分，指词语组合时双方所发生的意义关系的名称。例如下面一句的动词跟其他词语发生语义关系就有"动作"与"时间""处

---

① 因本文多次引用黄伯荣、廖序东《现代汉语》（增订五版），高等教育出版社，2011，故夹注中只以"（上/下册，页码）"表述，下同。

浅析黄伯荣、廖序东版《现代汉语》中使用的"成分"一词

所""施事""受事""与事""工具"这些语义成分名称。(下册，第109页)

可以看出，除了第一句外，其他的"语义成分"都指语义格（Case）。那么第一句中的"语义成分"怎么理解呢？这个"语义成分$_1$"在语义学学科中是义素（Sememe），也译为"semantic components"（徐烈炯，1995：117—118），即语义学中构成词义的最小的意义单位。在这个意义上教材只使用了一次。虽然只使用了一次，但其对应的概念"义素"教材却花了很大篇幅介绍，因此还是应该引起重视，而且语义学界"义素"的确多称之为"语义成分"。如朱彦的《语义成分、意义的结构及释义语言研究的价值》（2010）一文主要讨论的就是作为义素的"语义成分"，文中说到"语义成分"被定义为人类语言中普遍的（universal）、数量有限的（finite）、最小而不可还原的（irreducible）一套语义特征。而教材使用更多的是语义成分$_2$，也就是语义格。语义格最早是由 Fillmore 在《The Case for Case》（1968）（中译名《"格"辨》）一书中提出。语义格（Case）指的是句子中的名词（包括代名词）同谓语动词之间的及物性关系，这种及物性关系是以谓词为中心确定的。格标记往往由介词来承担，教材中与介词相关的论述部分多出现"语义成分"这个名称。按照统计，教材中语义成分$_1$只出现了一次。为了避免与语义成分$_2$混淆，教材在下册使用语义成分时候用括号（语义格）进行了补充说明，但其他部分却未对专指语义格的语义成分做补充说明，因此可能会造成学生理解上的困惑。此外很多语法书和教材也把语义格叫作"语义角色"，如邵敬敏教材的语法部分"第八节 句法结构中的语义分析"就使用了"语义角色"这个名称，并列举了15种语义角色：施事、受事、系事、等事、与事、结果、工具、方式、处所、时间、目的、原因、材料、致使、对象。通过同类教材的比对也可以看出各家使用的术语不尽相同，如果学生没有相关理论背景知识，理解起来肯定会有困难，因此教材体系使用相近术语时要避免造成学生理解上的干扰。

三 句法组：句法成分、句子成分、直接成分

句法成分（成分②）、句子成分（成分③）和直接成分（成分⑥）是

有密切关系的三个概念。按照教材使用的频率，分别是句法成分 210 次，句子成分 65 次，直接成分 9 次。显然"句法成分"在教材使用中占绝对优势，甚至超过成分①成为"成分"一词在整个教材中最显著的使用环境。下面按照使用频率从低到高的顺序，分别对这三个术语背景做简单介绍。

与"直接成分"相关的是结构主义的直接成分分析法，又称"层次分析法"，俗称"二分法"。"直接成分"，英文是 Immdiate Constituent，简称 IC，是 20 世纪 30 年代由美国描写语言学家布龙菲尔德（L. Bloomfield）系统地运用到句法结构分析上来的。国内以丁声树等《现代汉语语法讲话》等著作为代表。"中心词分析法以词为出发点，其归宿亦为词；层次分析法以结构为出发点，其归宿为词"（吴竞存、侯学超，1982：273）。层次分析法借用传统语法的"主语、谓语、宾语、补语、定语、状语"等句子成分名称来表明每两个直接组成成分之间的关系。

句子成分（Parts of Sentence）（朱春耕、高燕，2013：165）主要在传统的"句子成分分析法"中使用，这种分析法又叫"中心词分析法"，也叫"中心成分分析法"。以黎锦熙《新著国语文法》和《暂拟汉语教学语法系统》为代表。这种分析方法把句子分为三个层次：主要成分是主语和谓语；连带成分是"宾语"和"补语"；附加成分是"状语"和"定语"。换句话说句子成分有的是词，有的是词组。实际操作方法，胡裕树《现代汉语》介绍到"具体的办法是把定语、状语、补语当作附在主干上的枝叶。析句时，根据句子的类型把句子分为主语部分和谓语部分，或者分为主、谓、宾三个部分，然后按照中心词的办法找到主语、谓语、宾语"。需要特别强调的是，能够充当句子成分的大多数是实词，只有联合词组和主谓词组可以充当句子成分。一般所说的偏正词组、动宾词组、动补词组都不能充当句子成分，能做句子成分的是它们的中心词，即偏正词组中的"正"，动宾、动补词组里的"动"。相关内容黄廖本教材也有论述：

> 主语、谓语、宾语、定语、状语、补语原来称为六大句子成分，为什么在 20 世纪八九十年代的语法书大都改称句法成分呢？……句子成分是用词充当的，短语不能充当句子的六大成分。自从 20 世纪 80 年代以来，直接组成成分分析法流行，它尽量使用一分为二的办法，

浅析黄伯荣、廖序东版《现代汉语》中使用的"成分"一词

把一个复杂句子分出两个直接组成成分,往往是左一个短语,右一个短语,短语里还可逐层分出短语,最后分析出一个个的词。这样一来,短语(和词一样)能充当句子成分。(下册,第79页)

句子里有句法结构,短语也是句法结构,把句法结构的组成成分名为句法成分,就可用一个术语代替或不使用句子成分和短语成分两个术语了。(同上)

按照黄廖本表述,"句法成分"是与短语和句子两个语法单位都有关联的成分,显然这是仅以句子为参照对象的"句子成分"最大的不同。句法成分(Sentence Components)是目前教材使用频率最高的术语(见表3)。胡附、文炼的《句子分析漫谈》[①]也主张区分"句子分析"和"句法分析",认为析句应该包括这两个方面,句法分析是句子分析的基础,包括词组的层次分析和结构关系的分析。下面通过黄廖本与同类两本教材的比对来看这两个术语在教材中的使用情况。

表3 三种教材语法章节使用"句法成分"和"句子成分"两个名称的统计

教材	句子成分	句法成分
黄廖本《现代汉语》	24	94
胡裕树《现代汉语》(重订本)	2	4
邵敬敏《现代汉语通论》(第三版)	6	14

资料来源:作者整理。

可以看到,目前现代汉语教材倾向于选择"句法成分"这个术语,同时我们也观察到有的教材两个术语都不用,而另用"语法成分"来表达与二者相关的概念,如沈阳、郭锐主编《现代汉语》(2014),沈阳主编《现代汉语》(2016)。因此,需要注意的是,如果两个名称都使用,那么教材肯定要有相关说明突出二者的区别。虽然黄廖本有相关说明,但从目前教材整体情况来看,不加区别地换用还是存在的。如:

根据词的形态归纳范畴(即类别),包括词法范畴(词类)和句

---

① 胡附、文炼:《句子分析漫谈》,《中国语文》1982年第3期。

法范畴（句子成分），然后指明词类和句法成分的关系，于是构成体系。（胡裕树版，第282页。）

标题（三）汉语的词类和句子成分不存在简单的一一对应的关系：

在印欧语里，词类和句法成分之间往往存在着一种简单的对应关系。（邵敬敏第三版下册，第2页。）

可以看到，句子成分和句法成分虽然都使用主、谓、宾、定、状、补等术语，但前面提及句法成分既可以是词也可以是短语，而句子成分基本都由词充当。教学中可以说明句子成分分析法里的主语、谓语往往是句法分析层次分析法里的主语中心、谓语中心，让学生跳出中学语法思维，强化短语充当主语、谓语、宾语等句法成分的地位和作用。回看教材句法分析的变迁，黄廖本（1981）采用的句法分析方法是以句子成分分析法为主，适当吸取层次分析法的特点，即先把句子分为两个或三个基本成分：主、谓、宾；然后考虑附在主谓宾上面的另外三个成分：状、定、补。如果这些成分不是一个词而是个词组，词组内部则完全采用层次分析法。到了黄廖本（1997）采用"框架核心分析法"，提倡"既讲核心又讲层次，既讲框架又讲位次"（邵敬敏，2014：114）。黄廖本（2011）明确说明"本书分析短语或句法结构，使用层次分析法，它来源于国外结构主义语法学派的'直接组成成分分析法'"。最后特别值得一提的是，据笔者调查，对外汉语教学语法系列参考书基本都使用"句子成分"这个术语，如朱春耕《汉语语法指南》、房玉清《实用汉语语法》、丁崇明《现代汉语语法教程》、陆庆和《实用对外汉语教学语法》、李德津等《外国人实用汉语语法》、杨玉玲《国际汉语教师语法教学手册》等书。

四 语用组：独立成分

"近二三十年来，我国语法学者越来越重视在语法研究中加强跟句法相关的语义与语用的研究，认为语法研究有句法、语义、语用三个方面。"（下册，第2页）最后一部分我们讨论语用成分。分析句子时，有个前提

浅析黄伯荣、廖序东版《现代汉语》中使用的"成分"一词

就是要先分清语用成分和非语用成分。"独立语"是黄廖本在介绍完八种配对的句法成分之后单独介绍的一种专属句子的特殊成分。"独立语"在句内不与其他成分发生结构关系，也无配对的成分。"独立语"根据其表意作用具体又分为四种：插入语、称呼语、感叹语、拟声语。教材相关内容举例如下：

> 独立成分的有无。如"看来快下雨了！"与"快下雨了！"都是非主谓句。（下册，第106页）

> 短语由主语、状语、谓语、补语、定语、宾语等八个配对成分；句子也有八个配对成分，还多出独立语这种语用成分，共九个。（下册，第107页）

> 除了作上述语用分析之外，还有对句调、语气、独立成分（呼语、感叹语、评注成分）等和语境的语用分析。（下册，第109页）

胡裕树教材语法部分"第七节　句子的特殊成分"也提及了"独立成分"，比较起来与黄廖本较为接近，分类也很细致。而邵敬敏版教材也介绍了"独立成分"，提到"独立成分指在句子中临时插进一些习惯用语，目的是增强语言的表达色彩，这些习惯用语跟别的成分不发生结构上的联系……最常见的位置是句中，所以又叫'插入语'"。显然邵本的"独立成分（插入语）"只是黄廖本"独立成分"四种中的一种。此外邵本在第十节"认知解释与动态变化"中提道："言语交际过程中，经常会在句子中间临时插入一些成分，从句法结构上看，这些成分并不是必需的，但是从语言表达上看，却有其特殊的作用。一般所谓的插入，实际上有两种：一是插入语，二是插说。前者是一些固定的习惯用语，属于句子的特殊成分。"可以看出，黄廖本"独立成分"的其他三类"称呼语、感叹语、拟声语"基本都是由词类充任的，主要是名词、叹词、拟声词等。胡本的"独立成分"中表示招呼、应答或感叹也常由名词、叹词等表示。而"插入语"则如同邵本说的大部分是由固定的习惯用语充任。因此综合三家教材内容表述，从词和语的区别角度来看邵本认为大于词的"插入语"属于最典型的独立成分，而由词类充当的独立成分则未考虑进去。

五 结语

通过对黄伯荣、廖序东先生主编的《现代汉语》（上下册）409 处"成分"一词的详尽考察，我们发现作为专业术语的"成分"可以分为三组，分别是语义组、句法组和语用组。分别使用的专业术语是语义成分、句子成分、句法成分、直接成分、语用成分（独立语）等。通过对这些专业术语的进一步考察比对，发现教材在使用相关概念时仍有个别地方存在术语未加区分混用的情况，尤其是"句子成分"和"句法成分"这一对术语，因其重要地位，我们认为今后教材编写更应该凸显二者区别，尽量减少二者混用现象，为了强化目前教材短语的句法地位，该使用"句法成分"的地方一般不能换用"句子成分"。此外"语用成分"各家教材的采纳的体系也略有出入。综上，本文对教材"成分"409 处义项的归并和使用情况的调查，限于能力，不足之处恳请方家批评指正。

参考文献

胡附、文炼（1982）：《句子分析漫谈》，《中国语文》，（3）。
邵敬敏（2011）：《新时期汉语语法学史》，北京：商务印书馆。
吴竞存、侯学超（1982）：《现代汉语句法分析》，北京：北京大学出版社。
黄伯荣、廖序东（2011）：《现代汉语》（增订五版），北京：高等教育出版社。
胡裕树（2011）：《现代汉语》（重订本），上海：上海教育出版社。
邵敬敏（2016）：《现代汉语通论》（第三版），上海：上海教育出版社。
徐烈炯（1995）：《语义学》，北京：语文出版社。
朱春耕、高燕（2013）：《汉语语法指南》，北京：北京大学出版社。

Research on *chengfen*（成分）used in *Mandarin Chinese* Edited by Huang Borong and Liao Xudong

Ma Xiaojuan

Abstract：After carrying out a comprehensive study of *chengfen*（成分）used in *Mandarin Chinese* edited by Huang Borong and Liao Xudong, it is found that this term appeared for 409 times in the book. Through the analysis of the 409 *chengfen*（成分）one by one, it is found that 307 of them belonging to linguistic terms. These *chengfen*（成分）are further divided into three groups, which are the group of semantics, the group of grammar and the group of pragmatics. The study makes a comparison to make a further analysis of the similarities and differences between similar terms, and finds that these can guide students to further study.

Keywords：*chengfen*（成分）, Semantic, Grammar, Pragmatic

About the Author：Ma Xiaojuan (1983 -), Ph. D., Lecturer in School of Chinese Language and Literature, Hubei University. Research interests and specialties：grammar of Mandarin Chinese. Magnum opuses：*A Comparative Analysis of N1 + N2 and A + N in Mandarin Chinese*, *Attribute-only in Mandarin Chinese*. E-mail：maxiaojuan@ whu. edu. cn.

《中文论坛》征稿启事

《中文论坛》(*Forum of Chinese Language and Literature*) 由湖北大学文学院主持，旨在成为开展学科建设、展示学术成果、鼓励学术争鸣、深化学术交流、推动学术发展的平台。欢迎学界同仁不吝赐稿。有关事项说明如下：

一、本刊为半年刊，定期在每年 6 月、12 月出版，投稿截稿日期分别为每年 11 月底和 6 月底。

二、所有来稿请遵守学术规范和学术道德，请勿一稿两投。所有来稿均不退稿，请自留底稿。来稿若一个月未接到用稿通知，可自行处理。

三、来稿由湖北大学文学院组织专家评审，论文选用后本刊向作者支付稿酬及提供样刊两本。

四、一般稿件篇幅以控制在 15000 字以内为宜，特别约稿可在 20000 字左右。所有稿件均须为电子文本，请寄：nieyw_55@126.com。

五、稿件必备项：标题、作者简介、内容提要、关键词（以上四项均应包括中、英文两种形式）、正文、参考文献或注释。

六、作者简介一般应包括出生年、学位、职称、研究方向，亦可注明主要学术成果。

七、注释采用"作者－年份"制。书名（期刊名）、文章名、作者、年份、出版社等信息应该准确无误。

八、来稿文末请附上详细的通信方式，包括地址、邮编、手机、电子邮箱等。

《中文论坛》编辑部

图书在版编目(CIP)数据

中文论坛.2017年.第2辑:总第6辑/湖北大学文学院,《中文论坛》编辑委员会编. -- 北京:社会科学文献出版社,2017.11

ISBN 978-7-5201-1575-9

Ⅰ.①中… Ⅱ.①湖… ②中… Ⅲ.①汉语-文集 Ⅳ.①H1-53

中国版本图书馆 CIP 数据核字(2017)第250354号

中文论坛　2017年第2辑　总第6辑

编　　者/湖北大学文学院　《中文论坛》编辑委员会

出 版 人/谢寿光
项目统筹/周　琼
责任编辑/周　琼　李秉羲

出　　版/社会科学文献出版社·社会政法分社(010)59367156
　　　　　地址:北京市北三环中路甲29号院华龙大厦　邮编:100029
　　　　　网址:www.ssap.com.cn
发　　行/市场营销中心(010)59367081　59367018
印　　装/北京季蜂印刷有限公司

规　　格/开本:787mm×1092mm　1/16
　　　　　印 张:19.75　字 数:312千字
版　　次/2017年11月第1版　2017年11月第1次印刷
书　　号/ISBN 978-7-5201-1575-9
定　　价/85.00元

本书如有印装质量问题,请与读者服务中心(010-59367028)联系

▲ 版权所有 翻印必究